NOS 50 GRANDS VOYAGES À FAIRE DANS SA VIE

Le Routard

hachette
TOURISME

Je dédie ce livre à ma maman adorée,
sans qui les Routards n'existeraient pas.

Philippe Gloaguen

Groenland (Danemark)
Islande
Alaska (É.-U.)
Canada
Royaume-Uni
Irlande
Voyage 9 74
Voyage 10 82
Voyage 5 38
Voyage 4 30
États-Unis
Espagne
Portugal
Voyage 1 8
Voyage 2 18
OCÉAN ATLANTIQUE
Voyage 6 48
Voyage 7 58
AMÉRIQUE DU NORD
p. 06
Voyage 8 66
Voyage 3 24
CARAÏBES
p. 127
Maroc
Voyage 24 196
Voyage 25 204
Mexique
Voyage 12 98
Voyage 23 186
Îles Hawaii (É.-U.)
Voyage 11 90
Cuba
Haïti
Rép. dominicaine
Guadeloupe (Fr.)
Voyage 22 180
Cap-Vert
Mauritanie
Sénégal
Mali
Guatemala
Honduras
Voyage 13 106
Nicaragua
Martinique (Fr.)
Voyage 21 174
Gambie
Guinée
OCÉAN PACIFIQUE
Salvador
Costa Rica
Panamá
Venezuela
Colombie
Surinam
Guyane fr.
Guyana
Sierra Leone
Liberia
Côte-d'Ivoire
Équateur
Voyage 14 116
Voyage 15 124
Pérou
Brésil
Voyage 17 140
Polynésie française
Bolivie
Voyage 16 132
Paraguay
AMÉRIQUE DU SUD
p. 90
Chili
Uruguay
Voyage 19 156
Argentine
Voyage 18 146
ncore plus loin ... Voyage 50 414
Voyage 20 166

SOMMAIRE

PROCHE-ORIENT
p. 238
Voyage 29 240
Voyage 30 250
Voyage 31 260
AFRIQUE
p. 194
Voyage 26 212
Voyage 27 220
Voyage 28 230
ASIE
p. 266
Voyage 32 268
Voyage 33 278
Voyage 34 288
Voyage 35 296
Voyage 36 302
Voyage 37 312
Voyage 38 320
Voyage 39 328
Voyage 40 334
Voyage 41 340
Voyage 42 348
Voyage 43 356
Voyage 44 366
Voyage 45 374
Voyage 46 382
Voyage 47 390
Voyage 48 396
Voyage 49 402
Norvège
Finlande
Suède
Danemark
Russie
Pologne
Biélorussie
Ukraine
nce
Kazakhstan
Mongolie
Ouzbékistan
Kirghizstan
Turkménistan
Tadjikistan
Turquie
Tunisie
Syrie
Israël
Palestine
Irak
Iran
Afghanistan
Jordanie
Pakistan
Népal
Chine
Corée du Nord
Corée du Sud
Japon
Libye
Égypte
érie
Arabie Saoudite
Taïwan
Inde
Myanmar (Birmanie)
Laos
Niger
Tchad
Soudan
Yémen
Thaïlande
Philippines
OCÉAN PACIFIQUE
Vietnam
Nigeria
Rép. centrafricaine
Djibouti
Éthiopie
Cambodge
Sri Lanka
Cameroun
Somalie
Rép. dém. du Congo
Kenya
Singapour
Papouasie-Nouvelle-Guinée
Indonésie
Tanzanie
OCÉAN INDIEN
Angola
Timor oriental
Zambie
Mozambique
Vanuatu
Madagascar
Namibie
Zimbabwe
Maurice
Bostwana
Australie
Nouvelle-Calédonie (Fr
Swaziland
La Réunion (Fr.)
Lesotho
Afrique du Sud
Nouvelle-Zélande

AMÉRIQUE DU NORD

ÉTATS-UNIS

CANADA

MEXIQUE

GUATEMALA

Durée : 10-14 jours
Distance : 880 km
Point de départ : Boston
Meilleure période : printemps et automne
Vous aimerez : l'histoire qui se déroule sous vos yeux, la proximité de l'océan, les villes agréables, la richesse des musées

01

ÉTATS-UNIS

SUR LES PAS DES PÈRES FONDATEURS

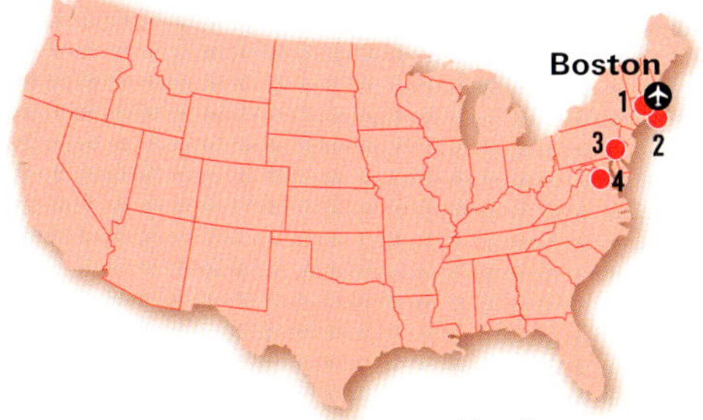

1 • **Boston, capitale de la Nouvelle-Angleterre**
2 • **Le berceau historique du pays : Plymouth et Cape Cod**
3 • **Philadelphie, mère de la Constitution et mécène de l'art mural**
4 • **Washington D.C., projet de ville idéale et concentré d'histoire américaine**

Les États-Unis ont pris racine sur les terres de la Nouvelle-Angleterre, qui accueillit les premiers immigrants venus d'Europe.

Différents sites revendiquent l'honneur d'avoir accueilli les puritains du Mayflower en 1620... Ces immigrants protestants, qui fuirent les persécutions religieuses en Angleterre, accostèrent sans doute à Provincetown, sur la péninsule de Cape Cod, essaimèrent en fondant le village de Plymouth, puis, en 1630, une colonie dont Boston sera la capitale.
À partir de 1763 s'ouvre une période de crises entre l'Angleterre et les nouvelles colonies, de plus en plus prospères... et de plus en plus taxées par la métropole. Au nord, la situation s'embrase en 1770, lorsqu'une révolte populaire est réprimée dans le sang : c'est le « massacre de Boston ». En 1773, les colons détruisent une cargaison de thé anglais au cours de la *Boston Tea Party*. Deux ans plus tard, la guerre d'Indépendance éclate.
Parallèlement, l'histoire s'écrit en Pennsylvanie. C'est à Philadelphie qu'est proclamée la Déclaration d'indépendance, le 4 juillet 1776, et que furent adoptés la Constitution américaine ainsi que le *Bill of Rights,* les dix premiers amendements à cette même Constitution !
Le projet d'une capitale fédérale, Washington, est lancé dès 1791. La ville portera le nom de celui qui gagna la guerre d'Indépendance et devint le premier président des États-Unis. Après son incendie par les Anglais en 1814... et son ravalement complet, la résidence présidentielle prendra le nom de « Maison-Blanche » !

ÉTAPE 1

Boston, capitale de la Nouvelle-Angleterre

Boston a conservé de beaux témoignages de la ville coloniale encore éclairés par de pittoresques réverbères à gaz. Le *Freedom Trail,* une ligne rouge de 4 km qui relie ces sites entre eux, constitue donc un immense musée en plein air ! Il démarre au centre de la ville, au Boston Common, le plus vieux jardin public des États-Unis, avec ses grandes pelouses et ses arbres vénérables. Puis l'itinéraire longe le Granary Burying Ground, cimetière qui héberge une très grande concentration d'hommes célèbres, dont les cinq victimes du massacre de 1770, trois signataires de la Déclaration d'indépendance, Paul Revere et Peter Faneuil. Il mène ensuite à l'Old South Meeting House, église qui accueillit de grandes réunions populaires à partir du *Boston's Massacre* (aujourd'hui modeste musée de la révolution américaine). On poursuit jusqu'à l'Old State House de 1713, à la fois siège de l'autorité royale et de l'Assemblée du Massachusetts élue par les colons. Cet édifice, un des plus anciens des États-Unis, compose aujourd'hui, avec sa couronne de gratte-ciel, un fascinant paysage urbain. Étape suivante, le Faneuil Hall (1742), lieu de réunion et de débat depuis l'époque coloniale. Juste derrière, les anciennes halles de Boston (1826) aujourd'hui transformées en boutiques et restos très animés.

Le long d'Union Street subsiste un petit îlot très ancien où se trouve l'emblématique *Union Oyster House.* Les ruelles ont conservé leur tracé d'origine. On rejoint ensuite Paul Revere House, la demeure la plus ancienne de Boston (1680), où vécut, de 1770 à 1800, Paul Revere, fils d'un huguenot français du nom de Rivoire, héros le plus populaire de la guerre d'Indépendance. Et, en franchissant l'embouchure de la Charles River par le Charlestown Bridge, pont métallique de 1899, on débouche sur Charlestown, quartier paisible peuplé de vieilles maisons à bardeaux, qui abrite Bunker Hill, site de la première grande bataille entre la colonie et la couronne britannique, commémorée par un immense obélisque de granit.

Mais Boston fascine aussi par sa modernité, que révèle l'Institute of Contemporary Art : le bâtiment tout en verre et en béton semble flotter au-dessus de l'eau, trait d'union entre les constructions contemporaines en hauteur et l'univers marin. Les amateurs d'art apprécieront ses musées, comme le Museum of Fine Arts, l'un des plus grands et des plus beaux du pays, ou l'Isabella Stewart Gardner Museum, un adorable palais vénitien abritant la collection privée d'une richissime et excentrique collectionneuse.

Il suffit de traverser le pont sur la Charles River, aux berges délicieusement aménagées, pour arriver à Cambridge, écho de la célèbre cité universitaire anglaise. Harvard University, la plus ancienne (1638) et la plus célèbre université du pays, y a formé au moins 45 prix Nobel et 8 présidents des États-Unis. Le cadre est magnifique, avec ses quelque 400 bâtiments disséminés dans la verdure. Quant au célébrissime M.I.T. *(Massachusetts Institute of Technology),* son immense campus est surtout remarquable pour certains de ses bâtiments signés par les plus grands architectes du XXe s.

Bar à huîtres et monument historique

L'*Union Oyster House* est le plus vieux resto de Boston. En 1771, au dernier étage, l'imprimeur Isaiah Thomas publia *The Massachusetts Spy,* journal qui se faisait l'écho de l'effervescence indépendantiste. En 1796, le futur roi Louis-Philippe en exil vécut au 2e étage et donna des cours de français aux riches Bostoniennes pour subsister. Kennedy y avait ses habitudes ; on peut s'asseoir à sa table favorite à l'étage. À l'intérieur, boiseries anciennes, nombreuses salles et multiples petits recoins. Le bon plan : déguster au bar des huîtres accompagnées d'une *clam chowder,* soupe typique à base de palourdes. Un délice typiquement américain.

ÉTAPE 2

Le berceau historique du pays : Plymouth et Cape Cod

Débarqués à Provincetown du Mayflower en 1620, les 102 passagers de ce navire ne savaient pas encore qu'ils entreraient dans l'histoire comme les fondateurs de la plus vieille colonie des États-Unis. S'il faut chercher le berceau historique du pays, on le trouve ici, à une soixantaine de kilomètres au sud de Boston. Plymouth n'est pas le plus ancien site de colonisation des États-Unis, mais il s'agit bien du plus ancien village, car contrairement aux autres colons qui les précédèrent, les passagers du Mayflower s'établirent dans leur port d'arrivée et fondèrent une ville qui, de 1620 à nos jours, fut toujours habitée. Ils durent cohabiter avec les Indiens wampanoag qui peuplaient la région.
Comme les Bostoniens dès les premiers beaux jours, n'hésitez pas à descendre à Cape Cod. La péninsule a gardé son authenticité : villages traditionnels aux maisons à bardeaux et adorables ports de pêche, longues plages de sable blanc bordées de hautes dunes et marais peuplés d'oiseaux, falaises vertigineuses...

Le Mayflower II

Plymouth cultive le souvenir des pères pèlerins : le Mayflower II, magnifique trois-mâts qui constitue la réplique à l'échelle du Mayflower, est amarré en plein centre-ville. À sa droite, sous un impressionnant portique à colonnes, le fameux rocher marquant le lieu où les colons sont supposés avoir débarqué..

ÉTAPE 3

Philadelphie, mère de la Constitution et mécène de l'art mural

« Philly » cultive l'Histoire à grands coups de briques rouges, de pittoresques venelles pavées et de vieilles demeures. Car elle est fière d'être le lieu historique de tous les débats d'idées qui ont conduit à l'indépendance du pays.

Avec ses édifices en briques du XVIIIe s superbement restaurés, le périmètre d'Independence Square, « le *mile carré* le plus historique d'Amérique ! », réunit l'Independence Hall, où furent adoptées la Déclaration d'indépendance en 1776 et la Constitution américaine en 1787, l'Old City Hall, à la fois mairie et siège de la Cour Suprême de 1791 à 1800, et le Congress Hall, où fut établi le *Bill of Rights.*

Pourtant, le meilleur atout de la ville est… l'art. Philadelphie possède des musées parmi les plus réputés de l'Union, consacrés à l'art américain, à Rodin, à l'histoire artistique d'une grande partie du monde. Et cerise sur le gâteau, la mythique Fondation Barnes. Le bâtiment au design épuré laisse pénétrer à flots la lumière naturelle et conserve la disposition si caractéristique des œuvres voulue par Alfred Barnes, qui n'hésitait pas à mêler mobilier, objets antiques, statuettes, pièces de ferronnerie...

Mais Philadelphie est aussi un formidable musée à ciel ouvert, avec plus de 3 800 *murals,* d'immenses fresques urbaines communautaires, réalisées par les habitants eux-mêmes. Dans chaque quartier, les façades des immeubles, les murs de parkings ou de terrains vagues ont été transformés, illustrés de héros populaires, de figures locales, de paysages fantastiques ou de scènes d'espoir. Initié par la ville, ce programme avait débuté en 1984… sous la forme d'une lutte anti-graffitis !

La plus grande sculpture du monde au sommet d'un édifice

La mairie de Philadelphie (la plus grande du pays), le City Hall, est une construction tout en briques datant de la fin du XIXe s. Jusqu'en 1987, une règle tacite voulait qu'aucun bâtiment ne dépasse la statue de William Penn qui se trouve à son sommet. C'est l'œuvre d'Alexander Milne Calder, le grand-père du Calder des mobiles. L'artiste a poussé la perfection jusqu'à faire figurer un texte sur la charte qu'il tient à la main.

ÉTAPE 4

Washington D.C., projet d'une ville idéale et concentré d'histoire américaine

Les larges avenues, les immeubles d'habitation jamais plus hauts que huit étages, les bâtiments officiels et les nombreux parcs font de Washington l'une des plus belles villes du monde occidental. Allez vous promener sur le Mall, un océan de verdure et de monuments qui séparent le Capitole du fleuve Potomac. Il s'ouvre avec le Washington Monument, la plus haute structure de maçonnerie du monde (près de 170 m de haut), en forme d'obélisque, élevée vers 1885 en l'honneur du premier président des États-Unis. De là part un véritable circuit des mémoriaux, dédiés aux soldats morts au combat pendant la Seconde Guerre mondiale, la guerre du Vietnam, la guerre de Corée, mais aussi en hommage à Jefferson, Franklin Delano Roosevelt, Martin Luther King…
Le plus célèbre reste celui consacré à Lincoln : derrière ses larges colonnes doriques se trouve la fameuse statue de marbre du 16e président des États-Unis (6 m de haut) assis comme sur un trône. C'est souvent d'ici que partent les manifestations. Le discours mythique de Martin Luther King, « *I have a dream* », y fut prononcé, le 28 août 1963, devant 200 000 personnes.
Sur le Mall s'échelonnent également les fabuleux musées gratuits de la Smithsonian Institution consacrés à l'histoire et aux populations américaines. Et aussi à la conquête de l'air et de l'espace, à l'histoire naturelle, à l'Holocauste, au journalisme, à l'espionnage, aux services postaux… sans compter de nombreux musées d'art. Mention spéciale pour la National Portrait Gallery, installée dans l'un des plus anciens bâtiments publics de Washington (1836) : on y croise toutes les figures tutélaires des États-Unis, des origines à nos jours.
Le Mall se clôt par le Capitole, le siège du Congrès (Sénat et Chambre des représentants) flanqué d'une part du merveilleux Jardin botanique, et d'autre part de la Library of Congress, la plus grande bibliothèque des États-Unis, créée en 1800, à la décoration intérieure somptueuse. Dans le Capitole, on admire notamment la rotonde basée sur le modèle du panthéon romain, le vieux Sénat rénové et la crypte, ancienne chambre de la Cour suprême. Une concentration de symboles et d'institutions qui permet de comprendre l'histoire et la politique américaine sur un espace à la fois défini et des plus agréable, une vraie pédagogie par le plaisir des yeux.

Vue d'ensemble

Pour embrasser du regard les grands monuments de Washington, allez boire un cocktail au *rooftop bar (POV)* aménagé sur le toit de l'*hôtel W*, en face de la Maison-Blanche. Construit en 1917, le *Washington Hotel* fut pendant 90 ans le QG de toutes les célébrités, des politiciens aux stars du cinéma. Aujourd'hui entièrement relooké design, le *W* est ici le summum du luxe glamour.

Durée : 1 semaine
Point de départ : New York
Meilleure période : mai-juin et septembre-octobre
Vous aimerez : l'architecture, l'atmosphère, la vie nocturne, les musées

ÉTATS-UNIS

NEW YORK EN 3D

Une architecture devenue un symbole, qu'on peut admirer sous tous les angles, de loin, de haut, d'en face, de l'intérieur...

New York, c'est à la fois un songe éveillé carburant au rêve américain, et un élan vers le ciel qui prend racine sur une presqu'île. Son bourdonnement créatif et son énergie inépuisable se perçoivent sous tous les angles, se ressentent à chaque coin de rue. Comme devant un tableau, reculer de quelques pas permet de mieux l'appréhender. Voici donc quelques points de vue sur LA ville, la ville des villes, diverse, intense, puissante, frénétique, électrique, magnétique, magique, vertigineuse…

ÉTAPE 1

La terre vue de la mer

L'idéal serait d'arriver par l'océan, comme les premiers immigrants en quête d'une vie meilleure. Et de voir poindre à l'horizon la silhouette de la statue de la Liberté, signe de bienvenue, symbole d'espoir. Aujourd'hui, le trajet se fait en sens inverse depuis Battery Park, situé à la pointe sud de Manhattan. On vogue en ferry jusqu'à Liberty Island, et, en se retournant, on voit se dessiner cette image universellement connue de forêt de gratte-ciel entourée d'eau. Après avoir exploré la statue de la Liberté de l'intérieur, en particulier l'excellent petit musée installé dans le socle, on grimpe jusqu'à la promenade qui fait le tour du piédestal. On a alors une superbe vue à 360° sur Manhattan, Brooklyn, le New Jersey et ses installations portuaires.

Pour terminer de se mettre dans la peau de ces immigrants, arrêt nécessaire à Ellis Island. C'était le passage obligé pour qui voulait s'installer sur la terre promise américaine. Entre 1892 et 1924, plus de 12 millions de personnes y ont subi les contrôles obligatoires avant de pouvoir entrer dans Manhattan et le Nouveau Monde. L'île est presque devenue un lieu sacré : plus de 100 millions d'Américains ont un parent qui y serait passé !
Alternative : monter sur le Staten Island Ferry. Ce ferry orange plus que centenaire propose une balade inoubliable, surtout à la tombée de la nuit, quand on peut admirer le soleil couchant sur Manhattan et la statue de la Liberté...

ÉTAPE 2

La Babylone moderne

Le nouveau champion urbain new-yorkais est le One World Trade Center (1 WTC), le plus haut gratte-ciel du monde occidental, dominant désormais la *skyline.* Sa hauteur a été fixée à 1 776 pieds (soit 541 m, dont 124 m d'antenne), chiffre symbolique renvoyant à l'année de l'indépendance des États-Unis. Le 1 WTC est une « tour-forteresse » à facettes, éclairée en écho à la torche de la statue de la Liberté. L'observatoire du World Trade Center offre une vue extraordinaire. On accède au 102e étage par des ascenseurs conçus comme des capsules à voyager dans le temps. La montée est un spectacle en soi : des images défilant sur des écrans retracent à toute vitesse la construction de New York, depuis les marécages des origines jusqu'à la forêt de gratte-ciel. Là-haut, la vue dégagée à 360° à travers les baies vitrées embrasse toute la pointe sud de Manhattan. Par beau temps, le regard porterait jusqu'à 80 km à la ronde. Dans des conditions météo optimales, on pourrait même commencer à distinguer la courbe de la Terre !

D'autres points de vue permettent de saisir la géographie et l'architecture uniques de la ville, comme celui du 86e étage de l'Empire State Building. À 320 m au-dessus de la 5e Avenue, le spectacle est extraordinaire. Côté ouest, on voit le New Jersey, et côté est, Queens et Brooklyn, ainsi que les ponts qui les relient à Manhattan. Au nord se dessinent tous les gratte-ciel de Midtown, le « poumon vert » Central Park puis, au loin, le Bronx. Au sud, on se croirait dans un décor de la bande dessinée *Sin City* en regardant le Financial District, la statue de la Liberté et l'entrée du mythique port de New York.

Pour compléter le jeu de miroirs, on se rendra au Rockefeller Center, un ensemble de 22 gratte-ciel bâtis sur 9 ha, au cœur de Midtown. L'observatoire, Top of The Rock, est situé aux 67e et 69e étages du NBC Building. Des terrasses d'observation à l'air libre, on admire l'architecture de Manhattan dans toute sa grandeur, notamment au soleil couchant... Une vue tout aussi grisante que celle depuis l'Empire State Building, notamment parce que l'horizon inclut justement ce dernier et Central Park. Le panorama est très différent puisqu'on est ici au cœur de Midtown, entouré d'une forêt de gratte-ciel d'où émerge la vertigineuse tour 432.

À vos marches, prêts, partez !

La course la plus difficile du monde a lieu chaque année, depuis 1978, dans l'Empire State Building. 1 576 marches à gravir dans l'étroite cage d'escalier, depuis le hall d'entrée jusqu'à la terrasse de l'emblématique gratte-ciel. Une course verticale à laquelle participent au maximum 450 sportifs. Les meilleurs franchissent la ligne d'arrivée en 10-12 minutes...

ÉTAPE 3

Dolce vita sur les toits

Les bars en *rooftop* (au sommet des immeubles) constituent un autre lieu privilégié pour observer New York. C'est l'occasion de conjuguer tourisme et hédonisme en sirotant un cocktail devant une vue somptueuse. Ainsi, après une promenade dans SoHo, allez boire un verre chez *Jimmy.* Le bar du *James Hotel,* un hôtel récent au design écolo-chic urbain, est devenu en un rien de temps *the place to be* à New York. Sa terrasse extérieure avec petite piscine s'avance telle une figure de proue sur Manhattan, avec l'Hudson River et le One World Trade Center en ligne de mire. Elle offre une vue géniale à presque 360°, mais le panorama est tout aussi superbe depuis l'intérieur avec un bar dans les tons bois et velours bleu nuit.
Autre lieu magique où se balader puis se désaltérer : la *High Line*, promenade paysagère aménagée le long d'une ancienne ligne de chemin de fer aérienne datant de 1930, traversant les charmants quartiers de Greenwich Village et West Village. Ce jardin, suspendu à 10 m de hauteur, véritable trait d'union entre la ville et la nature, offre une perception tout à fait singulière de New York. « Là-haut », on n'entend pas le bruit des voitures, à peine celui du vent qui s'engouffre entre les buildings. Ce parcours zen et verdoyant offre aussi des échappées inédites sur la ville et l'Hudson River, encore plus belles au coucher du soleil.

Faites une pause au *Standard,* hôtel de luxe au design branché qui enjambe la High Line. À son sommet, un *rooftop* version pelouse avec chaises longues, et surtout *Boom Boom Room,* un bar ultra-*hype* délirant, doré du sol au plafond, avec un comptoir-corolle et des canapés mordorés très seventies où se lover en se prenant pour James Bond. Vue époustouflante, y compris des toilettes...
Et si vous êtes amateur d'art, vous pourrez conjuguer orgies culturelle et visuelle au Metropolitan Museum of Art. Le Met, c'est 250 000 œuvres exposées (sur les quelque 2 millions que compte le musée !) dans 270 salles sur une surface totale de 180 000 m^2. C'est aussi la plus riche collection d'art américain au monde, d'art de l'Égypte ancienne en dehors d'Égypte, et l'un des plus importants regroupements de peintures et sculptures européennes, sans oublier les arts décoratifs des cinq continents... Le tout dans une muséographie exceptionnelle, agréable et dynamique. Le meilleur de ce que l'homme a su créer, en quelque sorte. On se récompense et on se repose de sa visite en montant au *Roof Garden,* le toit-terrasse orné de sculptures, qui offre une vue superbe sur la *skyline* entourant Central Park.

Zoom sur l'Empire State Building et le Chrysler Building

À Union Square, le bar *230 Fifth,* doté d'une immense terrasse avec plantes vertes, palmiers, parasols et un aménagement de bric et de broc un peu déglingué, offre une vue dégagée sur ces gratte-ciel. Une expérience à compléter au *Pod 39,* un hôtel-capsule, urbain et branché, au rooftop d'anthologie, original et intimiste, qui propose aussi ces perspectives à travers les arches et colonnes corinthiennes du bâtiment de style Renaissance italienne (1919).

ÉTAPE 4

Changer de rive

C'est finalement depuis Brooklyn, le plus peuplé et le plus *hype* des arrondissements de New York, mais sis sur une île mitoyenne séparée par l'East River, que l'on voit le mieux Manhattan. DUMBO, petit quartier au bord de l'eau, coincé entre les deux travées d'accès des Brooklyn et Manhattan Bridges, s'y prête particulièrement. Embarquez sur la péniche du *River Café* pour un brunch dominical. Le magnifique panorama sur les Manhattan et Brooklyn Bridges vaut à lui seul le détour : depuis cette péniche débordant de plantes et amarrée au ponton de l'ancien Fulton Ferry, rien ne vient troubler le spectacle des bateaux glissant sur l'eau. Les oiseaux de nuit préféreront la péniche *Bargemusic* : les oreilles s'y régalent de concerts de musique de chambre et de jazz, pendant que les yeux profitent de la belle vue sur Manhattan.

Et pour mettre en mouvement cette image, promenez-vous dans le Brooklyn Bridge Park, qui propose plus d'un *mile* de promenade entre le nord de Manhattan Bridge et Atlantic Avenue, avec pelouses, espaces paysagers, bancs et tables de pique-nique, aires de jeux pour les enfants... Vue splendide sur tout Manhattan, sans doute la plus belle de la ville. Une façon personnelle et cinématographique, rythmée et animée, de conclure votre exploration visuelle de la Grosse Pomme.

Pourquoi « Big Apple » ?

L'expression fut utilisée, vers 1930, par les musiciens de jazz qui considéraient New York comme la capitale mondiale du jazz. *Big Apple* était alors le surnom de Harlem. Quand on avait un concert au *Big Apple*, cela voulait dire qu'on avait décroché le gros lot.

Durée : entre 8 et 12 jours
Distance : 450 km
Point de départ : Miami
Meilleure période : janvier-avril
Vous aimerez : les couleurs, les bâtiments, les îles, la faune sauvage

ÉTATS-UNIS

FLORIDE DESIGN, FLORIDE SAUVAGE

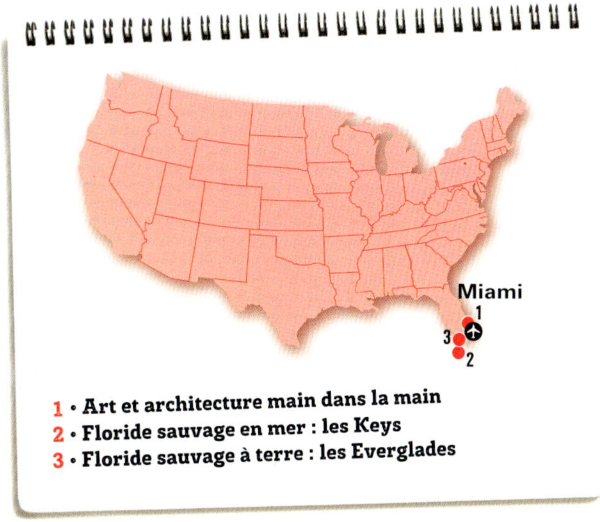

1 • **Art et architecture main dans la main**
2 • **Floride sauvage en mer : les Keys**
3 • **Floride sauvage à terre : les Everglades**

Deux réserves naturelles entourent la capitale de la Floride : sur terre, les Everglades, en mer, l'archipel des Keys. Un espace à la fois primitif et authentique.

Métropole la plus méridionale des États-Unis, Miami entretient l'image d'une Amérique rétro glamour. Dans le célèbre et pittoresque Art Deco District de South Beach, les immeubles Art déco ont retrouvé leurs belles couleurs d'*ice creams,* et la grande plage caressée par les eaux tièdes de l'Atlantique ne désemplit pas. La nuit, la fête s'empare de la rue et des boîtes. En contraste, les îles des Keys et les mangroves des Everglades permettent de se ressourcer au cœur d'une nature exubérante.

ÉTAPE 1

Art et architecture main dans la main à Miami

En 1896, Julia Tuttle, une riche veuve ayant investi dans une plantation de citronniers, réussit à convaincre Henry Flagler, grand promoteur de la Floride, de prolonger sa ligne de chemin de fer jusque-là. Miami Beach s'impose alors rapidement comme un lieu de villégiature pour les riches Américains. Dans les années 1920, la municipalité autorise les jeux d'argent et refuse d'appliquer la Prohibition, ce qui lui vaut un accroissement notable de fréquentation. Les premiers édifices Art déco sortent de terre. Mais en 1926, un terrible cyclone ravage la ville et, 3 ans plus tard, la crise de 1929 freine son expansion.

En 1976, tout doit être rasé quand des artistes obtiennent le classement de ce décor emblématique de l'*American way of life.* Les quelque 800 bâtiments écaillés renaissent en arcs-en-ciel rétro de néons et béton couleur lavande, turquoise ou menthe à l'eau. Aux fenêtres, à l'angle des rues, au pied de façades couvertes de mosaïques et de trompe-l'œil, se redessinent les images qui ont valu à l'Art Deco District d'être classé. Le caractère unique du quartier réside dans sa cohérence et sa superficie. À l'origine, les bâtiments étaient enduits de blanc, seuls les éléments décoratifs étaient peints de couleurs vives. Dans les années 1980, le designer Leonard Horowitz impose le *Deco dazzle,* une palette de tonalités pastel qui sert de modèle obligé à chaque rénovation de façade. Il en résulte un véritable plaisir pour les yeux.

Aujourd'hui, la nouveauté tient à l'éclosion d'hôtels design le long de Collins Avenue, dont on peut découvrir les parties communes. Du nord au sud, le *W* est le premier : lobby ethnico-chic, avec des matériaux naturels et des œuvres d'art contemporain (acryliques de Basquiat et de Warhol...). Un peu plus au sud, *The Setai,* le luxe absolu en matière d'Art déco et de design asiatique. On peut boire un verre au bord d'une des trois piscines, lové sur un lit gris anthracite au ras de l'eau. On continue avec *The Shore Club,* un hôtel à la façade Art déco, dont le jardin rappelle le jardin Majorelle de Marrakech. Yves Saint Laurent a dessiné le bar, à l'ambiance lupanar oriental. Un bloc plus bas, le *SLS Hotel South Beach,* sur le site de l'ancien *Ritz Plaza. SLS ? Something Lovely's Started.* Avec Starck à la déco entre rétro et design, la patte de Lenny Kravitz dans les suites du dernier étage, cette vieille dame a subi un lifting trendy, flashy et ludique. Juste au-dessous, le *Delano,* toujours à la pointe de la branchitude, rénové au début des années 1990 par le même Philippe Starck. Entrée théâtrale et lobby grandiose avec voilages et mobilier design, comme ce piano à queue transparent ! L'impression d'être coupé du monde. Comme la façade, les chambres sont d'un blanc immaculé. Tout à côté, le *Sagamore,* au concept arty très pointu : le *lobby* est une vraie galerie d'art contemporain. Autour de la piscine, des aires de repos diffusent des vidéos genre happenings. Même les escaliers de secours sont décorés par des artistes ! Enfin, le *Dream South Beach Hotel,* né de la réunion de deux très beaux ensembles Art déco et d'une blancheur éclatante, abrite une élégante déco arabo-mauresque rehaussée d'un zeste d'ambiance seventies. Sur le *rooftop,* une piscine à débordement semble vouloir remplir l'océan.

Miami se targue également d'être devenue une plaque tournante de l'art contemporain et de la mode. Les entrepôts de Wynwood ont connu une cure de jouvence avec l'arrivée massive d'artistes et de galeristes. Ici, pas de boutiques, mais des lieux de rencontre ou expérimentaux, des espaces de projets, des ateliers d'artistes et des musées privés, comme la Margulies Collection, un énorme espace d'expo d'art contemporain faisant la part belle à la photo. Autre particularité de Wynwood District : les *murals,* ces peintures exécutées sur des murs par des artistes le mois précédant la grande rencontre annuelle d'Art Basel (l'alter ego de l'Art Basel originel se déroulant à Bâle), tant et si bien qu'aujourd'hui le quartier a pris des airs de musée à ciel ouvert. Magnifique ! Quant au Design District, c'est l'un des quartiers urbains d'Amérique qui concentre le plus grand nombre de galeries d'art contemporain et de boutiques de déco intérieure design !

Une merveille signée Frank Gehry

Ce renouveau architectural a également imprégné le monde de la culture, comme au New World Center, posé dans un parc planté de cocotiers et de structures métalliques vampirisées par les bougainvilliers. Le bâtiment, avec son enveloppe lisse et blanche, semble se jeter sur l'extérieur grâce à une baie vitrée de plus de 25 m en façade. La lumière inonde les volumes répétitifs, dessinant des rais qui font écho aux volumes abstraits d'une blancheur éclatante. Le plafond finit d'habiller les sensations des spectateurs par des voiles servant d'écrans de projection.

CASABLANCA

ÉTAPE 2

Floride sauvage en mer : les Keys

Depuis 1938, « l'autoroute au-dessus de la mer » (*Overseas Highway*) enjambe les détroits qui séparent les 43 îles principales des Keys, avec l'Atlantique à gauche et le golfe du Mexique à droite. Environ 250 km plus loin, l'expédition s'achève à Key West, le point le plus méridional des États-Unis. Plus calmes et authentiques, les autres îles ont conservé l'ambiance de la série télévisée des années 1960, *Flipper le dauphin*.
Les Keys se prêtent admirablement à la plongée et au *snorkelling*, au kayak de mer et à l'observation des oiseaux. La baignade y est fort agréable, surtout en été, quand l'eau dépasse les… 30 °C ! Côté plongée, les Keys, reposant sur le 3e récif corallien du monde, dévoilent un véritable paradis sous-marin, avec près de 500 épaves qui émaillent la barrière de corail.
Key Largo attire surtout les amateurs de fonds marins. Son parc protégé complète l'immense Florida Keys National Marine Sanctuary qui s'étend plus au sud jusqu'aux Dry Tortugas, englobant plus de 7 500 km^2 de fonds marins. Islamorada, spot de pêche au gros mondialement connu, présente un passionnant musée de la plongée, et Marathon accueille un véritable hôpital pour tortues. L'Overseas Highway quitte Marathon par le célèbre 7-Mile Bridge, survolant les eaux pendant 11 km jusqu'aux Lower Keys, qui offrent le visage le plus naturel de l'archipel.
Terminus : la légendaire Key West. Partout, des arbres centenaires, des jardins foisonnants d'hibiscus, de bougainvilliers, de palmiers et autres tulipiers... Les rues sont bordées de maisons en bois de style caraïbe, blanches, roses, bleu ciel ou vert menthe à l'eau, ayant parfois appartenu à des personnages illustres comme Tennessee Williams, le président Truman, et surtout Hemingway, figure historique de l'île avec sa maison-musée et ses deux bars fétiches !

Avis aux cinéphiles

Le film de John Huston (1948), *Key Largo,* interprété par Humphrey Bogart et Lauren Bacall, fut en fait tourné... à Hollywood. Lot de consolation : on peut voir sur le port l'African Queen, le célèbre bateau du film homonyme (une barcasse avec chaudière), qui réunit, en 1951, Humphrey Bogart et Katharine Hepburn, également dans un film de John Huston ! Restauré, il propose des balades sur les canaux environnants.

ÉTAPE 3

Floride sauvage à terre : les Everglades

Everglades signifie « eau herbeuse » dans la langue des Indiens séminoles qui occupaient autrefois cette partie de la Floride. Il s'agit d'un marais gigantesque, vieux de 6 000 à 8 000 ans, couvrant tout le sud de la Floride sur 200 km de long et 80 km de large, et entouré de mangrove sur toutes ses portions littorales. Cet écosystème unique au monde a été partiellement classé parc national en 1947 et, plus récemment, réserve de biosphère, par la communauté internationale, ainsi que Patrimoine mondial de l'Unesco. On y observe une végétation de palétuviers, de cyprès, de pins, etc., particulièrement dense. Outre les alligators, animaux emblématiques du parc, les Everglades sont peuplés par une faune très diverse : oiseaux (ibis, pélicans, spatules roses, balbuzards), mammifères (rares panthères de Floride, ratons laveurs, lynx, lamantins), nombreuses espèces de poissons…

À Gulf Coast, la « région des dix mille îles », on ne circule qu'en bateau (à hélice d'avion !) dans la mangrove. Une flore verdoyante se reflète dans l'eau pendant des kilomètres. Dans cet enchevêtrement d'arbres et de racines, on aperçoit alligators, tortues, oiseaux, voire lamantins et dauphins... Magique.

Alligator ou crocodile ? Caïman la même chose

La tête de l'alligator est en forme de U, plus large et plus courte que celle du crocodile. Et puis le gator n'a que 92 dents, quand le croco en a 120, dont certaines restent visibles en haut et en bas, même quand sa mâchoire est fermée (chez l'alligator, seules les supérieures le sont). Enfin, l'alligator a la réputation d'être moins dangereux pour l'homme. On n'a pas vérifié !

Durée : 2 semaines
Distance : 880 km environ
Point de départ : San Francisco
Meilleure période : mai-juin et septembre-octobre
Vous aimerez : l'ambiance cinématographique, les paysages, l'océan

ÉTATS-UNIS

FAIRE SON CINÉMA SUR LA CÔTE CALIFORNIENNE

Bordée par l'azur profond de l'océan Pacifique, la Californie constitue une perpétuelle image en mouvement. Un bout du monde à la fois sauvage et factice. Voici un road trip mythique de San Francisco à Los Angeles.

Ici, tout commence par une couleur et une sensation : bleu du ciel et douceur des températures presque à longueur d'année. Ici, le paysage et la pellicule se confondent dans une même lumière. L'espace raconte l'histoire du cinéma américain.

ÉTAPE 1

San Francisco, symbole du rêve américain

Cette ville tournée vers la mer est l'une des plus belles du monde, avec ses maisons victoriennes semées au gré des collines, ses *cable cars* qui dévalent les rues, jusqu'à l'emblématique Golden Gate rougeoyant planté dans l'axe de la baie. Pas étonnant que depuis les années 1920, elle ait servi de cadre à de nombreux films, comme *Dark Passage* (*Les Passagers de la nuit*) avec Humphrey Bogart et Lauren Bacall (1948), la série des *Inspecteur Harry* avec Clint Eastwood, *Basic Instinct* (1992) et *Mrs Doubtfire* (1993) dans des genres opposés. Et plus récemment *Harvey Milk* (2008), qui a valu un oscar du meilleur acteur à Sean Penn. Pour s'immerger d'entrée dans un décor de cinéma, prenez l'ascenseur à la vue plongeante du magnifique hôtel *Hyatt Regency*. C'est là qu'ont été tournés *High Anxiety* (*Le Grand Frisson*) (1977) de Mel Brooks et *La Tour infernale* (1974) avec Paul Newman.

Amateur de films d'action, rendez-vous à Russian Hill. Ce superbe quartier résidentiel en hauteur livre de prodigieux panoramas sur la baie et la ville. L'une de ses rues, Lombard Street, surnommée *the Crookedest Street,* « la rue la plus tortueuse », servit entre autres de décor à la fameuse course-poursuite de *Bullitt* (1968), film dans lequel Steve McQueen assura lui-même les cascades, au volant d'une Ford Mustang Fastback.

Sur les quais, dans le quartier du Fisherman's Wharf, embarquez sur le Jeremiah O'Brien, l'un des deux derniers *liberty-ships* de la Seconde Guerre mondiale encore en état de fonctionnement. La salle des machines, dans laquelle on peut descendre, est celle du *Titanic* de James Cameron. C'est aussi ici qu'on embarque pour Alcatraz, pénitencier le plus célèbre des États-Unis, posé au milieu de la baie et surnommé « *The Rock* » – d'où le titre du film de 1996 avec Sean Connery. On y accueillit Al Capone, Frank Morris et les frères Anglin, incarnés à l'écran entre autres par Clint Eastwood, qui réussissent à s'en échapper comme on peut le voir dans *L'Évadé d'Alcatraz* (1979).

À San Francisco, on peut parcourir les lieux de tournage de *Vertigo* (*Sueurs froides*), chef-d'œuvre d'Hitchcock (1958) : au cimetière de la mission Dolores, où l'on cherche le fantôme de Carlotta Valdes ; à Fort Point, sous le Golden Gate Bridge, où Hitchcock obligea Kim Novak à plonger dans l'eau glacée ; au bar panoramique du *Mark Hopkins*, où Scottie (James Stewart) lutte contre son vertige et enfin, au lit... à l'*Hotel Vertigo*, désormais hôtel à thème consacré au film, dont Kim Novak ressort blonde !

Avant l'image, le scénario

Au rez-de-chaussée du Sentinel Building à North Beach, se trouve le café-restaurant-boutique de Francis Ford Coppola. Les scénarios d'*Apocalypse Now*, *Rumble Fish* et *Conversation secrète* furent écrits ici. Un bistrot chic à la mode franco-italienne, décoré d'affiches de cinéma, de photos des copains – Scorsese, Spielberg, Lucas... – et de Sofia – la fille réalisatrice. Parfait pour boire un verre.

ÉTAPE 2

On the road, comme l'écrivait Kerouac

Pour tourner le plus beau des films, celui de vos propres souvenirs, descendez à L.A. par la célèbre Highway 1, la plus jolie route côtière des États-Unis. Tout au long se succèdent parcs naturels, plages sauvages, falaises spectaculaires, forêts de séquoias, ponctués de villes balnéaires charmantes et cossues. Dès le départ, entre San Francisco et Santa Cruz, se déroule une cinquantaine de *miles* de côte sauvage, battue par le vent et les vagues. On s'arrête à Monterey pour admirer d'autres stars, 100 % écolos : la faune marine du fabuleux aquarium, sans doute l'un des plus beaux du monde. Pacific Grove, avec ses plages sauvages encadrées de collines verdoyantes, est un bon spot de surf.

On arrive à Carmel (-by-the-Sea), une bourgade noyée dans la végétation qui étale ses fastes sur des collines couvertes de pins, de cyprès et d'eucalyptus descendant jusqu'à l'océan, et bordée par une admirable plage de sable blanc. La localité doit sa renommée à ses résidents de prestige, à commencer par Clint Eastwood, qui en fut le maire de 1986 à 1988.

À la sortie, la Highway 1 se retrouve merveilleusement coincée entre mer furieuse et falaises majestueuses jusqu'à Big Sur, une région préservée, idéale pour tous les amateurs de nature sauvage.

On fera une incursion dans les terres en direction d'Hearst Castle, le château de ce magnat de la presse qui a inspiré le personnage de *Citizen Kane* à Orson Welles. Cette gigantesque résidence de quelque 115 pièces, bourrée d'œuvres d'art d'une valeur inestimable mais mal agencée, commencée en 1922, ne fut jamais achevée.

Fans de Clint

À Mission Ranch, à Carmel, vous pouvez dormir dans son hôtel, manger dans son restaurant et boire un verre dans son bar. Cet ancien ranch de 1850 est entouré de prairies où paissent des moutons, avec l'océan à l'horizon, le ciel à l'infini. Et la bière n'y est pas plus chère qu'ailleurs !

ÉTAPE 3

Santa Barbara, station balnéaire des stars

Lovée entre de majestueuses montagnes et l'océan, cette station balnéaire huppée bénéficie d'un climat doux très apprécié dès le début du XXe s pour ses bienfaits sur la santé. La ville a gardé quelques traces de son passé espagnol, notamment ses maisons de terre rouge, ses places à arcades et ses ruelles qui invitent à la flânerie. De 1912 à 1919, Santa Barbara fut la capitale du 7e art : l'immense studio de l'*American Film Company,* le plus grand du monde à cette époque, s'y trouvait. En 7 ans, plus de 1 200 films furent réalisés dans le comté.

Puis, face à la suprématie de Hollywood, la station balnéaire ouvrit les bras aux stars à la recherche de calme et de soleil. En 1928, Charlie Chaplin, jeune millionnaire, fit construire le *Montecito Inn,* l'hôtel des vedettes des années 1920. Le très hispanique *San Ysidro Ranch* accueillit des célébrités comme Audrey Hepburn et Groucho Marx. Nombre de stars fréquentent encore le coin, Kevin Costner, Tom Cruise, Jennifer Aniston, Brad Pitt et Angelina Jolie...

Port animé et joyeux. Entre la marina et le Wharf, long ponton de bois dans le prolongement de State Street, s'étend une plage sur laquelle se retrouvent tous les jeunes pour les parties de volley et *beach-soccer* . Pour la baignade, allez à *East Beach,* aux eaux plus calmes. On complète le tableau par la mission de Santa Barbara (1786), surnommée la « reine des missions », au beau cloître fleuri et arboré. Et la *route des Vins* s'étire au nord-ouest de la ville, à travers une centaine d'exploitations viticoles : le film *Sideways* (2004) a pour cadre la Santa Iñez Valley.

Tournage en studio

La série télévisée *Santa Barbara* a fait connaître la ville dans les chaumières du monde entier. Pourtant, la plupart des scènes ont été tournées en studio à Los Angeles… sauf les scènes de plage !

ÉTAPE 4

Hollywood, l'usine à rêves

À l'avènement du cinéma, Hollywood ressemblait à un petit paradis. C'était une paisible localité, renommée pour la douceur de son climat et ses vastes horizons jusqu'à ce qu'en 1913, Cecil B. DeMille y tourne *The Squaw Man (Le Mari de l'Indienne),* le premier long métrage (muet) de l'histoire, puis D. W. Griffith y réalise la toute première superproduction. Charlie Chaplin y invente son personnage de Charlot. Les années 1920, 1930 et 1940 représentent l'âge d'or du cinéma hollywoodien. Cinq grandes sociétés dominent alors le monde du cinéma : la *MGM (Metro Goldwyn Mayer),* la *Paramount,* la *Warner Bros,* la *Twentieth Century Fox* et la *RKO* (qui produira *Citizen Kane*), ainsi que trois petites : *Columbia, United Artists* et *Universal*. À l'entrée de cet univers, le panneau « Hollywood » se découpe en lettres géantes sur le flanc d'une colline.

Le Grauman's Chinese Theater, le cinéma le plus célèbre du monde, construit en 1927 dans un style chinois et classé Monument historique en 1968, accueille la plupart des grandes premières. Sur une étroite esplanade, les stars du cinéma ont immortalisé leurs mains et leurs pieds dans le ciment : empreintes de R2D2 et de Donald Duck, les petits petons de Shirley Temple, les minuscules talons de Marilyn Monroe et les immenses panards de Schwarzenegger.

À partir de là s'étend, sur plus de 1 km, de part et d'autre de Hollywood Boulevard, le Walk of Fame, avec ses étoiles attribuées aux grandes vedettes incrustées dans les trottoirs. Il y en a aujourd'hui plus de 2 460. Selon une tradition née en 1958, une nouvelle étoile voit le jour régulièrement, comme celle de Tarantino en 2016. Certains personnages de fiction ont même la leur : Mickey Mouse, Shrek, les Simpson…

On poursuit son chemin initiatique au *Dolby Theater*, écrin de la cérémonie des oscars, un immense théâtre d'inspiration italienne où l'on découvre l'envers du décor de ce show millimétré.

On pénètre enfin dans le saint des saints : les studios. L'Universal Studios Hollywood est un parc à thème qui permet d'expérimenter de nombreuses attractions basées sur des films célèbres, et de comprendre comment on monte les décors, réalise des trucages, etc.

À la *Warner Bros.*, en revanche, on visite les véritables studios. Fondée par quatre frères en 1929, la Warner a réalisé le premier film parlant de l'Histoire, les dessins animés de *Bugs Bunny,* certains films de Clint Eastwood, la série des *Harry Potter,* le remake de *Point Break,* ou encore *The Artist* et le dernier *Batman…*
Cerise sur le gâteau, on monte à Beverly Hills, une chaîne de coteaux entre Hollywood et Santa Monica. Depuis le début du XXe s, stars du cinéma et producteurs font leur nid dans cette incroyable zone résidentielle noyée dans la végétation tropicale. Rodeo Drive, l'avenue la plus chère du monde, y est le temple de la mode, du luxe et du clinquant. Jetez un œil chez *Boulmiche* : Julia Roberts en est évincée comme une malpropre dans *Pretty Woman.* On parcourt aussi Mulholland Drive, rendue célèbre par le film de David Lynch. Cet itinéraire d'une quarantaine de kilomètres, parsemé de belvédères, offre un panorama superbe sur la ville.
On continue son pèlerinage sur la tombe de Marilyn Monroe, à Westwood Memorial Park. C'est une simple plaque dans le mur avec son nom d'artiste et ses dates (« 1926-1962 »), polie par les caresses des visiteurs.
Enfin, on termine sur les plages de Malibu, lieu de villégiature préféré de la jet-set et des stars, avec ses plages et ses spots de surf. Parmi les *people* qui ont pignon sur plage : Pierce Brosnan, Steven Spielberg, Mel Gibson, Tom Hanks, Robert Redford, Dustin Hoffman, Bill Murray... La route qui y mène, la Pacific Coast Highway, est surnommée *California Dream Road,* la Route du rêve californien. En voiture !

Manger avec ses idoles

The Musso and Frank Grill, le plus vieux restaurant de Hollywood, date de 1919 mais la déco remonte seulement à 1934. Le lieu a servi de décor à de nombreux films. On y croise tout le gratin de Hollywood depuis que Hemingway, Aldous Huxley et William Faulkner y ont eu leur rond de serviette. On peut y boire un verre au bar.
Pour un thé ou un saké, préférez le *Yamashiro,* réplique d'une pagode de Kyoto construite en 1911, perchée sur une colline et offrant un panorama fantastique sur la ville. Il a servi de décor dans *Sayonara,* avec Marlon Brando.

Durée : entre 18 et 21 jours
Distance : environ 2 000 km
Point de départ : Salt Lake City
Meilleure période : de juin à septembre
Vous aimerez : les grands espaces, la rencontre avec la faune sauvage, les phénomènes géologiques

05

ÉTATS-UNIS

S'AVENTURER *INTO THE WILD*, AU CŒUR DES ROCHEUSES

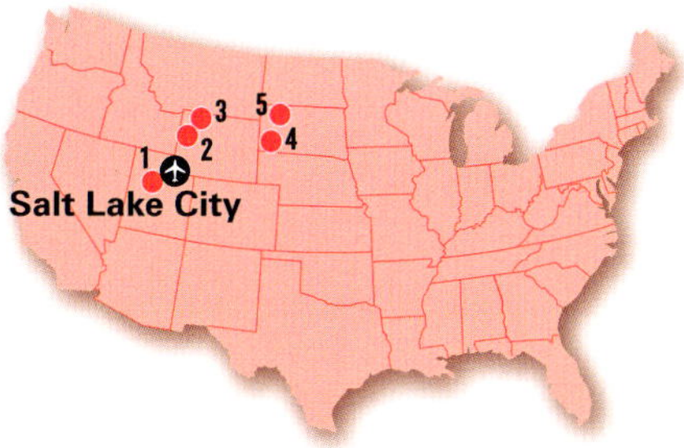

1 • **Le Grand Lac Salé**
2 • **À la rencontre de la faune sauvage au Grand Teton National Park**
3 • **Remonter aux premiers matins du monde à Yellowstone**
4 • **La galerie de portraits du Mont Rushmore**
5 • **Un ailleurs mystérieux : les terres arides des Badlands**

Un florilège des paysages parmi les plus spectaculaires des États-Unis en passant par le plus ancien et le plus grand des parcs nationaux américains.

Yellowstone, le tout premier parc national au monde, créé en 1872, ne ressemble à aucun autre. C'est une merveille naturelle à ne rater sous aucun prétexte. Ses centaines de geysers et ses lacs cristallins sont d'une beauté à couper le souffle. Collé à son flanc sud, le parc du Grand Teton offre lui aussi des paysages spectaculaires de glaciers et de montagnes aux sommets enneigés. Tous deux abritent une faune sauvage unique : grizzlis, ours bruns, élans, wapitis, bisons, antilopes d'Amérique… Bref, un paradis pour amoureux transis de nature, à découvrir à pied, le long des kilomètres de sentiers de randonnée, en bateau ou bien à cheval.

ÉTAPE 1

Le Grand Lac Salé

Voici le vestige d'un immense lac, apparu lors de la dernière ère glaciaire et qui s'étendait jusqu'aux confins du Nevada. Au niveau actuel, qui varie sans cesse, il mesure 120 km de long et 45 km de large, soit 4 400 km^2 de superficie, ce qui en fait l'un des 40 plus grands au monde. N'ayant aucun débouché sur l'océan, ses eaux ne s'évacuent que par évaporation. La teneur en sel y est ainsi en moyenne six fois supérieure à celle de la mer et peut parfois atteindre 28 % en période de basses eaux, contre environ 3 % pour l'océan ! Aucun poisson ne peut vivre dans ces conditions. Toutefois, le lac est un formidable sanctuaire naturel qui accueille, entre autres, de nombreuses espèces d'oiseaux migrateurs (aigles chauves, grands hérons, ibis à face blanche…).
Des 10 îles que compte le Grand Lac Salé, Antelope Island est la plus grande : 24 km de long sur 6 km de large. Elle est reliée au continent par une digue-chaussée de 11 km. Pelée, brûlée par le sel et le soleil, chauffée à blanc par une luminosité éclatante, elle est constituée d'une chaîne de collines corpulentes couvertes d'herbe rase et d'odorants bosquets de romarin. Son extrémité sud abrite une réserve naturelle, mais c'est sur toute l'île que l'on peut voir évoluer une faune peu farouche : bisons, mouflons, coyotes, petits mammifères, antilopes bien sûr, et des myriades d'oiseaux dont de nombreuses mouettes californiennes, qui viennent y nicher au printemps à l'abri des prédateurs. De tous les rivages du Grand Lac Salé, ce site naturel est le meilleur endroit pour découvrir la beauté étrange de ses eaux immobiles, dans lesquelles se reflètent les montagnes.

Une petite descente

Pour les amateurs de vitesse, *Bonneville Speedway*, à 180 km à l'ouest de Salt Lake City, est une immense piste de 16 km de long sur 24 m de large, déroulée au milieu du désert qui entoure le Grand Lac Salé. Là, sur une étendue plate à l'infini, s'exercent toutes sortes de bolides, dragsters monstrueux ou automobiles transformées en fusées, capables d'atteindre des vitesses astronomiques.

ÉTAPE 2

À la rencontre de la faune sauvage au Grand Teton National Park

Fondé en 1929, c'est un des fleurons de la chaîne des Rocheuses. Le parc est dominé par Teton Range, une superbe chaîne de montagnes qui s'élève brusquement et donne au parc sa silhouette caractéristique. Ses trois principaux sommets sont South Teton (3 814 m), Middle Teton (3 903 m) et Grand Teton (4 197 m). Collé au flanc sud du parc de Yellowstone, mais beaucoup moins connu que son voisin, il n'a pourtant rien à lui envier côté paysage. Une interminable vallée glaciaire, ouverte et complètement plate, la Jackson Hole Valley, s'étend au bas de cette muraille naturelle, où rôdent de nombreux animaux sauvages et où souffle encore l'esprit du vieil Ouest. Et pour donner un aspect encore plus primitif à ces paysages spectaculaires, des cours d'eau limpides, l'impétueuse Snake River et de nombreux lacs poissonneux, admirables miroirs aux eaux claires et aux rives étrangement découpées, complètent le tableau.

Élan de gourmandise

Les élans d'Amérique ne sont pas les animaux les plus faciles à observer. Amateurs de marécages et de bords de rivière, où ils trouveront des saules dont les feuilles sont leur nourriture préférée, les orignaux (leur autre nom) se distinguent par l'envergure de leurs bois aplatis et par leur nez peu gracieux. De la taille d'un cheval, mais habiles nageurs, ces fins gourmets sont capables de plonger à 6 m de profondeur pendant quasiment 1 mn pour aller brouter les plantes aquatiques !

ÉTAPE 3

Remonter aux premier matins du monde à Yellowstone

Arriver à Yellowstone après avoir traversé le Grand Teton, c'est comme passer par le jardin d'Éden avant d'accéder au paradis.

Le plus ancien de tous les parcs nationaux américains est situé aux confins du Wyoming, de l'Idaho et du Montana. Le mythe de la conquête de l'Ouest s'est forgé ici, au nord des montagnes Rocheuses, sur cette colonne vertébrale qui sépare les Grandes Plaines de la côte pacifique.

Yellowstone est un territoire grandiose. Toute la beauté sauvage de l'Ouest américain semble contenue dans ce parc, où se mêlent, comme à l'aube de la Création, le feu, l'air et l'eau. Avec ses centaines de geysers et ses lacs cristallins, il révèle des paysages et des phénomènes géologiques à couper le souffle. Car c'est la puissance des forces naturelles qui fait le mystère et la grandeur de Yellowstone. Ce plateau montagneux à 2 500 m d'altitude en moyenne, entouré de cimes enneigées, a toujours vécu en contact étroit avec les éléments à la fois vitaux et dévastateurs.

Le parc abrite aussi de nombreux grands mammifères. Il constitue le cœur d'un vaste habitat naturel préservé, l'un des derniers écosystèmes relativement intacts des zones tempérées. Un paradis pour les amoureux de nature, à découvrir le long des kilomètres de sentiers de randonnée qui le sillonnent.

PETITE LEÇON DE GÉOLOGIE

Voici 640 000 ans, le cœur de Yellowstone subit une gigantesque explosion, créant un cratère de plus de 40 km de diamètre pour une profondeur de 2 000 m. L'érosion fit le reste, stoppant les coulées de lave et comblant les bouches d'éruption. Mais comme la croûte terrestre y est restée relativement mince, l'eau s'est infiltrée jusqu'à la roche en fusion à moins de 4 km sous la terre, et s'est réchauffée progressivement, comme dans une bouilloire, les gaz sous pression faisant le chemin inverse. Cette combinaison et la nature des roches provoquent des événements en surface : geysers, bassins de concrétions, fumerolles, lacs multicolores, mares de boue... Tout s'agite, fume, crache à haute température, avec des bruits inquiétants et dans une forte odeur de soufre. C'est Belzébuth qui gronde sous l'écorce terrestre ! Les geysers, ces sources thermales intermittentes, projettent dans les airs des gerbes d'eau bouillante et de vapeur, le plus souvent sous forme d'un unique jet ultra-puissant.

VOYAGE AU CENTRE DE LA TERRE

Les volcans sont les seuls lieux où la Terre ouvre ses entrailles, mais en général on peut difficilement y accéder. À Yellowstone, elle se donne en spectacle, se met en scène, nous séduit, nous émerveille tout en nous impressionnant et peut même nous effrayer par sa puissance et sa chaleur. Couleurs insensées, grondements étranges, lumières incroyables, jaillissements magiques, Yellowstone fait remonter à la surface non seulement des images inoubliables, mais aussi des réflexions plus profondes sur le vivant, sur sa mutation permanente, sur son fragile équilibre. C'est un des très rares endroits au monde, avec l'Islande et la Nouvelle-Zélande, où l'on peut approcher le cœur de notre planète et le sentir battre. Un véritable voyage au centre de la Terre.

Aux première loges

Face au célèbre geyser, l'*Old Faithfull Inn* est une magnifique auberge de 1904 qui semble tout droit sortie de l'imagination de Jack London. Construite comme un mikado géant avec de gros rondins et de gros blocs de pierre, elle est classée Monument historique. Le gigantesque hall mérite à lui seul le coup d'œil ! Allez donc y prendre un verre sur la grande terrasse, vous serez aux premières loges pour admirer l'éruption du plus célèbre geyser du parc (sinon du monde) qui jaillit toutes les 90 mn environ à 40 m de hauteur. Un vrai spectacle !

ÉTAPE 4

La galerie de portraits du Mount Rushmore National Memorial

L'endroit est mondialement célèbre pour les têtes colossales des présidents américains Washington, Jefferson, Roosevelt et Lincoln, hautes de 20 m, sculptées dans le granit des Black Hills sous la direction de Gutzon Borglum, de 1927 à 1941, par une armée de 400 ouvriers. On le surnomme « le Tombeau de la Démocratie ». Et c'est vrai qu'ils en imposent ces présidents, immortalisés dans la roche et formant un monument à la gloire des idéaux et de l'histoire américaine. Washington symbolise la naissance des États-Unis, Jefferson illustre leur agrandissement avec le rachat de la Louisiane qui doubla la superficie du pays. Lincoln incarne la restauration de l'Union après la guerre de Sécession et Roosevelt, le développement économique du pays avec la construction du canal de Panama et sa politique de préservation des espaces naturels grâce notamment à la création de nombreux parcs nationaux.

L'endroit a été remarquablement aménagé pour que l'on puisse admirer ce monument mythique qui fut aussi le décor de nombreuses scènes de films, dont le célèbre final de *La Mort aux trousses* d'Alfred Hitchcock. On pénètre sur le site par une vaste allée bordée des drapeaux des 56 États avec leur date d'entrée dans l'Union. Pour admirer de plus près le travail de Borglum, on peut emprunter le *President Trail,* qui présente en détail les quatre présidents. Un musée passionnant raconte avec de nombreuses photos, des maquettes et des films l'histoire et l'épopée du chantier. Enfin, l'atelier de Borglum, avec ses modèles, est aussi intéressant pour comprendre comment l'architecte fit ses calculs pour mener à bien ce projet grandiose.

ÉTAPE 5

Un ailleurs mystérieux : les terres arides des Badlands

Peu connu, peut-être en raison de son nom peu engageant, le parc national des Badlands mérite largement une visite pour ses magnifiques paysages sauvages, colorés et contrastés. En 1935, le grand architecte Frank Lloyd Wright les décrivait avec l'œil d'un artiste : « Un sentiment indescriptible d'un ailleurs mystérieux... un monde surnaturel sans fin plus spirituel que la terre, mais créé à partir d'elle. » Autrefois recouvertes d'une mer intérieure et sculptées par des millions d'années de sédimentation, les collines rocheuses faites de buttes et de falaises sont le berceau d'une myriade de fossiles naturels d'une grande richesse pour les paléontologues. Selon l'heure de la journée, les roches prennent des teintes différentes passant du rose au gris, et projetant des ombres inquiétantes à la nuit tombante. Plus au nord, dans les prairies verdoyantes, on croise toute une faune sympathique : mouflons, bisons, chiens de prairie ou encore furets sauvages.

Quand un président perd la face

Deux tentatives furent nécessaires à Gutzon Borglum pour réussir le visage de Thomas Jefferson, initialement prévu à la droite de Washington. La première se solda par un échec à cause d'un manque de matière au niveau du granit. Qu'à cela ne tienne, on « effaça » donc à la dynamite le visage raté pour le recommencer un peu plus loin, cette fois à la gauche du premier président des États-Unis. Le second essai fut le bon, heureusement ! Pour Lincoln, le président préféré du sculpteur, la question se posa de savoir s'il fallait le représenter avec ou sans barbe. Vous aurez la réponse sous les yeux.

Durée : entre 18 et 21 jours
Distance : environ 1 700 km
Point de départ : Las Vegas
Meilleure période : mai à octobre
Vous aimerez : les grands espaces, les phénomènes géologiques, les sites mythiques

ÉTATS-UNIS

PARTIR À LA CONQUÊTE DE L'OUEST

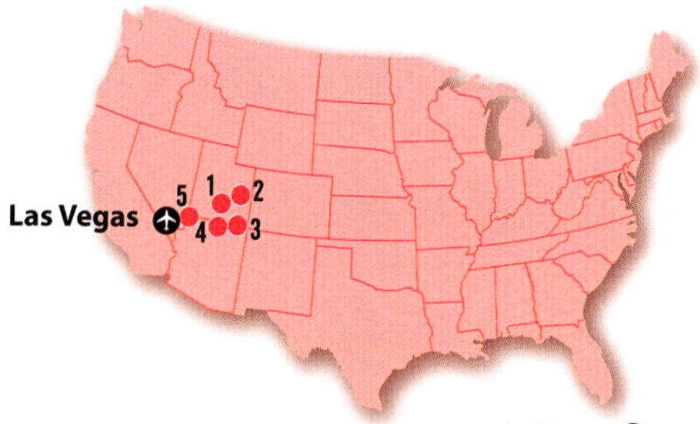

1 • Randonner entre les cheminées de Bryce Canyon National Park
2 • Jouer à Indiana Jones dans Arches National Park
3 • Se prendre pour John Wayne à Monument Valley
4 • Naviguer sur le Lake Powell
5 • Descendre dans le Grand Canyon

Un concentré de l'ouest américain où la nature offre un spectacle format XXL en Technicolor.

Comment ne pas se laisser envoûter par le parfum d'aventure qui émane de l'Arizona ? Comment ne pas être émerveillé par ces grands espaces où l'horizon s'étend à perte de vue ? Dépouillement majestueux du Lake Powell, à-pics vertigineux quasi surnaturels du Grand Canyon ; autant d'images envoûtantes qui incitent à prendre la route. Bien sûr, les cow-boys d'aujourd'hui ne sont plus si solitaires, mais la plus petite balade dans les paysages aux couleurs ocre de Bryce Canyon et la moindre chevauchée parmi les formidables pitons rocheux de Monument Valley prennent aussitôt des allures de western.

ÉTAPE 1

Randonner entre les cheminées de Bryce Canyon National Park

Le paysage est tellement différent de ceux des autres parcs américains, tellement évocateur, qu'il mérite absolument d'être exploré. Situé entre 2 018 et 2 748 m d'altitude, le Bryce n'est pas vraiment un canyon, mais plutôt un plateau calcaire, ciselé par l'érosion en une fantastique armée de cheminées de fées, colonnes rocheuses déchiquetées aux couleurs variant du jaune orangé au rouge profond. Entre les pilastres, les sapins ajoutent au tableau leur touche de vert intense. Oscillant selon l'humeur du soleil, la palette des tons est infinie et se révèle époustouflante à l'heure où l'astre se lève.

Les randonnées à faire dans le parc sont absolument extraordinaires et permettent toutes de descendre à l'intérieur de ce gigantesque amphithéâtre. Elles constituent un complément indispensable à la vision qu'on peut avoir depuis les points de vue sur la route. Les chemins se faufilent entre les colonnes rocheuses, dont certaines atteignent plusieurs dizaines de mètres.

Pour changer de paysage, on peut emprunter le Mossy Cave and Waterfall Trail, une courte et rafraîchissante balade au pied des *hoodoos* et des pins, le long d'un torrent qu'enjambent de petits ponts. L'atmosphère est vraiment magique en fin de journée, quand le soleil rasant vient caresser les ocres des pinacles, et que le silence n'est perturbé que par le clapotis de l'eau.

Sunrise Point et Sunset Point

Deux points de vue superbes que l'on rejoint en 15 mn de marche, le long d'une promenade parfaitement aménagée, au bord de la falaise. De là, on surplombe une profusion de *hoodoos,* pinacles fragiles déployant à perte de vue une palette infinie de couleurs. Une vision d'une absolue délicatesse. De Sunrise Point, très jolie balade jusqu'au Queen's Garden Trail au milieu des pitons rocheux. Depuis Sunset Point, on peut s'engager sur le Navajo Loop, qui se faufile entre les pitons, dans d'étroits goulets rouge sang.

Le sentier du Devil's Garden

Le sentier du Devil's Garden permet de découvrir certaines des arches parmi les plus spectaculaires du parc. Il mène jusqu'à Landscape Arch, une des plus longues arches du monde. Haute de 32 m, elle mesure 88 m de long. En 1991, un morceau de roche de 18 m de long s'en est détaché, la réduisant presque à un trait suspendu dans les airs. Superbe ! Le sentier se poursuit à travers des paysages parfois vertigineux, jusqu'à Double O Arch, qui forme un grand « 8 » dans le ciel. Cette belle marche permet de découvrir des paysages variés, encore sauvages.

ÉTAPE 2

Jouer à Indiana Jones dans Arches National Park

Ce petit parc (305 km^2 seulement) est l'un des plus étonnants et des plus célèbres du pays. Les fortes amplitudes thermiques et les forces conjuguées de la nature (pluie, neige, gel) y ont façonné au fil des millénaires des paysages somptueux, marqués par la présence d'arches de pierre : plus de 2 000 à travers le parc ! Courtes ou longues, massives ou effilées, elles confèrent aux paysages un caractère unique et spectaculaire, renforcé encore par la présence d'autres formations fantaisistes : rochers suspendus, cheminées de fées, vertigineuses falaises rouges. Un paysage surréaliste qui a servi de décor à de nombreux films, et que l'on peut aisément explorer en une journée.
Sitôt l'entrée franchie, la route s'élève rapidement et le spectacle commence. On passe d'abord par Park Avenue, un corridor de parois rocheuses aussi minces que vertigineuses, qui évoquent l'alignement des immeubles de la mythique artère new-yorkaise. Puis, on découvre le rocher très évocateur des Three Gossips. Une dizaine de kilomètres plus loin se dresse Balanced Rock, rocher suspendu à 39 m du sol, assez surréaliste. Juste après, la route sur la droite dessert la Windows Section, qui dévoile de superbes arches. On passe d'abord près du Garden of Eden, aux nombreuses aiguilles rocheuses, très appréciées des amateurs d'escalade, puis voilà les premières arches de la Parade of Elephants, d'énormes rochers rouges sculptés par l'érosion. Ce n'est rien encore en comparaison des North and South Windows, deux arches de pierre voisines tout aussi monumentales l'une que l'autre, qui font face à la Turret Arch, dressée à l'orée de la vallée.

ÉTAPE 3

Se prendre pour John Wayne à Monument Valley

Souvenez-vous de ces westerns mythiques : *La Chevauchée fantastique, Le Massacre de Fort Apache, Rio Grande, La Charge héroïque...* Au premier plan, le héros à cheval avec, en toile de fond, d'étonnants pitons de roche rouge qui atteignent jusqu'à 300 ou 400 m. C'est à Monument Valley qu'on les trouve, l'un des phénomènes naturels les plus extraordinaires des États-Unis. Le jeu des couleurs, variant du rose au violet, revêt un charme particulier à l'aube et au coucher du soleil.

Piste principale en boucle, la Valley Drive, longue de 27 km, sinue entre les plus belles formations rocheuses éparpillées dans le désert ; celles-ci s'appellent *butt* quand elles sont plus hautes que larges et *mesa* quand elles sont plus larges que hautes. Au coucher du soleil, l'un des plus beaux sites est le fameux John Ford's Point.

On peut partir accompagné d'un guide navajo, le nez enfoui dans son foulard et le Stetson enfoncé jusqu'aux sourcils. En fin de journée, lorsque les derniers rayons de soleil enflamment les vieux colosses rocheux au port altier, le moindre galop prend alors des allures de chevauchée fantastique...

Un lieu mythique

Si l'image de ces pitons rocheux ocre rouge dressés sur un immense plateau désertique a fait le tour du monde, c'est grâce aux nombreux westerns que John Ford y réalisa, à commencer par *La Chevauchée fantastique,* en 1939, avec John Wayne dans le rôle principal. Par la suite, Ford revint à Monument Valley pour tourner ses plus célèbres westerns, dont *La Poursuite infernale, Le Massacre de Fort Apache, La Charge héroïque* et *Rio Grande.* Aujourd'hui encore, ce somptueux cadre naturel, dépouillé jusqu'à l'épure, inspire les cinéastes, mais ce sont avant tout les publicitaires qui continuent de faire vivre Monument Valley.

ÉTAPE 4

Naviguer sur le Lake Powell

À cheval sur la partie nord de l'Arizona et le sud de l'Utah, le spectacle de ces énormes falaises rouges tombant dans les eaux métalliques du lac est l'une des visions magiques du Sud-Ouest américain. Le Lake Powell est en fait un gigantesque lac artificiel mis en service après la construction du barrage de Glen Canyon en 1966. Il a fallu 17 ans pour le remplir. Le résultat est spectaculaire : un lac artificiel où tout paraît naturel. Le mariage de l'eau et de la pierre est tellement harmonieux que ce paysage semble avoir toujours existé ! Il est assez rare que l'intervention de l'homme pour modifier le dessein de la nature ait un effet esthétique aussi positif.

Par sa taille, cet incroyable serpent de mer, sinuant sur 300 km, forme le deuxième plus grand lac artificiel des États-Unis (655 km^2). Empruntant les lits des rivières ennoyées, ses nombreux tentacules s'enfoncent dans les terres comme autant d'épines dardées dans le désert, s'infiltrant entre les falaises vertigineuses couvrant toute la palette des ocres. Au total, criques découpées et canyons secondaires inclus, le Lake Powell totalise 3 140 km de rivages, soit plus que toute la côte ouest du pays ! On y trouve quelques plages et une multitude de criques sauvages où il est agréable de se baigner ou de jouer les Robinsons. En été, la température de l'eau oscille autour de 26 °C (beaucoup plus fraîche au printemps). Idéale pour piquer une tête dans ce paysage extraordinaire.

Balade en bateau sur le Lake Powell

C'est le seul moyen pour vraiment découvrir le lac dans ses moindres recoins et admirer ses innombrables fantaisies de pierre. Les spectacles naturels sont saisissants, et cette balade nautique sera sans doute l'un de vos plus beaux souvenirs de voyage.

ÉTAPE 5

Descendre dans le Grand Canyon

Qui ne connaît pas le Grand Canyon, cette faille fantastique hérissée de pitons majestueux, un des phénomènes géologiques les plus spectaculaires qui soient ? Griffant en dents de scie le vaste plateau qui s'étend du sud de l'Utah au nord de l'Arizona, le Colorado s'est taillé dans la roche un superbe lit sinueux sur près de 445 km. Le canyon peut atteindre 1 829 m de profondeur pour une largeur maximale de près de 29 km. Difficile de l'imaginer mais, depuis 2 milliards d'années, le territoire du Grand Canyon a vu passer plusieurs mers, des déserts et des montagnes aussi hautes que l'Himalaya. Le sable que l'on trouve partout est essentiellement d'origine marine. Mêlé à des sédiments, il s'est graduellement aggloméré pour finir par se transformer en grès et en schiste. À la fin de l'ère secondaire, sous la pression des plaques continentales, la plaine du Colorado s'est peu à peu soulevée pour finir par former le plateau. Puis celui-ci s'est incliné alors que les Rocheuses apparaissaient plus à l'est. Le fleuve a commencé à creuser. Plus il descend, plus il révèle de couches géologiques. La plus ancienne, tout au fond, remonte à 1,8 milliard d'années, tandis que le canyon lui-même ne se serait formé que dans les derniers 5 à 6 millions d'années. On peut y lire en résumé les deux cinquièmes de l'histoire de la Terre.

Du fait des différences d'altitude considérables, cinq des sept grandes zones climatiques se retrouvent de bas en haut. Ainsi, vers 1 000 m, au fond de la gorge, des cactées indiquent un climat subtropical sec. À 1 200 m, on note une influence tempérée, avec des chênes et des acajous. Plus haut, on trouve des pins. Enfin, vers 2 500 m s'étend une zone climatique du type canadien, avec une forêt de pins et de sapins (surtout sur la rive nord). D'où une grande biodiversité de plantes, d'oiseaux et de mammifères. Parmi eux, ce sont les écureuils que vous aurez le plus de chances de voir, ainsi que les cerfs.

Le Grand Canyon vu d'en haut

La façon la plus spectaculaire de découvrir le site est de survoler la faille en hélicoptère. Attention, pour un vol de 25 à 30 mn, on ne survole vraiment le canyon que pendant 15 mn environ. Mais quel spectacle !

Sinon on peut aussi découvrir le Grand Canyon à pied ou se contenter d'admirer le paysage depuis la corniche, que suivent quelques sentiers faciles d'accès.

On peut aussi le parcourir en raft, moyen le mieux adapté au contexte « naturel », mais il faut réserver sa place longtemps à l'avance.

Durée : 3 semaines
Distance : près de 1 000 km
Point de départ : Las Vegas
Meilleure période : printemps
Vous aimerez : le délire urbain, les grands espaces, les phénomènes géologiques

ÉTATS-UNIS

L'ESPACE AMÉRICAIN : LA DIVERSITÉ DES EXTRÊMES

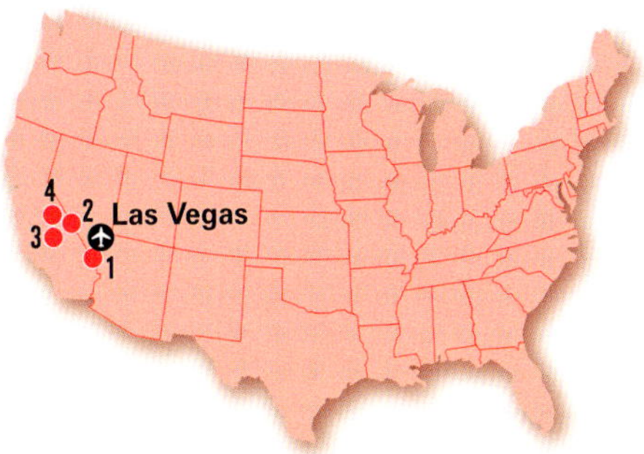

1 • Las Vegas, la folie des grandeurs
2 • La vallée de la Mort, un décor de cinéma
3 • À la rencontre des géants : Sequoia National Park
4 • Yosemite Park, le cœur de la Sierra Nevada

L'espace frontalier entre le Nevada et la Californie concentre les opposés géographiques non seulement à l'échelle américaine, mais aussi à l'échelle de la Terre.

D'abord Las Vegas, la ville la plus folle au monde, avec ses délires architecturaux et ses piscines en plein désert, puis la vallée de la Mort, le point le plus chaud et le plus aride des États-Unis, et enfin ce paysage alpin avec ses forêts, sa faune, sa fraîcheur, que constituent le parc de Yosemite et le parc de Sequoia. Quelques centaines de kilomètres à peine – une paille à l'échelle américaine – séparent ces lieux si différents.

ÉTAPE 1

Las Vegas, la folie des grandeurs

Ville époustouflante et décadente, grandiloquente et absurde, aberrante et géniale, Las Vegas pourrait remplir un livre des records à elle seule. Sur les 10 plus grands hôtels du monde, elle en compte 6. Quelque 80 000 licences de mariage y sont accordées chaque année. Le *Cirque du Soleil,* qui y fournit l'essentiel des spectacles, est le plus grand recruteur au monde de champions olympiques. La plus grande roue du monde y culmine à 168 m d'altitude. Mais c'est aussi la ville américaine qui compte le plus fort taux de suicides et d'infarctus.
Dans les casinos, qui incarnent autant qu'ils accueillent ce délire institutionnalisé, on peut vivre en vase clos. Ils s'alignent sur le Strip, surnom du boulevard de Las Vegas, long de plus de 6 km, et dans le quartier de Downtown, plus populaire.

SUR LE STRIP

Le *Venetian,* l'un des ensembles les plus fous de Las Vegas, reconstitue Venise à l'américaine : la place Saint-Marc et son campanile, un Grand Canal de 365 m de long parcouru par des gondoles (à moteur !) avec leurs gondoliers, le palais des Doges, le pont des Soupirs, etc. Les quais du canal sont rythmés par les arcades des maisons vénitiennes. Grands couturiers italiens, petits restos en terrasse, faux ciel bleu (magnifique)... L'ambition du promoteur serait de faire survivre le *Venetian* à Venise condamnée, elle, par la montée des eaux ! Tous les matériaux, dont 3 000 tonnes de marbre, ont été directement importés d'Italie.
Une inspiration italienne que l'on retrouve au *Bellagio,* cadre du film *Ocean's Eleven* avec Julia Roberts, George Clooney et Brad Pitt. Hall d'entrée au sol couvert de mosaïques, plafond constellé de « nénuphars » en verre soufflé de toutes les couleurs, et incroyable serre à la Baltard abritant des jardins botaniques. Du *Bellagio,* on voit le *Paris-Las Vegas* – un faux Paris de la Belle Époque. Les hauts lieux de la capitale sont presque tous là, dont une tour Eiffel à demi-échelle.
Les casinos du Strip, c'est aussi la reconstitution des tours de Manhattan pour le *New York-New York,* et de la plus grande des pyramides de Gizeh, avec sphinx et obélisque, pour le *Luxor*. C'est aussi la baie des Sirènes, avec créatures mythologiques en chair et en os à même le boulevard, pour le *Treasure Island*. C'est aussi un tournoi à cheval dans un drôle de château médiéval, version gâteau d'anniversaire sur le thème du roi Arthur et de Robin des Bois, à l'*Excalibur*. C'est aussi le zoo privé avec delphinarium du *Mirage,* une oasis exotique et chic, ponctuée de cascades, d'immenses piscines et d'une nature luxuriante. À Las Vegas, en plein désert, on sirote sa vodka assis sur un bloc de glace et on joue au golf sur un parcours de 18 trous outrageusement vert.

À DOWNTOWN

Quant à Downtown, l'autre face de Las Vegas, plus populaire, bien moins léchée, elle déroule son ambiance festive et très arrosée, contrairement au Strip. La vraie grande claque à Las Vegas, c'est de remonter Fremont Street la nuit. Chaque casino dégouline de néons rétro, dans un déluge de couleurs scintillantes. La rue est couverte sur plusieurs blocs d'une voûte longue de 416 m, constellée de 12,5 millions d'ampoules, formant le plus grand écran géant du monde, sur lequel s'enchaînent clips et pubs. Et si vous vous sentez l'envie de voler, vous pouvez filer dans les airs au-dessus de la foule de Fremont Street propulsé par une sorte de tyrolienne !
Le *Golden Nugget,* l'un des casinos les plus réputés de la ville, abrite l'une des plus grosses pépites d'or du monde, pesant près de 28 kg. Juste en face, *The Gold ATM,* un distributeur de lingots d'or, fonctionne comme un distributeur de billets, avec un ordinateur intégré indiquant le cours de l'or ! Quant au casino *Main Street Station,* inspiré d'une vieille gare victorienne, il a fière allure avec son train antique stationné à deux pas de la belle façade en bois, avec sa salle de jeux rutilante ornée de moulures, ses plafonds en cuivre, son bar photogénique flanqué de cariatides Art déco.
Si des pulsions de misanthropie vous prennent au sortir de « Sin City », filez dans la vallée de la Mort : à 200 km, l'ambiance change radicalement...

Plonger avec les requins

À 450 km au moins de la côte californienne... dans les terres ! Tellement plus chic que de les observer banalement dans l'océan... Dans l'aquarium du *Mandala Bay* s'épanouissent des tortues de mer géantes et des raies mantas. Des tunnels vitrés traversent les bassins, où batifolent une quinzaine d'espèces de requins. Au *Golden Nugget,* la piscine frangée de palmiers est dotée d'un toboggan géant, qui traverse dans un tube translucide un aquarium bourré de squales.

SOUVENIRS
the Next Level!

ÉTAPE 2

La vallée de la Mort, un décor de cinéma

Avec une superficie de plus de 13 000 km^2, elle constitue l'un des plus grands parcs nationaux américains. Canyons étroits, steppes arides, paysages lunaires, tout y est pour offrir le plus beau des décors aux Indiens, aux cow-boys... ou aux martiens ! On y a tourné *Spartacus* de Kubrick, avec Kirk Douglas (1960) ; *Zabriskie Point* d'Antonioni (1970), avec Harrison Ford ; *Star Wars* de Lucas (1977)...

C'est aussi le point le plus chaud et le plus aride de tous les États-Unis. La température, entre juin et septembre, dépasse constamment 40 °C à l'ombre. Le paysage, à la fois grandiose et lunaire, offre le spectacle d'une région brûlée par le soleil mais d'une incroyable diversité : canyons et cactus, palmeraies et dunes, cratères et lacs salés.

Au sud, on découvre *Zabriskie Point,* rendu célèbre par le superbe film éponyme d'Antonioni. La roche, plissée comme un drap jeté négligemment, présente des couleurs merveilleuses, du vert à l'orange en passant par le rose. Une petite route serpentant dans un somptueux paysage de montagnes mène à un amphithéâtre où les pigments minéraux ont donné aux pierres volcaniques des couleurs très intenses : l'Artist Palette. Le fer a produit les rouges, roses et jaunes, la décomposition du mica a donné les verts, le manganèse, les pourpres et les violets. Encore un régal pour les yeux. Au centre de la Death Valley, comme dans une hallucination, une longue bande de dunes de sable blanc apparaît au loin, véritable morceau de Sahara dans l'Ouest américain... Les *Mesquite Flat Sand Dunes* sont l'œuvre des vents qui se rencontrent à ce point précis de la vallée, apportant grain par grain les fragments de roche des montagnes voisines.

Pour compléter ce pèlerinage cinématographique, on se rend à Lone Pine, une petite ville devenue une importante annexe de Hollywood. La plupart des grands classiques du western et du film d'aventure, dont *Maverick* ou *Gladiator,* furent tournés dans le désert et les montagnes des environs. On suit ici les pas de John Wayne, Gary Cooper, Errol Flynn, Cary Grant, Humphrey Bogart, Anthony Quinn, Kirk Douglas, Lee Marvin, Clint Eastwood... L'excellent musée retrace cette épopée du 7e art. Dès l'entrée, on reconnaît la charrette originale du dentiste de *Django Unchained* et le script signé par Tarantino. Une partie est consacrée aux films étrangers ou interplanétaires tournés ici, comme *Storm over Bengal, Tremors, Star Trek...* Costumes étonnants, accessoires et éléments de décors complètent cet univers magique. En complément, on suit l'Alabama Hills Tour, qui traverse des paysages de roches granitiques blondes, superbes chaos tout en rondeur, théâtres de centaines de tournages.

Quand y aller ?

La meilleure saison s'étale de mi-octobre à mi-avril, avec des températures plus douces et plus propices à la randonnée. En plein hiver, les nuits sont fraîches et la lumière est superbe.

ÉTAPE 3

À la rencontre des géants : Sequoia National Park

Montée en altitude, changement de décor. À 2000-2500 m, cette splendide région rassemble d'imposants sommets, des gorges profondes, des lacs, des rivières et des forêts millénaires. Haut de plus de 100 m, le séquoia géant américain est le plus grand des conifères. Avec son tronc de 31 m de circonférence, le *General Sherman,* monstre sacré de cette forêt, constitue l'organisme végétal le plus imposant au monde. Le *General Grant,* son concurrent, est moins vieux, moins haut, mais plus large à sa base (diamètre de 12,30 m). On les découvre en se promenant entre d'autres colosses, en particulier un séquoia couché dans le tronc duquel on peut marcher.

ÉTAPE 4

Yosemite Park, le cœur de la Sierra Nevada

Premier site protégé du monde, dès 1864, il est l'image même que l'on se fait des montagnes de l'Ouest américain. Le parc couvre des milliers d'hectares de forêts et de montagnes grandioses, dont l'altitude varie entre 600 et 3 960 m. C'est l'une des plus belles vallées glaciaires qui soient, dominée par de fantastiques monolithes, caractérisée par des flancs hauts et abrupts et un fond plat, où coule la Merced River, vestige du lit du glacier. Les animaux sauvages (loups, ours, pumas et daims) complètent le tableau.

De la région des terres hautes, aux espaces sauvages à souhait, quasi lunaires, une belle balade mène à l'Elizabeth Lake, où l'on peut se baigner. De là, on accède à l'Olmsted Point, un point de vue sublime sur le parc. On embrasse d'un seul regard la vallée encaissée de la Tenaya Creek et les impressionnantes coulées de granit ponctuées de pins, sur lesquelles veille le Half Dome. Ce mont en forme de demi-dôme, visible de presque partout dans la vallée, est devenu le symbole du parc.

On débouche dans la vallée de Yosemite, dominée par El Capitan, la plus haute falaise monolithique du monde culminant à 900 m, rendez-vous mondial de la varappe. Presque en face se trouvent les Bridalveil Falls (« les chutes du Voile de la mariée »), qui rappellent cette dentelle légère s'envolant dans le vent. Un peu plus loin, un sentier mène aux cascades les plus hautes du parc, dites *Yosemite Falls*. Superbes, particulièrement lors de la fonte des neiges, lorsque leurs eaux rugissantes dévalent la montagne dans un halo de brumes fantastique.

On continue jusqu'au Glacier Point : en haut de cette saillie rocheuse, le panorama devient époustouflant. Se dessine le Overhanging Rock, un rocher qui s'avance courageusement au-dessus du vide. En toile de fond, majestueux, les sommets de la Sierra Nevada.

Une collection de cartes postales, ce voyage ? Non, une occasion unique de s'émerveiller devant l'imagination de la Nature, et de s'ébahir devant la capacité de l'homme à la préserver ou à la transformer, suivant son désir. Un microcosme dans un macrocosme.

Sachez en outre que Yosemite est l'un des meilleurs sites de randonnées pédestres aux États-Unis : le parc compte près de 1 350 km de chemins bien balisés, dont le 4-Mile Trail, qui grimpe depuis le fond de la vallée jusqu'au Glacier Point.

Boire un verre dans le plus vieux saloon de Californie

À Groveland, l'*Iron Door Saloon* fonctionne depuis 1852. Passé les lourdes portes en fer importées d'Angleterre, la salle est restée dans son jus : grand comptoir en bois où les habitués jouent aux dés, trophées de chasse aux murs et des dizaines de dollars punaisés au plafond. Le week-end, la salle devient piste de danse et accueille des groupes live.

Durée : entre 12 et 15 jours
Distance : 220 km à l'est, 970 km au nord
Point de départ : Nouvelle-Orléans
Meilleure période : le printemps et l'automne
Vous aimerez : la musique, l'architecture

ÉTATS-UNIS

« TOUT LE LONG, LE LONG DU MISSISSIPPI... »

1 • La Nouvelle-Orléans : la naissance du Jazz
2 • Chants du paradis perdu : la musique cajun à la Fayette
3 • La note bleue : blues à Memphis
4 • Santiags et stetson : la country à Nashville

Un road trip musical à travers le jazz, la musique cajun, le blues et la country

Le fleuve charrie toute l'histoire du Sud des États-Unis, celle des plantations, de l'esclavage et des luttes antiségrégationnistes, du folklore américain et de l'héritage cajun. Remonter son cours, c'est s'immerger dans des musiques qui ont bercé le monde entier. Un voyage sonore autant qu'historique.

ÉTAPE 1

La Nouvelle-Orléans : la naissance du jazz

En débarquant à La Nouvelle-Orléans, on a la tête pleine d'airs de jazz, d'images de rocking-chairs se balançant sur les terrasses de vieilles maisons aux balcons de fer forgé... Tout y est encore. Disséminés dans la ville, une grosse vingtaine de bars et de clubs qui distillent chaque soir la bonne parole du jazz.

Du temps des plantations, les esclaves n'avaient le droit qu'à une seule journée de repos, le dimanche. Ils avaient l'habitude de se retrouver pour danser et chanter. Des chants destinés à soutenir la cadence dans le travail est né le blues, réminiscence de mélopées modales africaines modifiées par l'influence de la musique européenne. Mais alors qu'on chantait le blues dans le Mississippi, La Nouvelle-Orléans a engendré un style musical plus entraînant et optimiste, le jazz. Cette musique est descendue dans la rue, puis dans les lieux de plaisir. Ainsi, Louis Armstrong jouait au célèbre cabaret *Anderson's Annex* lorsqu'il fut découvert par un impresario de Chicago.

Dans les années 1930, la liste des vedettes et des chefs-d'œuvre s'allonge. Triomphent alors Billie Holiday et Ella Fitzgerald, Count Basie, Fats Waller et le swing de Benny Goodman. La fusion de tous ces rythmes, connue sous le nom de « boogie-woogie », fait fureur dans un monde pourtant déchiré par la guerre. Et vers 1940, le public se prend d'un véritable engouement pour tout ce qui touche aux origines du jazz.

Sur place, il faut arpenter Bourbon Street, rue historique du jazz, ne serait-ce que pour prendre le pouls de la ville. Se diriger ensuite vers Frenchmen Street, dans des hauts lieux du jazz comme *Preservation Hall*, *Snug Harbor*, *Fritzel's*, *Palm Court Jazz Café* et tant d'autres...

Dans la journée, en attendant les concerts, explorer le quartier historique de La Nouvelle-Orléans, le French Quarter, qui doit son style architectural... aux Espagnols. La Nouvelle-Orléans fut longtemps composée de deux mondes qui ne se fréquentaient guère : le Vieux Carré, cœur du monde créole, et le monde américain. Jackson Square, centre religieux et administratif de ce Carré, abritait côte à côte la cathédrale Saint-Louis, première église catholique d'Amérique du Nord, et le Cabildo, siège du gouvernement espagnol, où fut signé l'acte de vente de la Louisiane aux États-Unis, en 1803 (aujourd'hui musée consacré à l'histoire de la Louisiane).

Au nord du Vieux Carré, le Tremé est le quartier noir le plus ancien des États-Unis. Au sein du Louis Armstrong Park, l'ancien Congo Square constitua longtemps le lieu de réunion des esclaves noirs : c'est en quelque sorte le lieu de naissance du jazz.

Le dixieland, petit nom de la Nouvelle-Orléans

C'est LE style musical de New Orleans. Le mot tire son origine du billet de 10 $. Lorsque, au début du XXe s, les autochtones ne parlaient encore que le français, les billets portaient sur une face « Ten » et sur l'autre « Dix ». Prononcé par les anglophones, cela donnait « Dixie ». New Orleans avait trouvé son petit nom : Dixieland.

BON TEE
CAJUN

ÉTAPE 2

Chants du paradis perdu : la musique cajun à La Fayette

En 1763, les premiers Acadiens s'installent sur des terres peu colonisées. Puis en 1821, Jean Mouton, riche planteur de coton, fonde autour de l'église Saint-Jean la ville de Vermilionville, rebaptisée Lafayette en 1884. Des reconstitutions de villages acadiens colorés éclairent sur le mode de vie des Cajuns.

Lors du Grand Dérangement (l'exode du Québec vers la Louisiane), ceux-ci ne purent emporter avec eux les instruments dont ils jouaient au Canada. La musique subsista pourtant grâce aux chants traditionnels, aux berceuses, aux cantiques religieux, et aux bals organisés chez des particuliers. Avec le temps, elle s'enrichit de diverses cultures musicales : anglo-saxonne, espagnole, amérindienne, noire... Elle leur a notamment emprunté l'improvisation vocale et les percussions. Le violon, seul survivant de la migration, fut rejoint par le triangle et la guimbarde, puis l'accordéon lui vola la vedette. Avec les échanges culturels, on mixa chants et instruments dans presque tous les styles de musique cajun (ballades, rondes, two-step, contredanses...).

Après la Seconde Guerre mondiale, le monde cajun apprivoisa plusieurs styles, dont le rock'n'roll. C'est ainsi qu'apparut, au début des années 1950, le zydeco, une musique créole inspirée de l'harmonie cajun et du rhythm'n'blues, de la country et même de la soul.

La fin des zarico

Le mot « zydeco » vient en fait de « zarico ». Les Noirs, trop pauvres à une époque pour manger de la viande salée avec leurs habituels haricots, avaient ajouté ce refrain à leurs chansons : « z'haricots, pas salés ». D'ailleurs, les Américains prononcent pour la plupart « zydeco » pour dire « zarico ».

ÉTAPE 3

La note bleue : blues à Memphis

Memphis paraît vivre au rythme tranquille du Mississippi. *Memphis Tennessee* de Chuck Berry, mais aussi W. C. Handy, qui composa le fameux *Saint Louis Blues,* et Elvis Presley, rendirent célèbre le nom de Memphis. C'est dans la rue légendaire de Beale Street, où vivaient les Noirs à l'époque de la ségrégation, que naquit le blues, ancêtre du rock'n'roll. Ce n'est pas un hasard si Elvis, le premier Blanc à avoir chanté la musique des Noirs, vivait à Memphis.

Dans les années 1920, le quartier de Beale Street est voué aux jeux, à la prostitution et à la musique. Des orchestres noirs sillonnent les rues, jouant surtout des instruments à cordes et une sorte de trompette rudimentaire, le *jug*. Memphis voit naître ou séjourner nombre de « grands » ; puis, avec l'attraction d'autres villes, l'introduction du blues électrifié, le déclin commercial de Memphis, Beale Street s'éteignit peu à peu. 1954, c'est l'ère Eisenhower, le puritanisme, la guerre froide, la ségrégation des Noirs. C'est dans cette ambiance qu'Elvis pousse, en juillet, la porte du Sun Studio, où l'on enregistre pour 4 $ ce qu'on veut sur un vinyle. En l'écoutant, Sam Philipps, le patron du studio, trouve l'homme qu'il cherchait : un Blanc avec une voix, une sonorité, une sensualité exceptionnelles, proches de celles des chanteurs noirs. Elvis enregistre cinq titres chez Sun Studio et embrase le public. Il est le premier à avoir mixé blues, gospel et country avec autant de génie, faisant éclater le racisme musical des années 1950. Pour cerner le personnage et son mythe, rendez-vous à Graceland, sa maison devenue une sorte de « Presley World ». Aujourd'hui, l'essentiel de l'animation musicale a toujours lieu sur Beale Street, en grande partie reconstruite dans le style du début du XXe s. Le jeu consiste à passer d'un bar à l'autre, au gré de la musique. Dans le W. C. Handy Park, juste au bas de Beale Street, qui abrite la statue du plus célèbre musicien de la ville avant Presley, un groupe de blues se produit en plein air presque tous les soirs à la belle saison.

Pour approfondir le sujet, on se rendra au Rock'n'Soul Museum. Ce beau musée interactif retrace de façon magistrale l'histoire de la musique à Memphis de 1940 jusqu'à la fin des années 1970, en montrant notamment comment est né, ici, le fameux rock'n'roll.

À partir de 1968, la musique produite à Memphis s'inscrit en parallèle avec le mouvement pour les droits civiques, et la soul culture se fond dans la *black culture*. Le Stax Museum of American Soul Music, situé à l'emplacement de l'ancien studio d'enregistrement du label *Stax*, propose justement un voyage à travers l'histoire de la *soul music* américaine. Stax a été fondé par Jimmy Stewart et sa sœur, Estelle Axton, des Blancs qui ont promu la musique noire, une démarche unique à l'époque. C'est toute la musique noire qui est évoquée dans ce musée, dont la naissance de la soul avec Ray Charles, Sam Cooke ou Otis Redding.

Une nuit chez le King

En 1949, Vernon et Gladys Presley emménagent à Memphis avec leur fils Elvis, alors ado. Leurs modestes revenus leur donnent droit à un trois-pièces dans une des premières HLM des États-Unis, créées en 1938 par Roosevelt. Pendant 5 ans, ils occupent l'appartement 328 au 185 Winchester, non loin du Sun Studio. Aujourd'hui, les fans peuvent y dormir !

ÉTAPE 4

Santiags et stetson : la country à Nashville

En plein milieu de l'État du Tennessee, Nashville est un lieu mythique, qui a porté de grands noms de la musique américaine comme Elvis Presley, Jerry Lee Lewis, Hank Williams et Johnny Cash. Certaines légendes y vivent encore, comme Little Richard. Les chanteurs y officient dès le matin ! Nashville, c'est aussi le célébrissime RCA Studio B, qui promeut le fameux « *Nashville sound* ».

La country est une musique du terroir, remontant au chant des premiers colons irlandais et écossais qui investirent les Appalaches sauvages. Par la suite, elle s'est approprié les autres genres musicaux en passant du gospel et du blues au swing, du jazz à la musique cajun... Les fameux bars *honky tonks* qui distillent de la country du matin au soir se concentrent dans la partie basse de Broadway, dans le centre. Mais le temple de la country, c'est le Grand Ole Opry, une des plus grandes scènes de music-hall des États-Unis. L'hiver, en revanche, la plupart des grands concerts se déroulent au Ryman Auditorium, dans un bel édifice à la façade triangulaire datant de 1892, anciennement lieu de prière.

Le Country Music Hall of Fame and Museum a été pensé pour évoquer ce courant musical jusque dans son architecture : ouvertures en façade rappelant les touches d'un piano, rotonde du Hall of Fame symbolisant les silos agricoles mais aussi les vinyles et CD... Et, vu du dessus, le musée ressemble à une clé de fa ! En face du musée, le nouveau Walk of Fame Park, avec ses étoiles comme à Hollywood, auquel répond le Musicians Hall of Fame. Celui-ci met à l'honneur ceux sans qui, justement, les stars n'en seraient pas : paroliers, musiciens, producteurs découvreurs... Le Johnny Cash Museum, consacré à « l'homme en noir », cette icône de la country au style décalé, complète le tableau.

Il ne reste plus qu'à chausser vos santiags et ouvrir vos oreilles pour vous immerger dans l'univers de la musique américaine, l'une des plus fabuleuses productions *made in USA*...

Le Nashville sound

Au début des années 1960, l'arrivée du rock'n'roll siphonne la country. On essaie alors de trouver de nouvelles sonorités pour la dynamiser. On vire les violons un peu ringards, on ajoute des chœurs. C'est le fameux *Nashville sound*, qui va devenir une référence internationale.

Durée : 12-16 jours
Distance : 850 km
Point de départ : Vancouver
Meilleure période : été et début d'automne
Vous aimerez : les paysages, la nature, la faune, l'héritage indien

CANADA

L'OUEST SAUVAGE AVEC ORQUES, GRIZZLIS ET COMPAGNIE

1 • Vancouver, la ville où il fait bon vivre
2 • L'île de Vancouver, un monde à la Tolkien
3 • Mount Revelstoke et Glacier National Parks : « 50 Suisse en une » !
4 • Yolo National Park : les « merveilleuses » chutes de Takakkaw

De l'océan aux Rocheuses, sur la côte ouest du Canada : les trésors naturels de la Colombie-Britannique.

Les paysages les plus diversifiés et les forêts les plus envoûtantes du Canada se sont donné rendez-vous ici. La côte ouest est déchiquetée en milliers d'îles et îlots, entre lesquels se faufilent les bateaux de pêche. De hautes montagnes aux sommets enneigés plongent à pic dans l'océan, où baleines et orques se croisent à la belle saison... Sur le littoral, une forêt humide luxuriante. À l'intérieur des terres, la forêt boréale à perte de vue.

ÉTAPE 1

Vancouver, la ville où il fait bon vivre

Adossée aux montagnes et les pieds dans l'océan, Vancouver allie projets ambitieux, douceur de vivre et culture écolo. Son architecture éclectique fait cohabiter les sculptures amérindiennes hautes en couleur avec les lignes ultramodernes du Canada Place – embarcadère en forme de vaisseau – et de sympathiques immeubles du XIXe s. La ville s'est bâtie sur un héritage amérindien, dont le *museum of Anthropology* constitue le plus beau témoignage. Inspiré des habitations indiennes traditionnelles, ce musée à l'architecture moderne présente un ensemble d'objets artistiques et cérémoniels des premiers peuples locaux, en particulier une extraordinaire collection de totems. On retrouve souvent la grenouille, le castor, le loup, l'aigle et l'ours, animaux tutélaires des clans, dont ils sont les ancêtres mythiques.

Le centre de Vancouver s'étend sur une longue presqu'île. Son poumon vert, l'immense Stanley Park (400 ha), en occupe toute la pointe ouest : forêt aux trois quarts sauvage, pins géants, panorama superbe sur la *skyline* de Vancouver et le Lions Gate Bridge, sculptures, totems amérindiens, pistes cyclables, points de vue sur l'océan, animaux sauvages, kiosques et jolies plages… À Vancouver, on va à la plage, on pratique la randonnée, la voile, le VTT, le kayak et le kitesurf… à deux pas du centre.

Au-delà du Lions Gate Bridge se trouve le fameux Capilano Suspension Bridge, la plus ancienne attraction de Vancouver et quasiment l'emblème de la ville. En 1889, un immigrant écossais, George Grant Mackay, achète 2 400 ha de terres vierges de part et d'autre de la rivière Capilano. Petit souci : comment franchir le canyon ? Bâti par des Indiens et amarré sur chaque rive à un gros pin Douglas, le premier pont en bois est surnommé « le pont qui rit » en raison du bruit qu'il fait lorsque souffle le vent... puis il devient le « nervous bridge » alors que débarquent les premiers curieux. Sur ce pont suspendu à 70 m de hauteur, traversant une gorge profonde de 137 m, il est à la fois excitant et terrorisant de se sentir ballotté par les vibrations et les balancements. Modernisé en 1903 et en 1956, il est doté de câbles pouvant désormais supporter le poids de deux Boeing 747 remplis à ras bord ! Ça rassure.

ÉTAPE 2

L'île de Vancouver, un monde à la Tolkien

Presque aussi vaste que les Pays-Bas, peu peuplée, elle n'est réellement développée que dans sa partie sud, où s'amarre Victoria, sa coquette capitale aux allures *british*. Dans le nord, ce n'est qu'une immensité sauvage. La densité de la végétation, le caractère accidenté du relief et la richesse de la faune en font un vrai bastion naturel. Près de 12 000 ours noirs peupleraient ses forêts – la plus grande concentration en Amérique du Nord ! Au début de l'été, les baleines croisent le long des côtes en direction de l'Alaska, tandis qu'au nord, le Johnstone Strait, classé « Réserve de la biosphère » par l'Unesco, est fréquenté par les orques.

Mais l'île de Vancouver, c'est aussi une façade maritime sans égale – à l'ouest surtout, où l'océan Pacifique se meurt en tempêtes et en brumes impénétrables, où s'étendent des plages immenses et sauvages... C'est en randonnée ou en kayak que l'on en découvrira le mieux les splendeurs. La forêt, atteinte de gigantisme, y prend des allures de monde mystérieux avec ses drapés de mousses et de lichens pendant des branches.

Victoria, ville principale de l'île, et capitale de la Colombie-Britannique, s'avère à la fois très urbaine, avec ses grands édifices… victoriens, mais aussi calme et souriante, grâce à ses jardins fleuris. Sans oublier son art de vivre à l'anglaise : on y prend encore le *high tea* ! Les petits bateaux-taxis et le décollage des hydravions créent une animation constante autour du port. D'anciens bâtiments ont été aménagés en de chaleureux bars et restos, qui se remplissent le soir venu. Au Fisherman's Wharf, pittoresque village de *house-boats* (maisons flottantes), on mange du poisson sur le ponton, exactement comme les otaries en face. Et on peut partir en mer saluer les orques, des colonies s'étant installées autour de Victoria.

Sur le chemin de Tofino, entrée du superbe parc du Pacific Rim, la route traverse des paysages de montagne à couper le souffle. Ils offrent un superbe échantillon de forêt pluviale, de plages vierges et de la faune de l'île. Deux d'entre eux, Long Beach et Clayoquot Sound ont été classés « Réserves de la biosphère » par l'Unesco.

La Pacific Rim National Park Reserve englobe en fait trois secteurs distincts : la charmante bande côtière entre Ucluelet et Tofino (Long Beach) ; les Broken Group Islands, à l'est d'Ucluelet ; et le fameux West Coast Trail. Cette superbe randonnée pédestre de 75 km longeant la côte ouest de l'île de Vancouver, en pleine nature, loin de toute civilisation. Magique : paysages très diversifiés, couchers de soleil inoubliables, soirées au coin du feu... Et ces plages désertes, à perte de vue, où l'on croise ours et loups... À l'origine, c'était un sentier indien avant qu'il ne soit récupéré par les colons pour permettre aux naufragés de rejoindre la civilisation. Surnommée « le cimetière du Pacifique », cette côte traîtresse, semée d'écueils et souvent plongée dans la brume, a en effet vu un grand nombre de navires se fracasser sur ses rochers avant l'apparition des premiers phares, à la fin du XIXe s.

Tofino, petit port de pêche, est un paradis estival à la fois péninsulaire, avec ses charmantes petites baies, et balnéaire, avec ses différentes plages. Même si le secteur est connu pour ses superbes orages maritimes, spectaculaires en hiver, c'est bien sûr la belle saison qui attire principalement les voyageurs… et les surfeurs : Tofino – Long Beach en particulier – est devenu la capitale canadienne du surf.

C'est aussi un bon point de départ pour les observations animalières. Les ours noirs arpentent les rivages pour se nourrir, retournant les cailloux en quête de crabes. Parmi les baleines grises migrant de la Basse-Californie mexicaine jusqu'en Alaska, les plus faibles et les plus jeunes, qui n'ont pas la force de faire tout le périple, s'installent ici pour l'été. Otaries et lions de mer se regroupent sur l'île Wouwer.

Les amateurs de pêche remonteront vers le nord-est, direction Campbell River, capitale mondiale de la pêche au saumon. Pêcheurs et apprentis aventuriers exploreront aussi les îles de Quadra, Cortes et les Discovery Islands juste en face. Les amateurs de randonnée, eux, s'orienteront vers le parc provincial de Strathcona, l'un des plus sauvages de l'île.

Toujours plus au nord, Telegraph Cove constitue pour certains le plus joli village de l'île, avec sa douzaine de maisons colorées sur pilotis. C'est aussi un départ d'excursion à la rencontre des baleines à bosse et surtout des orques qui reviennent régulièrement… se gratter le ventre sur les galets à l'embouchure de la rivière Tsitika ! De l'autre côté du détroit de Johnstone, les grizzlis se laissent observer en train de se choisir les meilleures touffes d'herbe, d'avaler quelques anguilles ou de pêcher un saumon.

Teatime

L'hôtel *Fairmont Empress,* au style très victorien, offre une vue imprenable sur le port de plaisance. Rudyard Kipling et Shirley Temple y ont séjourné. Y prendre un traditionnel *afternoon tea,* dans le splendide *tea lobby* aux grandes colonnes corinthiennes, constitue une vraie expérience culturelle. Le thé (un mélange spécifique à l'hôtel) est servi dans une réplique du service en porcelaine utilisé lors de la venue du roi George VI en 1939 ; les petits-fours et autres sandwichs salés et sucrés sont soigneusement rangés sur un plateau d'argent. Service à la hauteur.

ÉTAPE 3

Mount Revelstoke et Glacier National Parks : « 50 Suisse en une » !

Ces parcs font partie de la chaîne Columbia, qui diffère géologiquement des Rocheuses. La ville de Revelstoke, l'une des meilleures stations de ski d'Amérique du Nord et spot de *mountain bike* en été, s'impose comme base arrière. Le Mount Revelstoke National Park doit son microclimat aux chutes de neige record (25 à 30 m) qui recouvrent chaque année ses sommets. C'est pourquoi on y trouve la seule forêt humide de l'intérieur des terres, dite « forêt de neige ». Joli, non ? Autant que cette route des Prés-dans-le-Ciel *(Meadows in the Sky Parkway)* qui offre de beaux panoramas en s'élevant, et se poursuit à pied au milieu d'une débauche de fleurs sauvages multicolores. Vue magnifique à 360° sur la chaîne de montagnes avec la Columbia River au fond... On peut continuer vers les lacs Eva ou Jade, ou s'aventurer sur la féerique promenade des Cèdres-Géants *(Giant Cedars Boardwalk Trail),* au sein d'une hallucinante forêt primaire.

Le Glacier National Park, lui, constitue un haut lieu de l'alpinisme et de l'escalade, avec ses ravins glacés et ses sommets déchirés. Ainsi, le col Rogers est visuellement particulier parce que les géants blancs qui l'enserrent offrent juste assez de recul pour prendre la mesure de sa... démesure. La randonnée d'Abbott Ridge, l'une des plus belles du secteur, offre une superbe vue à 360° sur les glaciers.

ÉTAPE 4

Yoho National Park : les « merveilleuses » chutes de Takakkaw

Étendu le long d'une étroite et profonde vallée reliant la Colombie-Britannique à Lake Louise en Alberta, ce parc est situé dans la zone des Rocheuses canadiennes classée au Patrimoine mondial de l'Unesco. Son nom signifie « respect » en langue cree. Avec ses 36 pics de plus de 3 000 m, c'est vrai qu'il en impose !

Alimentées par un glacier, les chutes de Takakkaw, attraction principale du parc, rebondissent avec fureur sur une hauteur de 254 m. En langue cree, *Takakkaw* signifie « c'est merveilleux ». On n'aurait pas dit mieux...

Autre merveille, l'Emerald Lake, avec les monts Wapta et Carnaron enneigés en arrière-plan. Les amateurs compléteront avec l'O'Hara Lake, perché à 2 000 m d'altitude, un vrai sanctuaire ! Les imposants sommets qui l'encerclent s'y reflètent en des myriades de variations. Absolument superbe et d'un calme profond. À fleur d'eau, le petit sentier qui se faufile par endroits sous les pins habillés de mousse noire est magique. Une leçon de sérénité à l'échelle tellurique.

Durée : 12-16 jours
Distance : 1 000 km
Point de départ : ville de Québec
Meilleure période : de mi-mai à octobre
Vous aimerez : les cétacés, le grand large, la nature

CANADA

BALEINES ET BÉLUGAS : UNE HISTOIRE DE FAMILLES

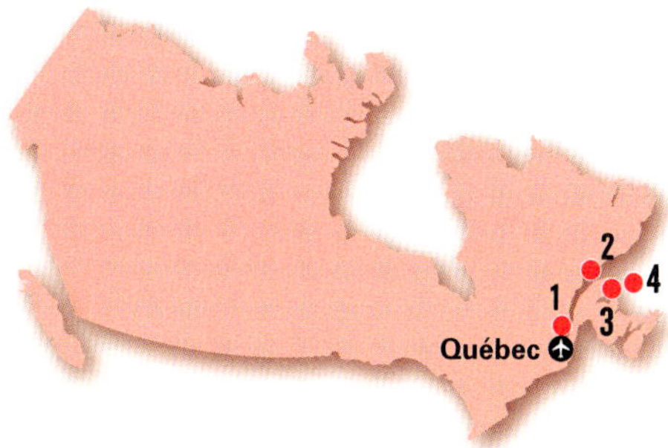

1 • Mise en bouche : Baie Sainte-Catherine
2 • La « route des Baleines » sur la Côte-Nord
3 • La Gaspésie, qui signifie chez les Indiens : « Là où finit la terre »
4 • Percé, son rocher, son île

Rares sont les endroits du monde qui possèdent une aussi grande diversité de cétacés que la côte est du Canada. Les différentes espèces se croisent l'été dans l'estuaire maritime et le golfe du Saint-Laurent, où elles trouvent une nourriture abondante.

Les plus nombreuses sont les baleines à fanons : petits rorquals, grands rorquals communs, rorquals à bosse (réputés pour leurs bonds hors de l'eau, qui migrent l'hiver vers les eaux des Caraïbes pour se reproduire), baleines noires et rorquals boréaux et même le colossal rorqual bleu, dit « baleine bleue ». Du côté des baleines à dents : cachalots et leurs plus petits cousins, dauphins, marsouins et bélugas. On rencontre également des phoques, nombreux dans le golfe du Saint-Laurent. À la fin de l'hiver, des dizaines de milliers d'entre eux dérivent sur la banquise, où les femelles mettent bas.

ÉTAPE 1

Mise en bouche : Baie Sainte-Catherine

Le parc national du Fjord du Saguenay protège un fjord, soit une profonde vallée glaciaire large de 2 km en moyenne et longue d'une centaine, où coule la rivière Saguenay. Un lieu sauvage, délimité par des falaises qui s'élèvent par endroits sur plus de 300 m de hauteur – et se prolongent de 250 m en profondeur. La rencontre des environnements forestier et marin engendre une importante biodiversité, tant en surface qu'en dessous : s'y croisent phoques, bélugas et même requins du Groenland !
Les eaux salées chargées de plancton du Saint-Laurent pénètrent le Saguenay devant le village de Baie-Sainte-Catherine, où le panorama sur l'embouchure du fjord depuis le centre d'interprétation de Pointe-Noire est vertigineux. Pointe-Noire est reconnu comme l'un des meilleurs endroits du globe pour observer les bélugas, les petits rorquals et les phoques gris.

De la côte à l'intérieur des terres : l'arrière-pays de Charlevoix

Se promener à l'intérieur des terres de Charlevoix, en dessous de Baie-Sainte-Catherine, constitue un complément indispensable à la pérégrination côtière. Paysages vallonnés et boisés dégagent une paix incroyable. Là où la forêt se fait austère, de plantureux pâturages adoucissent le paysage. Artistes, peintres et photographes viennent depuis longtemps puiser leur inspiration dans les longs plateaux de l'arrière-pays, les vallées verdoyantes et fertiles, parsemées de pittoresques fermes. Une authenticité des choses et des êtres toujours intacte... On peut en particulier explorer le parc des Grands-Jardins à Saint-Urbain, un véritable îlot de Grand Nord qui compte plus de 120 lacs !

ÉTAPE 2

La « route des baleines » sur la Côte-Nord

LA BAIE SAINTE-MARGUERITE, « BAIE DES BÉLUGAS »

Première étape de la « route des baleines », elle accueille, de juin à octobre, une troupe de baleines blanches. On est quasiment sûr d'en apercevoir depuis le belvédère. Ce cétacé blanc donne tous les 3 ans un bébé brun ou gris-bleu, qui éclaircit en grandissant ! Longue de 3 à 4,50 m pour un poids maximal de 1,5 t, cette baleine sédentaire est aussi grégaire : à la fin de l'été, on assiste à de grands rassemblements pouvant atteindre 150 individus.

LA CÔTE-NORD, LE QUÉBEC TEL QU'ON EN RÊVE

Une nature à la démesure du continent, des paysages qui s'étirent à l'horizon, le vent du large et d'innombrables possibilités d'activités en plein air, la Côte-Nord, c'est la « route des baleines » à elle seule. Se succèdent tout d'abord le Manicouagan, avec Tadoussac, Les Bergeronnes et Les Escoumins presque à touche-touche, puis des villages qui s'égrènent jusqu'à Sept-Îles. Tous les moyens sont bons pour aller à la rencontre des cétacés : croisières d'observation, balades accompagnées en kayak et, plus écologique et plus économique à la fois, observation terrestre en randonnée.

Point de départ : Tadoussac, amarrée au confluent du Saguenay et du Saint-Laurent. Le panorama sur les eaux turbulentes, aux lignes de marée sans cesse mouvantes, est grandiose. Remontant le profond chenal laurentien, les eaux océaniques, poussées par le courant froid du Labrador (4 °C), se heurtent à la hauteur de Tadoussac à un seuil rocheux. Le jeu des marées, des courants et du relief sous-marin est propice à l'accumulation de krill et de petits poissons attirant à leur tour les cétacés. Depuis les rochers de Tadoussac, pointe de l'Islet et pointe Rouge, on peut voir les baleines qui viennent parfois jusqu'à 15 m du rivage et entendre alors leur souffle puissant. Pour approfondir, le Centre d'interprétation des mammifères marins a créé un petit musée des baleines qui fréquentent les eaux locales : régime alimentaire, communication, reproduction...
Au port, les jolies maisons en bois rappellent l'histoire du premier comptoir à fourrures de la vallée du Saint-Laurent. Dès le XVIe s, une foire estivale attirait à Tadoussac quelque 2 000 personnes, Européens et Amérindiens. Les fourrures, de castor surtout, les plus belles de toutes, s'y échangeaient contre perles de verre et outils de métal. Une histoire qu'évoque le poste de traite Chauvin, reconstitution pittoresque du premier poste de traite (entièrement en bois) du Canada, bâti

en 1599-1600 par un dénommé Pierre Chauvin, originaire de Honfleur et mandaté par le roi Henri IV. Sans oublier la chapelle des Indiens, la plus ancienne chapelle en bois encore existante au Canada, construite en 1747-1750 par un missionnaire jésuite grâce à la générosité de l'intendant de France.

Au nord-est de Tadoussac, les deux bourgades des Bergeronnes, Petites et Grandes, s'accrochent au flanc des collines surplombant le Saint-Laurent – Samuel de Champlain, voyant des hirondelles de mer sur la plage, pensa aux bergeronnettes de France. Les villages font face à une profonde fosse marine très propice aux déplacements des mammifères marins. On a donc plus de chances de voir ici la fameuse baleine bleue, qui aime bien avoir de l'espace !

Au cap de Bon-Désir, les rochers constituent un poste d'observation parfait. On y accède par le centre d'interprétation et d'observation du cap de Bon-Désir, où des naturalistes dévoilent les secrets de l'estuaire du Saint-Laurent : la vie sur ses rives, la faune sous-marine, la navigation, etc.

Suivant toujours la côte, on arrive aux Escoumins, connue pour la pêche au saumon, la plongée sous-marine et… l'observation des cétacés. La vue sur la baie au soleil couchant y est de toute beauté. Au Centre de découverte du milieu marin, l'exposition permanente, ludique et interactive, permet de découvrir le Saint-Laurent sous-marin et les raisons de la présence des baleines. Confortablement installé dans la salle de projection, on vit une expérience sous-marine unique découvrant les mystères des fonds marins par écran géant interposé.

À l'est de Sept-Îles débute la Minganie, la plus spectaculaire portion du littoral de la Côte-Nord – paysage de roc, baigné par la mer et bercé par le vent, sculpté de partout. On atteint ainsi Longue-Pointe-de-Mingan, située face aux îles les plus occidentales de la réserve de parc national de l'Archipel de Mingan. Une véritable dentelle d'îles et d'îlots sauvages s'étend sur 175 km le long du littoral. Un paradis naturel où évoluent nombre de phoques et de baleines. Au sein de ce splendide sanctuaire écologique s'élèvent de curieux monolithes sculptés par l'érosion et vit une grande variété d'oiseaux. Ainsi, l'île aux Perroquets est le domaine du « perroquet de mer », alias le macareux moine.

Opportunité rare, la station de recherche des îles Mingan permet d'accompagner des chercheurs au cours d'une journée d'étude en mer. Tout en observant les cétacés dans leur milieu naturel, les scientifiques partagent leurs connaissances. Intéressant : le centre inclut une salle acoustique pour écouter les sons émis par les baleines.

Un *Guiness Book* aquatique

La baleine bleue peut atteindre 25 m de long et peser jusqu'à 120 t (soit 17 éléphants), sa langue pèse 4 t. Sa nourriture quotidienne se compose de 1 t de plancton et crustacés. Elle propulse son célèbre souffle à 6 m de haut et peut rester au moins 20 mn sans respirer… Essayez donc voir ! Le cachalot, deux fois moins grand qu'une baleine bleue (« seulement » 15 m en moyenne), n'en possède pas moins le plus gros cerveau du monde et plonge jusqu'à 1 000 m de profondeur. Sa redoutable mâchoire inspire les pires frayeurs à l'homme. Sans doute est-ce à cause de lui que la mythologie prêta aussi longtemps de mauvaises intentions aux baleines. Le fameux *Moby Dick* de l'écrivain Herman Melville était un cachalot. On sait cependant désormais qu'il n'attaque jamais l'homme (pas plus qu'aucune autre baleine)… à moins d'avoir été harponné !

ÉTAPE 3

La Gaspésie, qui signifie chez les Indiens : « Là où finit la terre »

Une péninsule ceinturée de 3000 km de côtes baignées par l'estuaire et le golfe du Saint-Laurent ! Autant dire que la mer est omniprésente, avec ses histoires et légendes peuplées de chasseurs de baleines et de pêcheurs, ses récits de naufrages et ses colonies d'oiseaux et de mammifères marins. La côte nord est fréquentée par les phoques et les baleines, particulièrement la région tourmentée de La Pointe, appelée « Land's End » *(fin de la terre)*, qui voit la lèvre inférieure de l'estuaire du Saint-Laurent se déchirer dans le sel des flots.

Dans le parc national de Forillon, terre et mer s'entrelacent à la perfection... Le parc s'étend entre le golfe du Saint-Laurent et la baie de Gaspé, aux falaises abruptes et au littoral ciselé. Dans les masses rocheuses atteignant jusqu'à 600 m d'altitude, la mer a sculpté une succession variée d'escarpements, d'anses et de grottes souterraines. Proche de l'océan, le mélange de forêt boréale et de toundra alpine abrite une faune exceptionnelle : orignal, renard roux, castor, et même ours noir et lynx... Phoques, dauphins, petits rorquals et baleines à bosse croisent non loin des côtes. On pourra même envisager d'y nager avec les phoques !

Entre Gaspé et Percé, le paysage se fait plus doux, vallonné, tantôt breton avec ses maisons blanches et ses minifalaises, tantôt finlandais lorsque les sapinières viennent faire trempette, entre deux prés vert tendre recouverts de fleurs jaunes.

ÉTAPE 4

Percé, son rocher, son île

Déjà dans les années 1930, les artistes se donnaient rendez-vous dans ce magnifique site sauvage, souvent comparé à Étretat. À quelques encablures du rivage se dresse le célébrissime rocher, tandis que, un peu plus au large, l'île Bonaventure sert de refuge aux oiseaux marins (aux colonies de fous de Bassan en particulier). Côté terre, des collines comme les monts Sainte-Anne (340 m) et Blanc (370 m), ainsi que les caps avoisinants, dessinent l'écrin de cette scène magique, où brume et éclaircies jouent à faire apparaître et disparaître les éléments du paysage.

Le petit bout de terre (4 km^2) de l'île Bonaventure est connu pour ses eaux poissonneuses. Plusieurs espèces de baleines fréquentent les environs : la baleine à bosse, la baleine bleue, le petit rorqual, le rorqual commun et la baleine franche, ainsi que le rare requin pèlerin avec sa grande gueule s'ouvrant pour engloutir des tonnes de plancton. Sans parler des nombreux phoques qui, durant la saison, viennent se dorer la pilule au pied des falaises de l'île. Et partout, on peut observer des oiseaux (l'île est le refuge de quelque 250 000 oiseaux migrateurs), dont de petits pingouins, guillemots et mouettes, et, les stars locales, les fous de Bassan : la deuxième plus grande colonie mondiale de cette espèce occupe les falaises orientales.

Féru de cétacés et de phocidés, poussez jusqu'aux îles de la Madeleine. On y admire l'un des grands spectacles naturels de la planète : l'observation des bébés phoques, ou blanchons. Ces charmantes peluches couleur de neige aux yeux charbonneux vous laisseront le souvenir le plus craquant de votre voyage !

Un fou de vitesse

Grâce à sa vision binoculaire, cet oiseau marin repère les bancs de poissons de très haut, avant de fondre dessus dans une position aérodynamique exclusive inspirant les plus grands ingénieurs aéronautiques. Il atteint alors sa vitesse de pointe, plus de 60 km/h, ce qui lui vaut sûrement son surnom de « fou », fêlé venu de « Bassan », du nom de Bass Rock, îlot de la côte est de l'Écosse où l'espèce fut découverte.

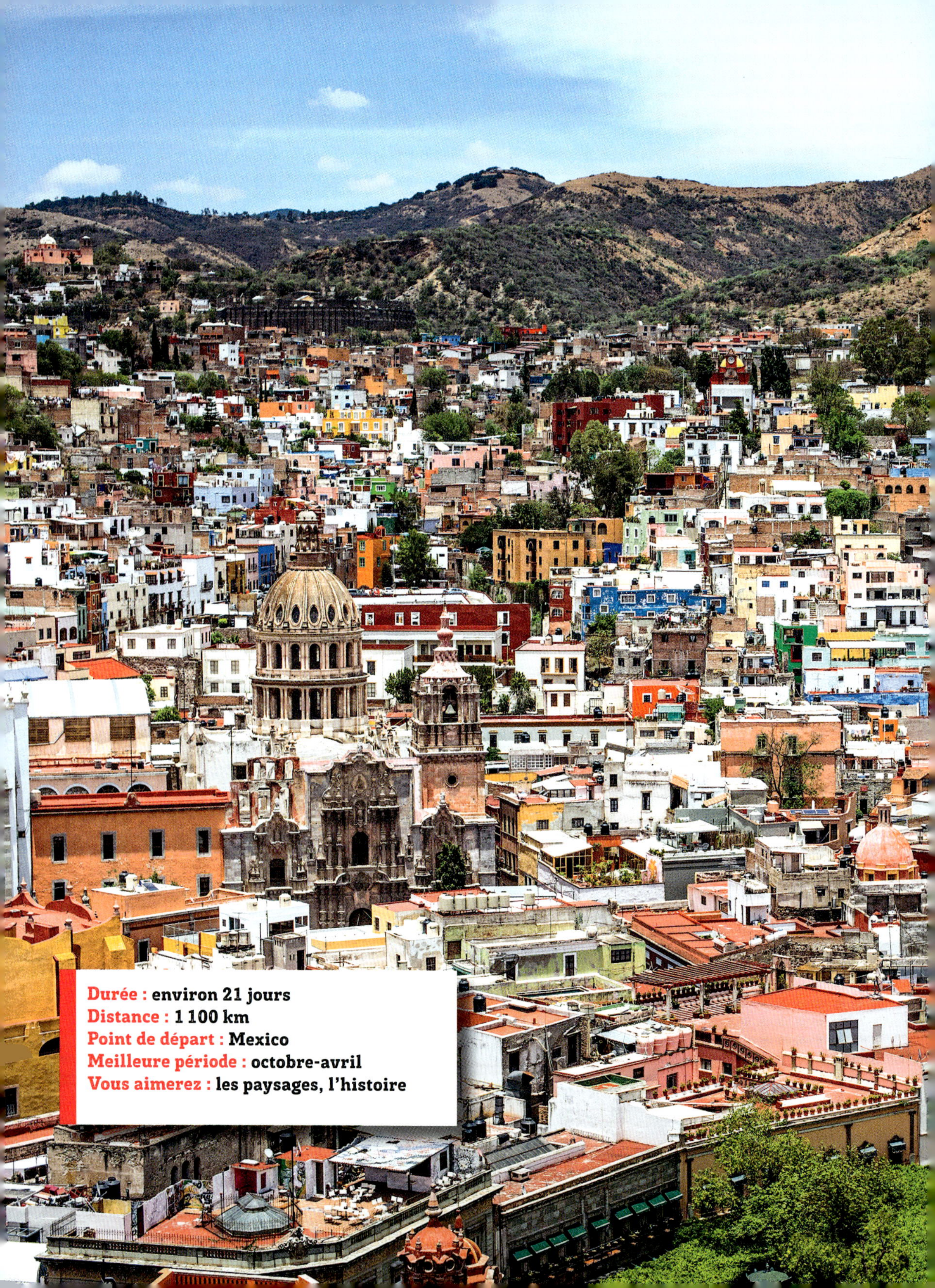

Durée : environ 21 jours
Distance : 1 100 km
Point de départ : Mexico
Meilleure période : octobre-avril
Vous aimerez : les paysages, l'histoire

MEXIQUE

SUR LES PAS DES CONQUISTADORS À TRAVERS LE MEXIQUE COLONIAL

1 • Mexico, Mexicô-o-o
2 • Teotihuacan, le temple de Quezalcoatl
3 • Queretaro et San Miguel de Allende : là où s'écrivit l'histoire du Mexique
4 • De Zacatecas à Pátzcuaro, les fastes coloniaux

Une plongée dans l'histoire du Mexique, du cœur de l'empire aztèque aux villes coloniales du nord-ouest de Mexico.

Avril 1519. Environ 600 hommes, menés par Hernán Cortés, débarquent dans la rade de l'actuelle Veracruz. Face à eux, l'immense empire aztèque, perturbé par de funestes présages, des rêves d'apocalypse et la résurgence d'une vieille légende annonçant le retour d'un dieu suprême. Les conquistadors espagnols profitent de cette agitation pour prendre possession d'une région qui deviendra le cœur de la Nouvelle-Espagne, jusqu'à l'indépendance du Mexique en 1827. L'occupation espagnole, considérée comme une page noire de l'histoire, a cependant laissé au Mexique des villes pleines de charme, pour la plupart classées au Patrimoine mondial de l'humanité. Elles abritent des églises baroques et des cathédrales aux superbes façades, de beaux palais et de riches musées. De la capitale Mexico au lac de Pátzcuaro en remontant jusqu'à Zacatecas, on découvre une architecture unique, des sites d'exception et des traditions puissantes. En d'autres termes, un nouveau monde.

ÉTAPE 1

Mexico, Mexicô-o-o

Construite sur le site de l'ancienne capitale aztèque de Tenochtitlan, la ville de Mexico est aujourd'hui un géant urbain de plus de 20 millions d'habitants en perpétuelle agitation. Son cœur est le Zocalo, l'une des plus grandes places du monde avec ses 240 m de côté. L'esplanade, mais aussi les églises et édifices coloniaux qui l'entourent furent construits avec les pierres des pyramides aztèques détruites par les conquistadors. Sur son côté nord s'élèvent la *Catedral,* qui mêle influences baroque et néoclassique importées d'Espagne, et le *Sagrario,* une église du XVIIIe s imprégnée du style rococo churrigueresque, caractérisé par une abondance d'ornements exubérants, typique de l'époque coloniale. Bordant le côté est du Zocalo, le Palacio nacional a été construit sur les ruines du palais de l'empereur aztèque Moctezuma. Résidence des vice-rois d'Espagne, puis des présidents de la République mexicaine jusqu'à la fin du XIXe s, il abrite de magnifiques fresques murales, dont certaines peintes par Diego Rivera, racontant l'histoire mouvementée du pays. Plus au nord, le Templo Mayor abrite les vestiges du monument le plus important de l'empire aztèque, dont la pyramide, haute de 45 m, était considérée comme le centre du monde.

Enfin le quartier chic de Polanco, à l'ouest de la ville, abrite plusieurs hauts lieux de la vie culturelle mexicaine. Le *museo nacional de Antropologia,* le musée le plus visité de la ville, dévoile une incroyable collection de pièces d'art préhispanique. Quant au *castillo de Chapultepec*, trônant sur la colline du même nom, il rappelle la triste aventure de l'empereur Maximilien d'Autriche, qui s'acheva par son exécution et la fin de la courte domination des Habsbourgs sur le Mexique (1864-1867). Le château dévoile de belles pièces de réception et de somptueuses chambres impériales ainsi qu'un musée retraçant l'histoire du pays, de la colonisation espagnole à la révolution de 1910.

La *Casa Azul,* une visite incontournable

Le Museo Frida Kahlo, dédié à la célèbre artiste mexicaine, est situé dans Coyoacan, à 10 km du centre de Mexico. Ce quartier, avec ses rues pavées longées par de belles demeures bleues et ocre, baigne dans une ambiance bohème. Le musée est installé dans la maison natale de Frida Kahlo, la *Casa Azul,* où elle revint vivre avec Diego Rivera entre 1929 et 1954. On y découvre l'atelier et les collections d'artisanat populaire de cette femme à la forte personnalité, peintre talentueuse, communiste, féministe et pro-indigène, devenue infirme à la suite d'une poliomyélite et surtout d'un grave accident de bus.

ÉTAPE 2

Teotihuacan, le temple de Quezalcoatl

Apparue vers le Ier s. av. J.-C., la civilisation de Teotihuacan développa une gigantesque ville qui s'étendait, au Ve s, sur 20 km et comptait, outre de très nombreux temples, plus de 200 000 habitants. Mais elle disparut mystérieusement deux siècles plus tard, et la végétation reprit ses droits. Des fouilles intensives ont permis de ressusciter ce site monumental situé à seulement 50 km au nord-est de Mexico.

La visite commence par la *Ciudadela* (citadelle) et le *templo de Quezalcoatl,* dédié au puissant dieu serpent à plumes, représenté par des dizaines de têtes de reptiles greffées sur la façade. Puis l'ascension de l'imposante *piramide del Sol* et celle de la *piramide de la Luna* permettent d'embrasser de superbes points de vue sur l'ensemble du site. Un *museo* en contrebas de la première et le *museo de los Murales teotihuacanos Beatriz de la Fuente,* à l'extérieur de la zone archéologique, présentent de riches collections issues des fouilles, dont la découverte est essentielle à la compréhension de l'histoire des lieux.

À égale distance de Mexico, mais cette fois en direction du nord-ouest, la ville de Tepotzotlan mérite d'être visitée pour sa magnifique église San Francisco Javier et son monastère accueillant l'immense *museo nacional del Virreinato,* l'un des plus beaux musées d'art colonial du pays, qui abrite de nombreux tableaux, sculptures, maquettes, objets d'art religieux et de la vie quotidienne remontant à la domination espagnole.

ÉTAPE 3

Queretaro et San Miguel de Allende : là où s'écrivit l'histoire du Mexique

Bien plus au nord, à 220 km de la capitale mexicaine, Queretaro occupe une place majeure dans l'histoire du pays. Haut lieu du combat pour l'indépendance à partir de 1810, la ville aux quelque 1 200 édifices historiques voit la ratification, en 1848, du traité mettant fin à la guerre entérinant l'annexion du nord du pays par les États-Unis. Une vingtaine d'années plus tard, c'est à Queretaro qu'est exécuté Maximilien de Habsbourg et, enfin, c'est dans cette ville que se réunit le Congrès mexicain pour signer, en 1917, la Constitution du pays encore en vigueur aujourd'hui. Dans son vieux centre, de belles demeures coloniales aux couleurs chaudes bordent de charmantes rues pavées. En fin de journée, les innombrables dômes et clochers s'illuminent, et la ville fourmille de vie.

La petite ville de San Miguel de Allende possède un vieux centre colonial encore dans son jus et dominé par la splendide *parroquia de San Miguel de Arcanguel,* aux airs de Sagrada Familia de Barcelone. La ville a enchanté de nombreux *gringos* originaires des États-Unis, qui s'y sont installés à partir des années 1940. Depuis, les rues empierrées de pavés disjoints, bordées de petites maisons multicolores, ont vu fleurir un grand nombre de galeries d'art et de boutiques d'artisanat et bijoux en tout genre.

Le sens de la fête

La plupart des villes coloniales mexicaines regorgent de légendes. Devenue partie intégrante du folklore régional, la tradition de partage de ces mythes trouve sa plus belle expression quand des groupes de troubadours costumés sortent dans la rue en fin de journée, le plus souvent le week-end, pour les raconter en musique. Rapidement, une petite foule grossissante se met à les suivre au gré des ruelles, comme envoûtée, dans une belle ambiance festive.

ÉTAPE 4

De Zacatecas à Pátzcuaro, les fastes coloniaux

Le Nouveau Monde découvert par les Espagnols regorgeait de richesses. À Zacatecas, ce sont de riches gisements d'argent qui ont poussé les colons à s'installer dans ce lieu isolé au paysage aride et rocailleux, perché à 2 500 m d'altitude. L'exploitation minière a assuré la prospérité de la ville et de ses premiers habitants, qui en ont fait un petit joyau de l'architecture coloniale. Aujourd'hui encore, la région de Zacatecas reste le premier producteur d'argent du pays. Le soir, de superbes éclairages mettent en valeur les monuments historiques, et donnent à la ville une note théâtrale et romantique.

Autre centre minier autrefois important, la petite ville de Guanajuato est un vrai labyrinthe. Enchâssée entre plusieurs collines, elle est traversée de ruelles parfois si étroites que l'on peut s'y embrasser de balcon à balcon. Le centre historique est piétonnier et réserve de belles découvertes, telle la *basilica de Nuestra Senora de Guanajuato*, toute de jaune vêtue, avec son architecture baroque dominant la *plaza de la Paz*. Cette ville, qui abrite un superbe musée consacré au personnage de *Don Quichotte,* accueille également en octobre le festival de théâtre le plus célèbre du pays, le Cervantino.

En redescendant, on découvre aussi Morelia une ville imposante avec quelque 750 000 habitants. Son centre historique truffé d'églises réserve de nombreux chefs-d'œuvre d'architecture coloniale : façades du XVIIIe s, arcades sculptées, colonnades, fontaines, et surtout le *santuario de Nuestra Senora de Guadalupe*, une église bâtie en 1656 qui révèle un somptueux intérieur éclatant de couleurs.

Ce périple s'achève à plus de 2 000 m d'altitude, dans la bourgade de Pàtzcuaro. Appuyées sur des charpentes en bois brûlé et coiffées de toits de tuiles, ses maisons blanches arborent une originale bande de couleur lie-de-vin qui donne tout son cachet à la ville. En son cœur, la *plaza Vasco de Quiroga*, plantée d'arbres centenaires, est entourée de belles arcades et demeures coloniales. Une trentaine de petits villages et hameaux se sont installés sur les rives et les îlots du lac de Pátzcuaro bordant la ville, notamment sur la célèbre *isla de Janitzio* dominée par une gigantesque statue de Morelos, héros de l'indépendance mexicaine.

La colonisation de l'Amérique centrale est considérée comme une page noire de l'histoire au regard du sang versé par les autochtones dans leur résistance à l'envahisseur espagnol. En revanche, les superbes villes coloniales construites par celui-ci constituent autant de traits de lumière au milieu de cette obscurité. Le Mexique, indépendant depuis 1827, a su se réapproprier ces témoins d'un passé violent pour en faire des éléments incontournables d'un patrimoine culturel aujourd'hui étincelant.

El día de los muertos

Dans les villages du lac de Pátzcuaro, les 1er et 2 novembre sont marqués par la célébration du *Día de los Muertos,* le « Jour des Morts ». Durant ces deux jours, tous les cimetières sont décorés et les tombes se parent de magnifiques autels de fleurs. Dans la nuit, les femmes apportent des offrandes pendant que des musiciens jouent les airs préférés des défunts. Le tout dans une ambiance à la fois festive et mystérieuse.

Durée : 12-16 jours
Distance : 550 km
Point de départ : Mérida
Meilleure période : hiver
Vous aimerez : les monuments mayas, les paysages, le bord de mer

MEXIQUE

À LA DÉCOUVERTE DE LA CIVILISATION MAYA AU YUCATÁN

1 • La Ruta Puuc, d'Uxmal à Labna, dédiée au dieu de l'Eau
2 • Chichén Itzá et Cobá, royaume du serpent sacré
3 • Plonger dans les entrailles de la Terre sur la Riviera Maya

De la Ruta Puuc à la Riviera Maya, un voyage sur les traces d'une des plus importantes civilisations préhispaniques.

Si la péninsule du Yucatán est célèbre pour ses stations balnéaires modernes et bouillonnantes, telles Cancún et Playa del Carmen, la vraie richesse de la région se trouve cachée dans sa dense forêt. Plusieurs cités mayas d'exception ont été révélées, et de nombreuses merveilles restent encore dissimulées dans la végétation.
Lorsque les colons espagnols débarquent au XVIe s dans le sud-est du Mexique, ils rencontrent le peuple maya, le plus ancien des trois grands groupes dits « précolombiens » – car antérieurs à la découverte de l'Amérique par Christophe Colomb en 1492. Si l'empire aztèque, plus à l'ouest, et les Incas, en Amérique du Sud, se sont véritablement développés à partir du XIIIe s, les origines de la civilisation maya se perdent dans les temps anciens de la préhistoire.
Pourtant, après l'indépendance du Mexique en 1827, on n'en trouve presque aucune trace. Les grandioses cités mayas, progressivement abandonnées à partir du XIe s, s'étaient couvertes d'une dense végétation. La période de domination espagnole avait provoqué la disparition de nombreux symboles culturels. Depuis, d'incroyables travaux de fouilles et de restauration ont fait ressurgir du passé cette puissante civilisation, aussi étincelante que mystérieuse.

ÉTAPE 1

La Ruta Puuc, d'Uxmal à Labna, dédiée au dieu de l'Eau

La péninsule du Yucatán est un vaste plateau calcaire recouvert de végétation présentant, par endroits, quelques petites zones légèrement vallonnées. C'est dans l'une d'entre elles, au sud de l'actuelle capitale provinciale Mérida, que des Mayas venus du sud décident de développer à partir du VIIe s plusieurs centres urbains importants. Les terres y sont fertiles, idéales pour l'agriculture, malgré le manque d'eau. On ne croise en effet aucune rivière, aucun lac, pas le moindre *cenote* (gouffre inondé aux airs de puits naturel). Ils développent alors un ingénieux système de stockage de l'eau à l'aide de citernes approvisionnées par les pluies. Cette dépendance trouve son expression dans l'omniprésence des représentations du dieu de la Pluie ou de l'Eau, *Chac,* reconnaissable à son nez en forme de trompe.

La région est aujourd'hui traversée par la Ruta Puuc, une « route » partant de Mérida, serpentant au milieu de la forêt et reliant entre elles les ruines de ces anciennes cités prospères.

Située à 80 km au sud de Mérida, Uxmal était la capitale politique, militaire et religieuse de la région Puuc. Entouré de forêt, le site est dominé par la *piramide del Adivino* et la *Gran Piramide,* hautes respectivement de 35 m et 32 m. Elles offrent depuis leur sommet de magnifiques points de vue sur l'ensemble d'Uxmal. Le *cuadrangulo de las Monjas* regroupe quant à lui quatre grands édifices entourant une cour centrale, tous ornés de superbes frises chargées d'innombrables symboles divins, dont de nombreux masques du dieu *Chac*. Enfin le *palacio del Gobernador,* datant du Xe s, est l'un des chefs-d'œuvre de l'architecture maya ; ses proportions répondant à la fameuse loi du nombre d'or, qui définit l'équilibre parfait.

À une vingtaine de kilomètres au sud d'Uxmal se trouve la zone archéologique de Kabah, dont la pièce maîtresse est le fascinant *Codz Poop.* Construit autour du IXe s, ce monument est doté d'une façade recouverte d'un nombre impressionnant de masques aux structures complexes et travaillées. Non loin de là, le site de Sayil révèle un majestueux *palacio Norte,* long de 90 m et comptant plus de 90 salles. Si seul un de ses côtés a été dégagé de la végétation le recouvrant, ce monument permet cependant de mesurer l'ampleur du travail de restauration effectué dans la région.

Enfin, la zone archéologique de Labna, avec son atmosphère paisible, est peut-être le site permettant le mieux d'imaginer ce qu'était la vie autrefois dans une cité maya. Ses deux plus fameuses constructions sont une pyramide, surmontée d'un temple, et une arche monumentale superbement reconstituée.

Une civilisation brillante

Les Mayas se sont distingués par des avancées très poussées dans les domaines de l'écriture (hiéroglyphique), de l'agriculture, des mathématiques et de l'astronomie. On se souvient encore d'une certaine fin du monde prévue, d'après leur calendrier, le 21 décembre 2012.
Leur décompte du temps est basé sur un système de cycles compliqués. Il est calqué sur les cycles de la nature et divise l'année solaire en 13 cycles de 28 jours plus un jour, pour un total de 365 jours. À cela s'ajoute un calendrier de 260 jours utilisé à des fins religieuses.

ÉTAPE 2

Chichén Itzá et Cobá, royaume du serpent sacré

Chichén Itzá est le site le plus visité du Yucatán. Situé à mi-chemin de Mérida et de la bouillonnante cité balnéaire de Cancún, il est constitué de ruines spectaculaires s'étendant sur près de 300 ha. Il tire son nom de la présence de deux *cenotes,* Chi signifiant « bouche » et Chén « puits ». Quant à Itzá, il s'agit du nom du groupe qui aurait fondé la cité aux alentours de l'an 500. Chichén Itzá a été désigné en 2007 parmi les « sept nouvelles merveilles du monde ».

Au milieu des nombreuses ruines, plusieurs édifices sortent du lot. La *piramide de Kukulkan* en impose, avec ses neuf terrasses surmontées d'un temple. À tel point que les Espagnols l'appelèrent le *Castillo*, « le château ». Elle possède 91 marches sur chacune de ses faces, plus une marche supplémentaire pour atteindre le nombre symbolique de 365, soit le nombre de jours de la révolution de la Terre autour du Soleil. Les escaliers sont délimités par un corps de serpent dont la gueule ouverte vient se poser sur le sol à la base de la pyramide. Lors des équinoxes de mars et de septembre, mû par les jeux d'ombres et de lumière au moment où le soleil se couche, le reptile semble prendre vie.

Enfin, le *Grupo de las mil columnas* est un gigantesque chef-d'œuvre. Sur la plupart des colonnes sont gravées des représentations de guerriers emplumés, munis de lances, tandis qu'à leur pied le visage du puissant dieu Quetzalcoatl sort de la bouche d'un serpent. Sur les huit colonnes centrales, face à l'escalier menant au *templo de los Guerreros,* les personnages représentés ont les mains nouées. Il s'agit de prisonniers en passe d'être immolés sur le *chac-mool,* la statue humaine sacrificielle allongée au sommet du temple.

À une centaine de kilomètres à l'ouest de Chichén Itzá, on découvre la zone archéologique de Cobá, au territoire immense s'étalant sur 70 km^2. La majeure partie du site est encore enfouie dans la forêt. La cité atteignit son apogée entre le VIe et le VIIIe s, et dominait alors le nord et l'est de la péninsule. Seules les pyramides les plus importantes ont été dégagées, comme celle de Nohoch Mul, une des plus hautes du Yucatán (42 m) avec celle de Calakmul au sud de la péninsule. À son sommet, on profite d'une vue imprenable sur la forêt. La pyramide de Xaibé, de forme semi-circulaire, symbolisait quant à elle la croisée des chemins.

Les nerfs en pelote

Chichen Itzá abrite le plus grand jeu de pelote du continent méso-américain. Ce jeu était également un rite symbolisant la cosmogonie des Mayas : la trajectoire de la balle en caoutchouc (pesant parfois plus de 3 kg) correspondait à la course du Soleil. Les anneaux figuraient le levant et le ponant, et le terrain de jeu, la plate-forme terrestre séparant le monde supérieur (le ciel) de l'inframonde (les « enfers »). Deux équipes de sept joueurs s'opposaient, en utilisant les genoux, les coudes, les hanches et même les fesses pour envoyer la balle toucher l'anneau adverse ou, mieux, la faire passer à l'intérieur. Si l'issue des matchs devait révéler le choix des dieux pour trancher les conflits politiques et donner des indices divinatoires aux prêtres, le tout finissait parfois dans un bain de sang, comme en témoigne un curieux mur où sont symbolisés les crânes des joueurs décapités.

ÉTAPE 3

Plonger dans les entrailles de la terre sur la Riviera Maya

En rejoignant depuis Cobá le littoral est du Yucatán et la Riviera Maya, on découvre Tulum, le seul vestige maya important situé en bordure de mer. Ici, ce ne sont pas d'imposantes pyramides ou de somptueux palais qui font la beauté du site, mais sa situation. Cette « forteresse » (*tulum* en maya), depuis laquelle les Mayas assistèrent à l'apparition des premières caravelles espagnoles en 1518, est perchée sur une falaise dominant la mer de ses 12 m de hauteur. Elle est entourée sur trois côtés d'une épaisse muraille abritant, outre un imposant *castillo,* une cinquantaine de petits édifices. Il s'agit pour l'essentiel de temples et d'habitations de nobles et de prêtres. La population vivait à l'extérieur des murs et ne pénétrait dans l'enceinte sacrée que lors des cérémonies. Tulum servit encore de refuge aux Mayas au XIXe s lors de leur soulèvement contre les autorités mexicaines durant la guerre des Castes (1847).

En remontant vers le nord, on rejoint dans un premier temps Xel-Ha, une lagune de 14 ha aménagée en écoparc aquatique. Cet ensemble de minuscules lagons coralliens aux eaux cristallines, foisonnant de poissons, est idéal pour les enfants. Après une petite balade en forêt qui suit un tracé très agréable, on découvre une rivière cernée de mangroves épaisses que l'on descend juché sur une grosse bouée ou avec masque, palmes et tuba en se laissant filer au cours de l'eau jusqu'à la lagune.

Enfin, en continuant toujours plus au nord, on rejoint la *caleta* Yal-Ku, un site joliment aménagé dans l'esprit d'un jardin d'art présentant quelques bronzes d'artistes mexicains. La *cala* (petite crique) en elle-même est pleine de charme, et l'on prend plaisir à y côtoyer, dans une eau cristalline, une kyrielle de petits poissons colorés.

Un plouf dans les *cenotes*

Si l'océan est vaste et omniprésent le long de la Riviera Maya, les *cenotes,* ces improbables et magnifiques gouffres inondés, sont discrets. On met souvent leur existence en relation avec la chute de l'astéroïde très certainement responsable de la disparition des dinosaures, il y a 65 millions d'années. Aujourd'hui, certains d'entre eux prennent des airs de parcs d'attractions réservant des plongées magiques, comme Kantun Chi ou Chikin-Ha. D'autres sont plus calmes. Enfin, une plongée dans le rio Secreto, rivière souterraine au sud de Playa del Carmen, permet de barboter dans les entrailles de la terre au milieu de concrétions plus incroyables les unes que les autres.

Durée : 12-18 jours
Distance : 1 100 km
Point de départ : Antigua
Meilleure période : hiver
Vous aimerez : la culture maya, l'héritage espagnol, les paysages, la mer des Caraïbes

GUATEMALA

UN PÉRIPLE GUATÉMALTÈQUE NATURE ET COLORÉ

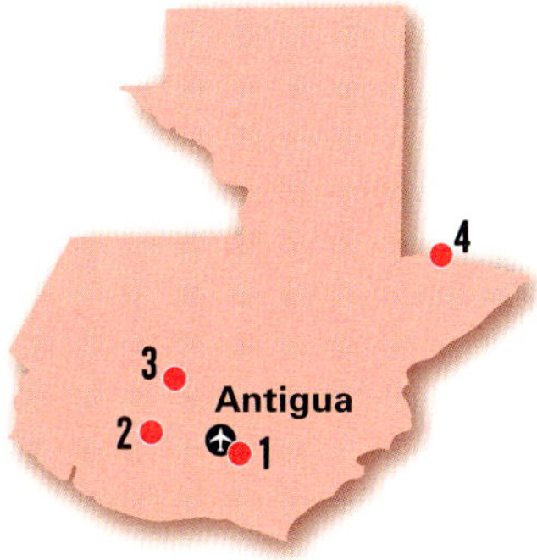

1 • Antiga, la plus belle ville du pays
2 • Le lac Atitlán et ses villages traditionnels
3 • Le marché de Chichicastenango sur le chemin de Tikal
4 • Livingston, un bout du monde

Une traversée du Guatemala, de la ville d'Antigua à la côte caribéenne en remontant jusqu'au site de Tikal.

On ne connaît pas le sens exact du nom « Guatemala ». Pour certains, il signifie « pays recouvert d'arbres », quand d'autres y reconnaissent la « montagne aux sources jaillissantes ». Dans les deux cas, vous l'aurez compris, le Guatemala respire la vie et vit la nature.

Enserré entre deux océans, le pays est encore en grande partie sauvage, intact et authentique. Paysages somptueux de volcans, lacs, jungles, villages séculaires et sites archéologiques… Il y a tant de choses à découvrir ! Au contact des Guatémaltèques, descendant en majorité de la civilisation maya, on se retrouve plongé en pleine culture amérindienne, avec ses dialectes, ses coutumes et un folklore particulièrement coloré.

Leur symbole est le quetzal, un bel oiseau rouge et vert incapable de vivre en captivité. Il préfère encore se laisser mourir… Et si le Guatemala inspirait simplement la liberté ?

ÉTAPE 1

Antigua, la plus belle ville du pays

Classée au Patrimoine mondial de l'humanité depuis 1979, cette petite ville d'environ 35 000 âmes dégage un charme fou. Ses rues aux pavés mal ajustés suivant un plan en damier sont longées de maisons de style colonial, basses et colorées.
Lorsqu'elle fut fondée par les Espagnols au début du XVIe s, elle reçut le nom de Santiago de Guatemala et devint la capitale régionale. Mais, dominée par trois majestueux volcans, l'Agua, le Fuego et l'Acatenango, elle fut à de nombreuses reprises ravagée par des incendies, des éruptions volcaniques, des avalanches, des inondations et autres tremblements de terre. Si bien qu'à la fin du XVIIIe s, le siège du gouvernement est déplacé en un lieu plus sûr, à 45 km à l'est, sur l'emplacement de l'actuelle capitale Guatemala City. Dès lors elle est nommée Antigua Guatemala, « Ancienne Guatemala ».
Une vieille dame, donc, que cette survivante affichant avec fierté ses cicatrices du passé. Les édifices religieux, peut-être protégés par une force supérieure, ont réussi à traverser les siècles, telles la superbe *iglesia de la Merced* à la belle façade jaune ou l'impressionnante *iglesia San Francisco* avec son côté gauche marqué des traces des tremblements de terre. Mais ici, même les ruines sont magnifiques ! Celles du *convento Santa Clara* sont imprégnées d'histoire et constituent un lieu idéal pour de paisibles promenades.
Le lieu le plus emblématique de la ville se trouve en son cœur : le *parque Central.* Cette jolie place aux belles proportions est bordée du côté sud par l'ancien palais de la Capitainerie générale, siège de l'Administration de toute l'Amérique centrale à l'époque coloniale. En face se dresse le *palacio del Ayuntamiento* (hôtel de ville), seul édifice d'Antigua à ne s'être jamais écroulé. On découvre depuis son balcon une superbe vue dominant la place avec, au loin, les trois capricieux volcans.

Pâques à Antigua

La célébration pascale, importante dans tout le pays, prend une ampleur particulière à Antigua. Un nombre incroyable de processions voit défiler des porteurs, vêtus de toges de couleur et chargés de lourdes statues du Christ ou de la Vierge, au rythme des cuivres et des percussions. Les rues sont recouvertes de tapis de sciure de bois colorés et ornés de motifs de fruits et de fleurs formant de superbes tableaux. Durant la Semaine sainte, la ville est aussi animée que les entrailles des volcans qui l'entourent !

ÉTAPE 2

Le lac Atitlan et ses villages traditionnels

La vision de ce lac de 130 km², né il y a 85000 ans d'une éruption volcanique, est spectaculaire ; en particulier au lever du jour, quand ses eaux se font miroir.

Sur ses rives, plusieurs villages ont gardé en grande partie leur mode de vie traditionnel, fondé sur la pêche et la culture (maïs, café). La tradition du tissage y est forte et chacun possède son propre costume. Un tour de lac prend vite des airs de défilé de mode présentant magnifiques chapeaux, bijoux et somptueuses étoffes aux coloris et motifs d'une infinie diversité.

À 2h30 d'Antigua par la mythique route Panaméricaine, Panajachel est la ville la plus importante des bords du lac. Si, au fil des années, l'ancien village tranquille est devenu une petite cité cosmopolite, elle réserve encore de belles découvertes, notamment lorsque l'on s'attable à la terrasse du *Sunset Café* pour profiter d'une vue magnifique sur le lac et sa ceinture de volcans.

De Panajachel, certains villages se rejoignent à pied par de belles balades, comme Santa Catarina Palopo, avec ses maisons bleu turquoise à flanc de coteau. En remontant les terrasses dominant le village, où sont cultivés fleurs et légumes, on profite d'un beau panorama plongeant sur le lac. Un peu plus loin, San Antonio Palopo est niché au fond d'une anse se dressant à flanc de montagne. Une seule rue le traverse, mais une multitude d'escaliers et de ruelles étroites invitent à l'explorer.

Pour découvrir d'autres villages, plus éloignés, on peut emprunter le bateau. Santiago Atitlan est devenu un centre d'artisanat actif, réputé pour ses *huipiles,* sorte de blouses tissées à la main ornées de motifs. On y vénère une drôle d'icône, représentée sous la forme d'un mannequin en bois portant chapeau sur la tête et cigarette aux lèvres.

Au pied du volcan du même nom, San Pedro est cerné de champs de caféiers. Si le bas du village baigne dans une ambiance festive assez touristique, le haut mérite la balade pour goûter à une atmosphère plus authentique.

On finit ce tour du lac par une halte « zen » et décontractée à San Marcos. On y vient pour méditer, pour déguster de délicieux plats végétariens, ou pour profiter de massages ou de cours de yoga. De quoi faire le plein d'énergie avant de remonter vers le nord !

ÉTAPE 3

Le marché de Chichicastenango sur le chemin de Tikal

Peuplée par les Quichés, une des principales ethnies mayas, la petite ville de Chichicastenango accueille, les jeudi et dimanche, le plus coloré marché indien du Guatemala. C'est l'endroit idéal pour acquérir, dans un bain de foule chaleureux, de magnifiques textiles, de beaux masques portés lors des danses traditionnelles, des *huipiles* brodés, ceintures, bijoux, et un nombre invraisemblable de souvenirs en tout genre. On prend également le temps d'admirer l'*iglesia Santo Tomas*, non seulement pour son architecture et sa blancheur immaculée contrastant avec les couleurs éclatantes des vêtements mayas, mais aussi pour les incroyables rites exprimant le syncrétisme religieux dont elle est le cadre. Car c'est ici que fut découvert le *Popol Vuh*, la « Bible » des Mayas, racontant la création du monde, et notamment celle des hommes à partir du maïs.
Baigné au milieu de ces croyances précolombiennes, il est alors temps de rejoindre, tout au nord du pays, le sublime site maya de Tikal.
Au milieu d'un parc protégé de 576 km^2, les ruines n'occupent que 16 km^2. C'est le centre de l'ancienne cité, le reste étant encore enfoui sous la végétation.
Trois ensembles majeurs apparaissent. Le plus impressionnant est celui de la Gran Plaza, avec les deux immenses pyramides se faisant face, le temple du Grand Jaguar, aux majestueuses proportions, et le temple des Masques. De là, on continue vers l'ouest jusqu'au Mundo Perdido, le « Monde Perdu », site émouvant, voire romantique. Du IIIe au Ve s, c'était la place majeure de Tikal, accueillant en son centre une pyramide de 32 m de haut servant d'observatoire astronomique. Mais la plus belle vue du site se découvre depuis le Templo IV. Avec ses 64,40 m de hauteur, ce temple du Serpent à deux têtes présente la pyramide qui domine le site et constitue un des plus hauts édifices d'Amérique préhispanique. Sur un côté, un escalier en bois de 180 marches permet l'ascension. De là-haut, un panorama exceptionnel se dévoile, dominant une vaste forêt laissant émerger les sommets des ruines, et nous replonge dans le décor du film culte *Star Wars* (épisode IV, *Un nouvel espoir*) de George Lucas et du dernier *Indiana Jones* de Steven Spielberg.

Une nuit à Tikal

La vraie aventure, c'est d'y camper. On trouve sur place un camping qui s'étend sur une immense prairie, proposant quelques petits kiosques ouverts aux toits de chaume. Ceux-ci offrent un peu d'ombre et de quoi fixer un hamac. Une promenade sur le site en fin de journée, surtout au coucher du soleil, est un régal. Toutes les lumières s'éteignent à 21h. Là commence une expérience unique : la nuit tombe, mais la forêt continue de vivre. Tout bruisse, tout se meut. On est réveillé, tôt, par le bavardage des oiseaux tropicaux, les cris rauques des singes hurleurs et d'incroyables senteurs inconnues.

ÉTAPE 4

Livingston, un bout du monde

Quel meilleur endroit pour achever ce périple guatémaltèque que la côte de la mer des Caraïbes ? Autre lieu, autre ambiance, le singulier village de Livingston mérite une visite à bien des égards. On y accède seulement par la mer, en *lancha* (petite barque à moteur), entouré d'aigrettes, de pélicans et de cormorans. Un vrai bout du monde ! Cette bourgade possède la particularité d'être habitée par une majorité de Noirs, descendants d'esclaves introduits par les Espagnols et les Anglais dans les Caraïbes : les *Garifunas*. C'est un bout du monde idéal pour profiter de la vie, doucement, en dégustant du poisson grillé ou de la *tapado,* une soupe de poissons locale, accompagné d'un *coco loco,* cocktail à base de lait de coco et de rhum, sur fond de reggae. En saison, le rythme change sur des airs de salsa, de cumbia, de merengue. Et il s'enflamme le 26 novembre, lors de la fête locale.

Livingtson, c'est une ambiance, une manière de vivre particulière à laquelle on se laisse aller, des odeurs et des émotions, des sourires et des regards.

En traversant ce Guatemala aux paysages et ambiances aussi variées que les couleurs d'un *quetzal,* on se sent libre. Mais contrairement à cet oiseau emblème, hors de question de se laisser mourir en rentrant dans la « captivité » de nos vies quotidiennes ! Car le Guatemala a tant à offrir qu'il faudra y revenir !

Les Garifunas

L'ethnie garifuna est née sur l'île de Saint-Vincent au XVIIe s, d'un métissage entre esclaves noirs africains (échappés des mains des Anglais) et Amérindiens occupant l'île. Cette nouvelle population parvint à garder pendant plus d'un siècle son indépendance, en s'alliant notamment avec les Français. Finalement soumis par les Anglais, les Garifunas, à la culture si originale, furent déportés plusieurs fois. De Saint-Vincent, on les conduisit en Jamaïque, pour être enfin installés après un long périple sur l'île de Roatan (Honduras), depuis laquelle ils partirent peupler différents points de la côte caraïbe centraméricaine. La ville de Livingston, qui doit son nom à Edward Livingston, maire de New York au XIXe s, se nomme *La Buga* (« la bouche ») en garifuna. Sa fondation date de la fin du XVIIIe s, quand un premier groupe garifuna débarqua sur ces côtes.

AMÉRIQUE DU SUD

Durée : 10-14 jours
Distance : 460 km environ sur l'Avenue des Volcans, 2h d'avion vers les Galápagos
Point de départ : Quito
Meilleure période : juin-novembre
Vous aimerez : les paysages, les animaux en liberté

ÉQUATEUR

DES VOLCANS AUX ÎLES GALÁPAGOS, UNE NATURE ESSENTIELLE ET RAYONNANTE

1 • Quito, la ville aux deux visages
2 • Des pentes du Cotopaxi à la lagune de Quilotoa
3 • « Papa Chimborazo », le volcan du drapeau
4 • Les îles Galápagos, un jardin d'éden

Tutoyer les sommets avant de découvrir une faune parmi les plus fascinantes du monde.

Coincé entre la Colombie et le Pérou, l'Équateur est un petit pays offrant une étonnante palette de paysages découpés en trois espaces bien définis. À l'ouest, un superbe littoral longe l'océan Pacifique et ravira les férus de surf, de plages et de mangroves. À l'est, la région de l'Oriente est recouverte d'une dense forêt amazonienne encore sauvage. Entre les deux, la cordillère des Andes constitue la colonne vertébrale du pays et abrite son cœur, Quito.

« L'Avenue des Volcans » relie la capitale à Cuenca, au sud, serpentant au milieu de panoramas d'exception aux sommets vertigineux, dans des décors façonnés par une intense activité volcanique. On redescend de ces pentes majestueuses pour s'envoler vers le magique archipel des Galápagos qui inspira à Darwin sa célèbre *Théorie de l'évolution des espèces.*

ÉTAPE 1

Quito, la ville aux deux visages

Après La Paz en Bolivie, Quito est la deuxième capitale la plus haute du monde, perchée à 2 800 m d'altitude. La ville est dominée à l'ouest par les volcans Rucu et Guagua Pichincha, culminant respectivement à 4 627 et 4 776 m (quand même). Au milieu de paysages accidentés et verdoyants, Quito donne l'impression de s'agripper fermement aux montagnes mouvantes sur les flancs desquels elle s'est développée.

Fondée par les Espagnols en 1534, cette capitale présente deux facettes bien distinctes. D'une part, son centre historique, le populaire Quito colonial, inscrit au Patrimoine mondial de l'humanité depuis 1978. Outre de beaux marchés et de charmantes places pavées, on y admire de nombreux édifices religieux à l'architecture coloniale baroque et aux intérieurs exubérants, tels que l'église de la Compagnie des Jésuites et le *convento de San Francisco*. La première, édifiée en 1605, abrite en son cœur une richesse si époustouflante qu'elle est considérée comme l'église la plus couverte d'or du pays ! Quant au second, il forme, avec ses 3,5 ha, le plus grand ensemble conventuel des Amériques.

D'autre part, un Quito moderne s'étend au-delà des jardins publics de l'Alameda et du vaste *parque El Ejido*. Son quartier principal, La Mariscal, est constitué de rues bordées d'immeubles plus ou moins récents, de boutiques, d'hôtels et de restos à la vie nocturne débridée en fin de semaine. D'un point de vue culturel, la partie moderne de la ville abrite quelques beaux musées, dont le *museo nacional ministeria de Cultura*, consacré au patrimoine équatorien, et la *capilla del Hombre,* un ensemble comprenant la maison-musée du peintre Guayasamin et la *Capilla*, un drôle de bunker aux lignes inspirées de celles d'un temple inca, qui abrite bon nombre de ses œuvres.

Suivre le rythme de la ville

Dans la journée, le Quito colonial est très animé, c'est là qu'il faut être. Le soir, tout ferme à 22h, sauf la *calle La Ronta* qui vit à partir du jeudi pour devenir un des points les plus chauds de la ville. Les Quiteños se bousculent alors jusqu'au petit matin sur ses pavés disjoints pour écluser quelques petits verres de *canelazo,* un alcool de canne à sucre additionné de cannelle, de citron ou de *naranjilla* (petit fruit rond de couleur orange) et servi chaud. Mais malgré ce hot spot du vieux centre, l'épicentre de la vie nocturne de Quito est le quartier de La Mariscal, dans le Quito moderne, et plus précisément la *plaza Foch* où les troquets sont légion.

BANCO DEL PICHINCHA

« Le roi de la mort »

C'est en langue caribe, le surnom du Cotopaxi. Assis sur une base de 20 km de diamètre, ce volcan est à la fois l'un des plus gros et des plus dangereux des Andes. Ses dégâts peuvent être considérables : outre les habituelles coulées de lave, jets de pierres et de cendres, ses éruptions menacent de faire fondre glace et neige à son sommet, provoquant de terribles coulées de boue. Sa dernière éruption remonte à 1903 : elle dura une année entière ! Mais depuis les années 2000, une activité sismique croissante est enregistrée. À l'été 2015, deux explosions ont lieu, produisant un panache de fumée et de cendres haut de 8 km qui retomba sur Quito, à 45 km de là ! Le roi capricieux serait-il en train de se réveiller ?

ÉTAPE 2

Des pentes du Cotopaxi à la lagune de Quilotoa

Au départ de la capitale, on se lance à proprement parler sur l'Avenue des Volcans. Avez-vous déjà rêvé de cônes parfaits griffant les cieux avec, face à vous, une dizaine des plus hauts volcans du monde. Vous serez servi ! Si les villes ont souffert des séismes et autres coulées de lave, les champs se sont nourris de la richesse des sols pour couvrir de leurs damiers les pentes les plus raides.

Joyau de cette route mythique, le Cotopaxi est, à 5 897 m, le deuxième sommet de l'Équateur, et le plus haut encore en activité. Parfois, la lune donne l'impression de se poser délicatement à son sommet telle une tête sur un corps. Par beau temps, il se distingue de loin, dominant le paramo, cette plaine d'altitude, froide et herbeuse, où l'on croise parfois des chevaux galopant en semi-liberté. Son ascension est réalisable, même si elle nécessite une marche d'acclimatation de 2 à 3 jours, puis 2 jours supplémentaires de grimpette. Si vous ne vous sentez pas de taille, la plus belle des alternatives s'offre à vous avec la découverte du superbe parc régional entourant le volcan.

50 km plus à l'ouest, au cœur de la réserve écologique Los Ilinizas, le lac de cratère du Quilotoa vaut le détour. Avec ses eaux aux couleurs variant du turquoise à l'émeraude, il se situe dans l'une des régions les plus sauvages des Andes équatoriennes. Routes, pistes et chemins serpentent ici à travers un chaos de montagnes couvertes d'un patchwork de cultures étagées, offrant à l'amoureux de randonnée autant de départs pour des excursions inoubliables.

ÉTAPE 3

« Papa Chimborazo », le volcan du drapeau

Puis, au loin, on aperçoit très vite la silhouette du seigneur de ce pays, le volcan le plus majestueux de l'Équateur, l'emblématique Chimborazo, celui qui trône au centre du drapeau national. Le « Papa Chimborazo » est un dieu protecteur, sage et calme, silencieux depuis environ 1 500 ans. Sa base fait 20 km de large et son sommet, enneigé toute l'année, est si haut qu'il se nimbe bien souvent de nuages. Son ascension est fascinante, mais réservée aux habitués de treks en montagne accompagnés.

Le Chimborazo domine une vaste réserve naturelle dans laquelle on rencontre de nombreuses vigognes, une espèce de lama venue du Chili et du Pérou, réintroduite dans la région en 1988. Et elles s'y plaisent ! De 200 spécimens importés, les vigognes seraient aujourd'hui près de 5000. Plusieurs excursions sont ainsi réalisables autour du volcan, dont l'une menant au *templo Machay*, un ancien lieu de culte rupestre perché à 4700 m d'altitude, ou une autre à travers le *bosque de Polylepis*, et ses arbres aux troncs torturés par les éléments.

En reprenant la route vers le sud, on rejoint l'immense parc national de Sangay. À lui seul, il couvre, dans des contrastes de paysages saisissants, tous les types d'écosystèmes rencontrés dans la région, depuis la forêt tropicale humide jusqu'aux glaciers des sommets. Les panoramas sont grandioses, surtout depuis les flancs des trois volcans que le parc englobe : le Tungarahua, l'Altar et le Sangay.

Enfin, au bout de l'Avenue des Volcans se présente Cuenca, la troisième ville de l'Équateur par sa population. Nichée au fond d'une riche vallée irriguée par quatre rivières (Tomebamba, Tarqui, Yanuncay et Machangara), Cuenca présente un centre historique classé au Patrimoine mondial de l'humanité comme « modèle de ville Renaissance », car bâtie selon un plan orthogonal et les critères imposés par Charles Quint. Ici, les maisons coloniales prédominent encore, les rues sont vivantes et les nombreuses places invitent à la pérégrination. On ne repartira pas de la ville sans s'y être procuré un *panama*, ce fameux chapeau de paille produit dans la région.

Le lieu de tous les records

Le Chimborazo n'est autre que le point le plus proche du Soleil. Car la Terre est renflée à l'équateur et aplatie aux pôles. C'est aussi, du coup, le point le plus éloigné du centre de la Terre ! Le record de vitesse pour son ascension puis sa descente est de 2h38, détenu par un Péruvien qui, en 2007, est monté en 2h et redescendu en… 38 min ! On ne peut qu'être admiratif devant un autre aventurier, un Japonais de 75 ans, parvenu au sommet après 4h de grimpette, alors que la plupart des touristes mettent 6h. Attention, de telles prouesses demandent une condition physique tout aussi hors norme !

Un paradis à préserver

Les îles Galápagos restèrent vierges de toute implantation humaine jusqu'au XVIe s. Découvertes par hasard en 1535 par le navigateur et évêque espagnol Tomas de Berlanga, elles servirent surtout de refuge aux marins naufragés, aux pirates et aux pêcheurs de baleines. En 1832, elles devinrent une province de l'Équateur et, trois ans plus tard, Charles Darwin venait y séjourner. Il lui aura fallu près d'un quart de siècle pour publier sa *Théorie de l'Évolution des Espèces*, inspirée en grande partie des observations qu'il avait pu faire sur ces terres oubliées. En 1959 sont créés une fondation portant son nom et un parc national, dans le but de préserver cet écosystème exceptionnel. En 1978, c'est le premier site inscrit au Patrimoine mondial de l'Unesco.

ÉTAPE 4

Les îles Galápagos, un jardin d'éden

Depuis Quito ou Guayaquil, à l'ouest de Cuenca, c'est par avion que l'on rejoint cet archipel d'origine volcanique qualifié par l'Unesco de « musée vivant et vitrine de l'évolution ». Lorsque l'on pose le pied sur la terre ferme, à environ 1 000 km du littoral équatorien, ce n'est pas sur une île que l'on débarque, mais bien au milieu d'un jardin d'éden préservé.

Pour visiter l'archipel, deux possibilités. La première est de s'installer sur l'une des îles, telle Santa Cruz (avec Puerto Ayora, ville plus importante de l'archipel), ce qui permet de s'imprégner de l'atmosphère des villages des Galápagos et de découvrir la vie locale. Puis de cette base, on rayonne dans l'archipel en faisant des excursions sur les îles de Seymour, Plaza, Santa Fe, Bartolome ou Floreana. La seconde solution est d'opter pour une croisière parcourant l'archipel ; chaque voyage permettant alors de découvrir des paysages uniques et grandioses façonnés par le volcanisme de l'archipel.

Mais les Galápagos sont surtout connues pour leur faune. Des tortues géantes, bien évidemment, des iguanes (marins et terrestres), des crabes aux pattes rouge et bleu, une soixantaine d'espèces d'oiseaux, dont la moitié est endémique, des dauphins... Le sol volcanique de l'archipel confère à l'ensemble un aspect lunaire. La faune a donc dû s'adapter à ce milieu naturel difficile, ou disparaître. D'une île à l'autre, on peut ainsi observer une même espèce d'oiseau présentant des ailes ou un bec modifié, car le sol et la végétation y sont différents. On comprend alors combien les Galápagos ont pu être, pour Darwin, un laboratoire vivant.

Durée : 10-14 jours
Distance : 130 km (voiture), 40 km (marche)
Point de départ : Cusco
Meilleure période : mai-septembre
Vous aimerez : les sites incas, l'environnement de montagne

PÉROU

SUR LA PISTE DES INCAS AU CŒUR DE LA CORDILLÈRE DES ANDES

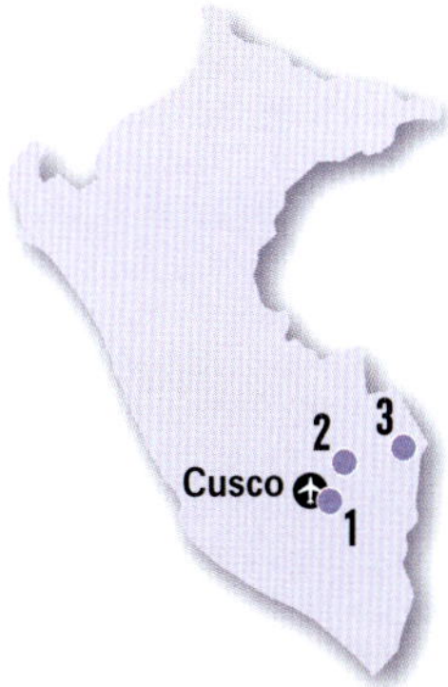

1 • Cusco, capitale d'un empire disparu
2 • La Vallée sacrée des Incas, de Pisac à Ollantaytambo
3 • Le chemin de l'Inca jusqu'au Machu Picchu

Un parcours initiatique à travers l'histoire du Pérou, de Cusco au Machu Picchu par la Vallée sacrée des Incas.

La légende raconte que le chef d'une tribu andine, Manco Capac, grand prêtre du Soleil, détenait un bâton d'or en forme d'oiseau qui devait s'enfoncer dans la terre pour lui indiquer le lieu propice où fonder son empire. Ainsi fut désigné, autour de l'an 1200, le site de Cusco, future capitale de l'Empire inca. L'apogée de cette civilisation dure moins d'un siècle, de 1438 à 1532. Car après cette date, des colons espagnols avides de trésors, avec à leur tête Francisco Pizzarro, arrivent dans la région, semant la guerre et les massacres.
Près de cinq siècles plus tard, ce n'est plus l'or qui fascine les voyageurs se rendant dans la région, mais la pierre, dressée en montagnes majestueuses, creusée en vallées sacrées, taillée en murs aux pavés parfaitement joints. Voici le témoin du savoir-faire des Incas. De son ancienne capitale, Cusco, jusqu'au site mythique du Machu Picchu, on découvre cette civilisation disparue en suivant les traces de sa gloire passée.

ÉTAPE 1

Cusco, capitale d'un empire disparu

À 3 400 m d'altitude, dans une large vallée cernée de montagnes ocre et brun, Cusco, « la Rome des Incas », fait partie de ces endroits mythiques où convergent les voyageurs parcourant l'Amérique du Sud. Baignée par une fraîcheur constante et dominée par un ciel d'un bleu intense durant tout l'hiver austral, la ville constitue une escale incontournable. Son centre historique est un joyau de l'architecture péruvienne. Il abrite de nombreux édifices directement bâtis sur les ruines d'un empire que les Espagnols écrasèrent dans le sang. Ainsi, la plupart des bâtiments coloniaux s'adossent sur des murs ou utilisent des matériaux des constructions incas. On trouve ce mélange surprenant, voire fantastique, jusque dans certaines chambres d'hôtel et au cœur des monastères.

Le cœur de Cusco bat sur la *plaza de Armas*. Elle s'étend exactement sur l'ancien espace cérémonial inca de Huaccapayta qui recouvrait à l'époque le double de la surface actuelle, soit 4000 m². Entourée de galeries à portiques où abondent cafés, boutiques et restaurants, elle est l'une des plus belles places coloniales du Pérou. Elle est dominée par la cathédrale, l'un des ensembles religieux les plus imposants du pays. Édifié par les conquistadors espagnols, l'édifice symbolise le triomphe de la foi catholique sur la religion païenne des Incas. Superbe en fin de journée, à l'heure où le soleil embrase les façades des maisons et des églises. Progressivement les collines qui entourent la ville s'illuminent de mille feux… Pour se préparer au périple à venir, visite du passionnant *museo del Machu Pichu,* une parfaite introduction à la découverte de ce site mythique.

Le nombril du monde

La ville doit son nom au rôle pivot qu'elle occupait au sein de l'Empire inca. « Qusqu » signifie en effet « nombril » en langue quechua. Douze grands seigneurs incas s'y sont succédé, marquant la ville de leur empreinte, à commencer par le fondateur Manco Capac. Quant à Pachacutec, le 9e souverain, il fut un guerrier redoutable qui conquit toute la région du lac Titicaca, jusqu'à l'Amazonie à l'est, et le Pacifique à l'ouest. L'Espagnol Francisco Pizarro entre à Cusco en 1534 et, tout au long du XVIe s, la ville coloniale s'édifie sur les ruines de la cité inca ravagée. Avec le développement des villes de Lima et d'Arequipa, Cusco connaît un long déclin à la fin du XIXe s. La découverte du Machu Picchu, en 1911, changea la donne et généra une éclosion du tourisme qui permit à l'ancienne capitale de connaître une véritable renaissance.

ÉTAPE 2

La Vallée sacrée des Incas, de Pisac à Ollantaytambo

À une trentaine de kilomètres au nord de Cusco s'étend la vallée du *río Urubamba,* le grenier des Incas, qui y cultivaient le maïs sur d'innombrables terrasses au tracé vertigineux. Elle s'ouvre à hauteur du village de Pisac, posé au pied de la montagne et célèbre pour son marché quotidien très coloré sur la *plaza Constitución.* De belles ruines incas se découvrent à 7,5 km au-dessus du village, dispersées en plusieurs petits quartiers et dominées par celles de l'Intiwatana, le temple du Soleil. À une heure à l'ouest de Pisac, une route impressionnante mène à Las Salineras, une véritable mosaïque de terrasses de sel tapissant la montagne de leurs quelque 4 000 bassins ouatés taillés à flanc de ravin. Le spectacle est grandiose, et l'on se prend à jouer les équilibristes entre les bassins. L'eau y est amenée par un réseau de rigoles, et le sel récolté à l'aide de planches en bois. L'ensemble constitue un paysage aussi fascinant que magique.

On suit le fleuve jusqu'à la grosse bourgade d'Ollantaytambo, la seule localité du Pérou à avoir conservé intact son plan inca. Elle fut déclarée en 1995 « capitale mondiale de la Indianidad », en raison de la présence de l'imposante forteresse inca qui surveillait le chemin menant au Machu Picchu. Une impression grandiose nous saisit lorsque l'on grimpe l'imposant escalier menant aux terrasses incas. Pour la construire, les Incas ne manquèrent pas d'ingéniosité. Pour faire traverser le río aux blocs rocheux, extraits d'une carrière située sur le versant opposé de la montagne (à 6 km), ils comblèrent son lit sur une moitié, puis comblèrent l'autre moitié tout en détournant de nouveau le courant sur la première moitié progressivement libérée… D'énormes monolithes, trop gros pour être finalement acheminés jusqu'au bout, ont été abandonnés là. Les Indiens les ont joliment baptisés les « pierres fatiguées » !

Escapade à Chinchero

À une trentaine de kilomètres de Cusco et à 3760 m d'altitude, Chinchero est l'un des villages les plus passionnants de la région. Avec ses airs de *pueblo* digne des meilleurs westerns spaghetti, il abrite çà et là des vestiges de murs traditionnels aux blocs taillés et parfaitement ajustés. Vers le 10 septembre, lors de la fête de la Vierge, le village est en pleine ébullition. Une belle balade de quelques kilomètres permet de rejoindre le lac de Puray et d'en faire le tour, dans un cadre calme et somptueux.

ÉTAPE 3

Le chemin de l'Inca jusqu'au Machu Picchu

Ce chemin, représentant une marche de 2 à 4 jours, constitue l'un des plus grands souvenirs de ce voyage. Une randonnée exigeante (à faire accompagné), mais extraordinaire. Par endroits, le sentier est vertigineux et entrecoupé de centaines de marches donnant l'impression de grimper à l'infini. Puis il traverse des zones tropicales, suit des sections à flanc de montagne et franchit même un col à 4 200 m. Tout au long de ce chemin de 40 km, les ruines se succèdent. C'était la voie que suivait le peuple inca pour rejoindre les sites sacrés, sans emprunter les routes des vallées surveillées par les conquistadors.

Au bout de la route, le fabuleux Machu Picchu, la cité disparue. Comme le Chichén Itzá des Mayas au Mexique, le Machu Picchu appartient au club très fermé des « sept nouvelles merveilles du monde » désignées en 2007. Il s'impose sans conteste comme le site précolombien le plus spectaculaire d'Amérique du Sud. Tutoyant les dieux et les nuages autant que le vide, il n'a rien perdu de son mystère.

C'est l'empereur inca Pachacutec qui serait à l'origine de la construction de la cité et de ses avant-postes, après sa prise de pouvoir en 1438. Un souverain ne vivant jamais seul, il avait une cour d'environ 1 200 personnes habitant ce village constitué de dizaines de maisons dont les ruines sont aujourd'hui bien visibles. Tout s'organisait ici selon la grande trilogie des Incas : le soleil, la terre et l'eau. Car en plus du développement et de l'organisation de la cité (garnisons, greniers, cultures), ils édifièrent tout un système de terrasses et de canalisations pour contrôler les fortes pluies qui tombent sur la région.

Mais le Machu Picchu est une ville inachevée. Aujourd'hui, elle se divise en quartiers séparés en grande partie par l'esplanade centrale. Il y avait deux grands secteurs : la ville supérieure (mirador, garnison, terrasse) et la ville inférieure (greniers, temples, centres artisanaux…). Les édifices religieux et les maisons de notables se caractérisent par un appareillage de pierres parfaitement jointes, alors que, pour les autres maisons, les Incas utilisaient de l'adobe, un mélange de chaux, de terre et de paille entre des pierres plus petites et plus grossièrement taillées. Conscients des risques que présente la région, les murs étaient inclinés vers l'intérieur pour résister aux tremblements de terre.

Trois sites dominent l'ensemble et permettent d'achever ce voyage au milieu des nuages : le Wayna Picchu, un pain de sucre planté à l'extrémité nord-ouest des ruines, dont l'ascension mène à quelques vestiges de terrasses et de portes monumentales, offrant au passage une vue phénoménale sur le site ; l'Inti Punku, la « porte du Soleil », sur laquelle on grimpe par un sentier plus doux dévoilant aussi de son sommet un panorama d'exception ; enfin la Montana, aux 2 160 marches à gravir courageusement, pour découvrir là encore un panorama à 360° sur les montagnes et la vallée alentour. Autant dire que la visite et l'ascension de ce site mythique resteront longtemps gravées dans votre mémoire.

À la recherche du temple perdu

Au XIXe s, Charles Wiener, un explorateur français, se rend dans la Vallée sacrée. Il publie en 1880 une carte indiquant l'emplacement exact du Machu Picchu mais n'y monta pas, préférant poursuivre sa route vers la Bolivie. Il manqua la plus grande découverte du siècle ! C'est Hiram Bingham, un archéologue américain, qui découvrit le site le 24 juillet 1911. S'aidant des connaissances d'un fermier et accompagné d'un jeune Péruvien, il atteignit le site en majeure partie enseveli sous la végétation, mais habité par deux familles d'Indiens qui y pratiquaient la culture en terrasses.

Durée : 10-14 jours
Distance : 1 000 km
Point de départ : Rio de Janeiro
Meilleure période : été
Vous aimerez : les plages, les paysages, les villes coloniales

BRÉSIL

LES DEUX RICHESSES DU BRÉSIL : L'OR D'HIER ET LES PLAGES D'AUJOURD'HUI

1 • **Rio de Janeiro, « la seule grande ville de l'univers où le simple fait d'exister est un véritable bonheur »**
2 • **Escapade à l'ouest, le long de la Costa Verde**
3 • **Dans le Minas Gerais : Ouro Preto et Tiradentes**

Un itinéraire autour de la splendide baie de Rio de Janeiro, des plages de la Costa Verde et des villes coloniales du Minas Gerais.

Aucune ville au monde n'aligne une telle succession de baies, de plages superbes, un tel bouleversement de reliefs. Postée à l'entrée de l'immense baie de Guanabara, découpée par les *morros* – ces collines pointues où s'accrochent des favelas –, coincée entre les flancs du luxuriant parc national de Tijuca et l'océan, la ville s'étire tout en longueur. Rio, c'est le mélange des porte-conteneurs et des barques de pêcheurs, la mer à la montagne, la jungle urbaine si près de la jungle tropicale. Et toujours la plage pour horizon...
Ce site extraordinaire fut découvert le 1er janvier 1502 par les Portugais qui s'imaginaient à l'embouchure d'un grand fleuve, d'où le nom Rio de Janeiro : « rivière de janvier ». La petite ville prospéra grâce à la découverte de l'or du Minas Gerais au XVIIIe s. Cette région fut à la fois le terrain où prospéra la colonisation portugaise, mais aussi le théâtre de la première lutte pour l'indépendance du Brésil. Un voyage qui allie donc plaisirs balnéaires et cheminement historique dans les lumières éclatantes de l'or et du soleil.

ÉTAPE 1

Rio de Janeiro, « la seule grande ville de l'univers où le simple fait d'exister est un véritable bonheur » (Blaise Cendrars)

UN CŒUR HISTORIQUE PALPITANT

Le Centro, quartier des affaires et de l'administration, recoupe le quartier historique aux nobles bâtisses anciennes. On circule dans les ruelles animées, entre les vieilles demeures des XVIIIe et XIXe s et les églises coloniales plus baroques les unes que les autres. Le cœur de Rio bat véritablement dans les *ruas do Ouvidor* et *do Rosário* et alentour, un lacis piéton aux petits commerces colorés, qui représentent encore le Rio élégant et bourgeois du XIXe s. Les églises y regorgent d'or, de marbre et d'azulejos. Autre endroit très animé, le quartier des cinémas et des théâtres, Cinelândia, avec ses terrasses de cafés bondées. Et pour terminer en beauté, on se dirige le soir vers le vieux quartier de Lapa, à la chaleureuse réputation fêtarde. Il est composé de ruelles pavées et de petits escaliers pleins de charme, encadrés de vieilles maisons aux balcons en fer forgé, où se nichent des bars mi-déglingués mi-branchés. On y admire, entre autres, le spectaculaire escalier Selarón, couvert de céramiques et d'azulejos, superbement coloré.

LA VILLE VUE D'EN HAUT

À tout seigneur tout honneur : du haut du Pain de Sucre, la vue est grandiose. On admire notamment l'harmonieuse baie de Copacabana, comme une lame de faux posée sur la mer, les vastes plages, le Centro hérissé de tours et de gratte-ciel, et le Christ du Corcovado.
Cette statue, dominant Rio du haut de ses 704 m, offre elle aussi une vue inoubliable. Elle constitue également un bon point de départ pour s'enfoncer dans le parc national de Tijuca, à la végétation exubérante et qui englobe la plus grande forêt urbaine du monde. Autre monde végétal, non loin s'épanouit le Jardin botanique, grand parc de 140 ha où poussent des milliers d'arbres et de plantes tropicales de différentes espèces, dont de superbes orchidées.

LES PLAGES, IMAGES MYTHIQUES DE RIO

Longue de près de 4,5 km, la plage de Copacabana, au nom devenu légendaire, s'étire entre le Pain de Sucre au nord et la pointe d'Arpoador au sud. Tous les matins, on y vend la pêche de la nuit. Dans la journée, une foule mélangée de promeneurs branchés comme décontractés, de joggeurs bodybuildés ou grassouillets arpente le bord de mer, dispute des parties de beach-volley ou sirote un verre dans l'un des kiosques au bord de l'eau. Arpoador, coin favori des surfeurs, offre une belle vue sur la baie. Ipanema est la plage la plus snob, mais aussi la plus belle, avec son sable blond, et Leblon est la plus familiale. La Barra da Tijuca, aux nombreux restos, bars et boîtes, permet de se promener dans un bel environnement, entre mer et montagne. Cette géographie se prête à de multiples activités : bateau ou voilier dans la baie de Guanabara, plongée, surf, mais aussi randonnée, escalade voire alpinisme dans les montagnes alentour.

ÉTAPE 2

Escapade à l'ouest, le long de la Costa Verde

Cet ourlet maritime du sud de Rio, ponctué de vastes baies, est fermé par Paraty, bijou colonial et balnéaire. En tout, plus de 200 km d'une côte bordée par 360 îlots montagneux, couverte de cocoteraies et semée de quelque 2 000 plages. Dominant le littoral, la verte *serra da Bocaïna* descend vers l'océan depuis des sommets de 1 500 à 1 700 m d'altitude.

ILHA GRANDE, LE PARADIS SUR TERRE ?

« Oh Dieu ! s'il y a un paradis sur terre, il n'est pas loin d'ici ! » se serait écrié Amerigo Vespucci en contemplant la baie d'Ilha Grande. Montagneuse, recouverte d'une forêt dense découpée çà et là de plages de sable blond, cette splendide île tropicale de 193 km^2 est un site protégé. Au programme, belles balades en forêt, farniente sur des plages presque désertes et découverte de cascades... Ainsi, la plage de Lopes Mendes, excellent spot de surf, est une longue bande d'un sable si fin qu'il crisse sous les pas. Elle est bordée d'un côté par la forêt tropicale avec ses papillons, ses oiseaux exotiques et singes hurleurs, et est baignée de l'autre par des eaux chaudes et limpides.

PARATY, UNE VILLE COLONIALE INTACTE

C'était au XVIIIe s la cheville entre le Portugal et le Minas Gerais : par son port transitaient or, pierres précieuses, soies et épices. De superbes demeures coloniales blanches, aux toits de tuiles et balcons de fer forgé, des chaussées pavées, de mignonnes églises parsemant le vieux centre et un port exhibant ses canons d'époque. Voilà ce qui fait le charme sans égal de la ville.

Mais Paraty, c'est aussi la plage, le snorkelling et les bains de mer... Très découpée, la côte est bordée d'un chapelet de plages doublé d'un chapelet d'îles pour la plupart inhabitées, égrenant des plages toutes plus paradisiaques les unes que les autres.

À partir de Paraty, on peut également s'adonner aux joies du kayak, du rafting, des randos à vélo : la *serra da Bocaïna,* véritable sanctuaire de biodiversité, permet de nombreuses excursions.

Pour tout l'or du nouveau monde...

Les pavés de Paraty ne sont pas brésiliens mais... européens. Ils proviennent du ballast des navires portugais qui permettait de les lester lorsqu'ils faisaient route à vide vers le Nouveau Monde. Au retour, c'est l'or en provenance du Minas Gerais qui prenait leur place au fond des cales.

SOL DE VERÃO
BIZOKA

ÉTAPE 3

Dans le Minas Gerais : Ouro Preto et Tiradentes

Vastes comme la France, les « Mines générales » font la richesse du pays, autrefois grâce à l'or et aux diamants, aujourd'hui grâce au fer, à la bauxite et aux pierres précieuses, dont la topaze impériale. Une région montagneuse semée de villes aux charmes baroques surgies du boom généré par le cycle de l'or au XVIIe s.

OURO PRETO, LA « VILLE RICHE »

Cette ville délicieuse et très escarpée, nichée dans un paysage de montagnes et de vallons, est un véritable joyau baroque, classé tout entier Monument historique et Patrimoine culturel par l'Unesco. On y remonte trois siècles en arrière : rues aux pavés ronds et polis qui grimpent et descendent au gré des collines, églises aux frontons sculptés, maisons coloniales aux façades blanches et encadrements de fenêtres colorés, portails de pierre, balcons de fer forgé et toits de tuiles rouges tombant en cascade...

Ouro Preto, aujourd'hui ville étudiante très vivante, fut fondée par les pionniers suite à la découverte du premier filon d'or dans ses environs, en 1693. Elle prospéra, formant une enclave réservée aux riches colons portugais. Des bâtisseurs et des artistes venus du Portugal s'y installèrent. L'un de ses enfants, l'Aleijadinho (1730-1814), souvent considéré comme le plus grand des artistes brésiliens, y déploya tout son génie sculptural. La ville se couvrit d'églises à la décoration baroque et rococo, de riches demeures seigneuriales, de fontaines ornementales... Ainsi, la Matriz de Nossa Senhora do Pilar, superbe église du XVIIIe s, est célèbre pour ses riches décorations qui auraient nécessité plus de 430 kg d'or ! Sous le nom de Vila Rica (« ville riche »), Ouro Preto devint en 1720 la capitale de l'État de Minas Gerais. Les diamants de Diamantina y étaient entreposés puis acheminés sur le *camino real* (le chemin royal) jusqu'aux ports de Rio et de Paraty dans des convois bien gardés par des escortes de soldats. L'or et les diamants étaient transportés ensuite par la mer vers Lisbonne.

TIRADENTES

La ville de Tiradentes a hérité du surnom du leader indépendantiste, qui y est né en 1746. Cet ancien dentiste était connu sous le sobriquet d'« arracheur de dents ». Il avait pris la tête du « Mouvement des infidèles », créé en 1788-1789 pour protester contre des impôts trop lourds et l'arrogance du pouvoir colonial portugais. La révolte populaire grondait, mais la conjuration fut démantelée avant que l'insurrection n'éclate. Tiradentes fut pendu en 1789 à Rio, puis écartelé, et les fragments de son corps dispersés à Ouro Preto... Pour les Brésiliens, il reste le symbole du premier cri pour l'indépendance.
La charmante cité coloniale du Minas Gerais qui porte son nom, fondée en 1702 par les colons de São Paulo en quête de mines d'or, fut une étape importante sur le « chemin royal ». Nichée dans un cirque de collines, la petite ville basse et blanche a conservé son architecture coloniale. C'est une cité pleine de cachet, avec ses rues pavées patinées par le temps, ses petites églises et chapelles baroques, ses maisons colorées, et sa rivière qu'enjambent de petits ponts de pierre... La quiétude des lieux inspire beaucoup d'artistes et d'artisans, notamment des ébénistes qui travaillent le bois de jacaranda.
Fraîcheur de la campagne, chaleur de la plage, pierres qui parlent de l'or et du sang versé pour la liberté : au Brésil, toutes les passions et les sensations sont réunies.

La mine d'or de Passagem

Cette mine légendaire, la plus ancienne et la plus riche du Minas Gerais, a cessé son activité en 1985. « Mine du Passage », elle doit son nom à ses 35 km de galeries. On explore une portion de ces tunnels en s'arrêtant devant un oratoire et une rivière souterraine. La visite inclut une descente insolite en funiculaire, façon Indiana Jones : dans un wagonnet en bois bringuebalant, on voyage jusqu'à 120 m de profondeur !

Durée : 2 semaines, histoire de lézarder sur les plages et de profiter de l'atmosphère de Salvador
Distance : env 700 km
Point de départ : Salvador de Bahia
Vous aimerez : les plages sauvages et les villages de pêcheurs, la nature préservée, l'architecture coloniale, la culture afro-brésilienne

BRÉSIL

LE BRÉSIL ENCHANTEUR DE SALVADOR DE BAHIA ET DES PLAGES

1 • **Salvador da Bahia et la baie de Todos os Santos**
2 • **Le littoral nord de Salvador : Mangue Seco**
3 • **Le littoral sud de Bahia : l'archipel de Tinharé, la péninsule de Maraú et Itacaré**

Plus qu'un pays, le Brésil est un continent dans le continent, une terre de contrastes et de paradoxes où la nature atteint une réelle démesure. C'est à Salvador que l'histoire du Brésil a commencé au XVIe s, et tout son déroulement plonge ses racines dans les rivages de cette vaste baie. Alors en route pour Salvador et le Nordeste.

Salvador da Bahia de Todos os Santos ! Un nom qui fait rêver ! D'abord un site étonnant : une vaste baie lovée dans les terres sur des dizaines de kilomètres, comme une immense rade maritime aux côtes ponctuées d'îles et de criques sableuses ou rocheuses. Protégé des vents et des tempêtes, quel magnifique abri naturel pour les marins et les hommes usés par la périlleuse traversée de l'Atlantique ! On se prend à imaginer les caravelles laissant leurs lourdes ancres s'accrocher pour des siècles aux côtes du Brésil.

ÉTAPE 1

Salvador da Bahia et la baie de Todos os Santos

Troisième ville du pays par sa population, elle est de fait la première par son cœur. Car si Rio fait rêver pour son site naturel et sa baie splendide, Salvador, ville la plus africaine du continent, fascine le voyageur par son caractère tropical et afro-brésilien. On l'a d'ailleurs surnommée « la Rome noire » du Brésil pour le nombre impressionnant d'églises qu'elle compte (365, une pour chaque jour de l'année, dit-on). Et « noire », parce que Salvador est aujourd'hui une métropole peuplée à 80 % de descendants des anciens esclaves africains.

C'est dans la ville haute de Bahia que se concentre toute la ferveur populaire de Salvador. Restos, *pousadas* et échoppes ont remplacé petit à petit les habitations. Mais, pour autant, ce quartier n'a pas perdu son âme : chaque samedi, en particulier pendant l'été brésilien, les Bahianais continuent à faire la fête sur ses pavés, à tel point que les rues sont souvent bloquées !

Le *largo do Pelourinho* est le cœur triangulaire de la vieille ville, en déclivité vers l'est. Il est constitué d'un magnifique et harmonieux alignement de *sobrados* aux tons pastel, où vivaient les riches seigneurs du sucre. En fin d'après-midi, au soleil couchant, la place s'embrase et l'*igreja N. S. do Rosário dos Pretos* habille d'or sa façade bleutée. Une église étonnante puisqu'elle fut construite par les esclaves eux-mêmes, le soir après leur travail, et que tous les saints y sont noirs.

Tout en longueur, dans le prolongement du *terreiro de Jesus,* le *largo do Cruzeiro de São Francisco* est une autre jolie place pavée, dominée par une croix monumentale. Elle offre une profondeur de champ idéale pour photographier la plus belle église de Salvador, la *igreja São Francisco,* avec son pignon baroque flanqué de deux tours symétriques. La décoration intérieure, du XVIIIe s, illustre parfaitement l'idéal baroque brésilien de cette époque : luxe époustouflant, dorures, sculptures tarabiscotées et profusion de motifs floraux, de feuilles d'acanthe, d'angelots et de chérubins, bras sortant des murs en guise de torchères… Le cloître est orné

d'une série d'azulejos exceptionnels, réalisés au Portugal, numérotés puis assemblés ici. Chacun des murs traite d'un thème philosophique : l'argent sur le mur côté extérieur (le monde !), l'amitié (ou la solidarité) côté couvent, la vertu côté église, et la mort... côté cimetière. Au bas du *largo do Pelourinho,* la rue remonte assez fortement et devient la *rua do Carmo* qui, à elle seule, mérite une promenade pour ses maisons anciennes aux façades multicolores. Elles sont progressivement retapées par des particuliers qui y installent des restaurants et *pousadas.* C'est ensuite le début du quartier de Santo Antônio, qui s'achève sur la place du même nom, bordée par l'église Santo Antônio et le fort éponyme.
Plus au nord, on ne manquera pas le quartier de Bonfim. Plus populaire, il déroule quelques plages mais surtout abrite la *basilica Nosso Senhor do Bonfim.* L'église la plus populaire de Bahia reçoit chaque année la grande procession de N. S. do Bonfim. Elle fut spécialement construite pour accueillir la statue du Christ en croix (en ivoire et argent) apportée de Setúbal (Portugal) en 1745.

La ville du *candomblé*

La « Rome noire du Brésil » doit sa personnalité au mélange de la culture africaine et des traditions portugaises. Contraints d'adopter la religion des colons portugais, les Noirs ont continué à pratiquer leur foi en donnant à leurs divinités des noms issus de la religion catholique, réalisant là une véritable fusion entre animisme africain et catholicisme romain. C'est ainsi que naquit le *candomblé,* qui imprègne toute la vie spirituelle et culturelle de Salvador. Aujourd'hui, le *candomblé* est pratiqué par quelque 3 millions de Brésiliens et il existerait environ 2 000 *terreiros de candomblé* à Salvador.

ÉTAPE 2

Le littoral nord de Salvador : Mangue Seco

Mangue Seco, bien que ressemblant à une île, est en fait une presqu'île, très longue, bordée à l'est par l'océan Atlantique et à l'ouest par le rio Real (on dirait une petite mer). Un site naturel exceptionnel, préservé grâce à la volonté de certains de ses habitants, adeptes du développement durable.

Voici une immense plage de sable, déserte, longue de 45 km et surtout fréquentée par les tortues pondeuses. Un paysage de cocotiers, plantés par bouquets ou par forêts entières, de hautes dunes de sable blanc éblouissant – lesquelles se déplacent sous l'effet du vent du nord-est –, un climat tropical adouci par la brise atlantique, des arbres à *caju,* des rues de sable, des chemins de terre, des maisons modestes léchées par les eaux du rio. Pas de feux de signalisation, des infrastructures minimales, bref, un mode de vie que pour rien au monde les habitants de la « mangrove sèche » ne veulent sacrifier.

Les tortues pour les nuls

Sachez que les tortues reviennent toujours pondre là où elles sont nées ! La ponte a lieu de septembre à mars, en général le soir et la nuit. Les œufs éclosent environ 45 jours après. La tortue les enterre à une profondeur variable. Plus l'œuf est enfoncé, plus sa température est basse. C'est cette différence de chaleur qui détermine le sexe des petits (et non les chromosomes !).

ÉTAPE 3

Le littoral sud de Bahia : l'archipel de Tinharé, la péninsule de Maraù et Itacaré

L'ARCHIPEL DE TINHARÉ

Sur les 26 îles de cet archipel lové dans la baie de Valença, trois seulement sont habitées, dont les îles de Tinharé et Boipeba.

Le village de Morro de São Paulo, qui concentre la quasi-totalité de la population, se trouve à la pointe nord de l'île la plus vaste, Tinharé. Du village, en longeant le littoral sud, s'enchaînent plusieurs plages : animées et festives pour les deux premières, beaucoup moins fréquentées pour les autres. Au sud de la quatrième plage, accessible uniquement en 4x4, la *praia do Enconto* aligne encore peu d'hôtels. Les routards les plus solitaires s'aventureront jusqu'au village de Garapuá, bien plus au sud, avec sa somptueuse plage et sa mangrove. Quant à Boipeba, toute petite, située juste au sud de Tinharé, c'est un village de pêcheurs adorable, au développement encore mesuré ; un authentique havre de paix et de bonheur qui a su conserver un judicieux équilibre entre art de vivre et tourisme.

LA PÉNINSULE DE MARAÚ

Cette péninsule longue d'une quarantaine de kilomètres aligne une série de plages magnifiques et désertes s'étirant à l'infini. Le seul village véritablement développé sur cette côte constitue un lieu de séjour idéal : Barra Grande, situé à la pointe nord de la presqu'île. Et puis Taipu de Fora, quelques kilomètres plus au sud, qui se développe doucement autour de sa plage. En longeant la côte toujours vers le sud, on découvre encore d'autres plages sublimes, comme Saquaíra et Algodões. Mais en fait, cette côte constitue une seule et même plage, qui s'étire à l'infini. À l'extrémité sud de la péninsule, la bourgade de Maraú est un petit port tranquille, avec sa petite place centrale et sa vénérable église paroissiale dont le plafond en bois est orné d'une fresque du martyre de saint Sébastien.

ITACARÉ

Fondé au XVIIIe s, Itacaré est un gros village de pêcheurs à l'architecture marquée par son passé industrieux. Avec ses rues pavées, ses maisons colorées, ses quartiers populaires, ses boutiques de souvenirs et une population mélangée communiant dans l'amour des rythmes, c'est une bourgade aux multiples facettes, à la fois archaïque et moderne, tranquille et trépidante, bref, typiquement bahianaise. Comme le cacao n'est plus ce qu'il était, le village s'est heureusement tourné vers un tourisme vert, tendance balades dans la mangrove, surf, plongée sous-marine, etc. Un petit paradis du farniente, pour se la couler douce, faire la fête et profiter des plages.

Auprès de mon arbre...

La région d'Itacaré a conservé sa forêt primaire à peu près intacte. En effet, les plants de cacao poussent à l'ombre de grands arbres, que les propriétaires terriens ont toujours voulu conserver pour avoir la possibilité de replanter du cacao dans la forêt ! Une vision à long terme, histoire de protéger la poule aux œufs d'or.

Durée : 10-14 jours
Distance : 1 300 km
Point de départ : Buenos Aires
Meilleure période : hiver
Vous aimerez : les villes, les paysages, l'histoire

ARGENTINE

SUR UN AIR DE TANGO... BUENOS AIRES ET LE NORD-EST DE L'ARGENTINE

1 • **Buenos Aires, « réplique australe de Paris »**
2 • **Dans les environs de Buenos Aires**
3 • **Les spectaculaires chutes d'Iguazù au nord-est**
4 • **À cheval sur le Paraguay, les missions jésuites**

Une promenade à travers la capitale argentine qui s'étend jusqu'au delta du Tigre, et à travers les vastes espaces de la Pampa. La promenade devient exploration aux chutes d'Iguazù et dans les ruines des missions.

Immense ville au bord du large *río de La Plata,* entre océan et terres australes, cité légendaire du tango, ville cosmopolite qui a vu se succéder des générations d'immigrants venus d'outre-mer – ce qui en fait autant une cité du Vieux Continent que du Nouveau Monde... Buenos Aires fascine. Des urbanistes qui rêvaient de Paris l'ont transformée en réplique d'une ville européenne. Encore aujourd'hui, Buenos Aires ne ressemble en rien aux autres capitales d'Amérique du Sud. N'a-t-elle pas été surnommée la « Ville Lumière de l'Amérique latine » ?

ÉTAPE 1

Buenos Aires, « réplique australe de Paris »

Tout commence avec un petit village construit en 1536 près du *río de la Plata,* et baptisé par Pedro de Mendoza « Nuestra Señora del Buen Ayre » (Notre-Dame-du-Bon-Vent), en l'honneur de cette sainte très populaire parmi les marins de Méditerranée, et des vents heureux qui avaient poussé le bateau des premiers colons espagnols jusqu'au fleuve. Ce nom s'est transformé ensuite jusqu'à devenir Buenos Aires. Aujourd'hui, c'est une ville tentaculaire qui s'étale sur près de 200 km le long de l'estuaire auquel elle semble tourner le dos. Ses attraits émanent aussi d'un mode de vie, d'une atmosphère indiciblement envoûtante. Et puis c'est l'une des reines de la nuit latino-américaine !

LE CENTRO

En chaque case de cet immense damier qu'est le Centro surgit un signe du passé glorieux de la cité, un monument symbolique d'une Belle Époque révolue, et juste à côté, un building moderne en verre.

La *plaza de Mayo* constitue le centre nerveux de Buenos Aires. Ce serait le premier endroit où se seraient installés les Espagnols, à quelques kilomètres du *río de la Plata.* Son nom est un hommage au 25 mai 1810, jour de la formation du premier gouvernement argentin indépendant. Cette place a connu les grands rassemblements de foule au moment du péronisme, mais aussi les manifestations des « Mères de la place de Mai », mères des disparus sous la junte militaire ; les défilés des partisans de la guerre des Malouines, les grands rassemblements de soutien à la démocratie au début des années 1980 ou encore les manifestations spontanées à l'issue des matchs de foot victorieux.

Sur la place se dresse la *catedral Metropolitana.* Cette basilique de style latin, achevée en 1812, abrite des chapelles consacrées à divers vierges et saints dont le fameux *Santo Cristo del Gran Amor,* connu comme le saint des footballeurs.

On voit également sur la place l'un des rares bâtiments survivants de l'époque coloniale, cœur politique et administratif de la ville de 1580 à 1821, aujourd'hui musée historique national du Cabildo. Le patio est superbe.

Avec sa couleur rose brique, le Palacio de Gobierno saute aux yeux. Ce joli palais de style italien est le siège du gouvernement. Lors de la relève de la garde, on peut

admirer les grenadiers à cheval, aux uniformes copiés sur ceux des troupes du général San Martín en 1813.
L'*avenida de Mayo* monte doucement de la *plaza de Mayo* vers la *plaza del Congreso,* avec ses trottoirs larges, ombragés par des platanes, et ses terrasses de cafés… On se croirait sur la Gran Vía de Madrid ! Elle est parsemée de nombreux hôtels, bars et restaurants typiquement espagnols. On arrive au Congreso nacional, siège du Sénat et de la Chambre des députés, dont le style Second Empire, le dôme en bronze et l'aspect monumental rappellent le Capitole de Washington.
L'*avenida 9 de Julio,* immensément large – 140 m –, constitue par son nom un autre hommage à l'indépendance du pays, le 9 juillet 1816. Un de ses repères est le grand obélisque, érigé en 1936 pour commémorer les 400 ans de la ville.
De là, on rejoint le *teatro Colón.* En 1914, c'est le troisième opéra du monde après le Palais Garnier à Paris et l'opéra de Vienne. L'immense salle de concert possède une acoustique proche de la perfection. Les foyers, les salons blanc et or, les fauteuils en velours rouge, ici tout évoque le luxe et la grandeur. Pour certaines représentations, un artiste grimpe par les coulisses jusque dans l'orifice du lustre et chante de là-haut sans qu'on le voie. Les spectateurs ont alors le sentiment que la voix tombe du ciel !

RECOLETA ET SON CIMETIÈRE CHICOS

On cède au charme de ce quartier fait d'architecture européenne, de tendres pelouses et de parcs ombragés. Loin des grandes avenues qui quadrillent la ville, Recoleta possède aussi ses petites ruelles piétonnes animées, parfaites pour déambuler ou prendre un verre. Son cimetière constitue le clou de la visite : 4 870 tombeaux sur 55 000 m². Ce « Père-Lachaise latino-américain », véritable petit village, abrite de somptueux caveaux familiaux combinant luxe et solennité. Ils renferment les dépouilles de personnes célèbres ou issues des grandes familles de Buenos Aires… La sépulture la plus visitée est celle d'Eva Perón, la « Madone des sans-chemise ».
Une visite à compléter par celle du musée Evita à Palermo – beau quartier résidentiel doté d'un immense parc, de lacs, de magnifiques jardins fleuris et de larges et lumineuses avenues. Le musée, passionnant, est situé dans un superbe édifice de type espagnol du début du XXᵉ s, au patio couvert d'azulejos. Il abrita à l'époque d'Evita un foyer pour femmes seules ou démunies. Il retrace de manière idéaliste mais touchante la vie d'Eva Perón : son enfance, sa carrière d'actrice, sa rencontre avec Juan Perón, son combat pour les plus démunis et pour les femmes. Puis sa fin tragique à 33 ans.

LA RÉPUBLIQUE DE LA BOCA

Situé à l'emplacement même de la première ville de Buenos Aires, le quartier de La Boca s'est développé à la fin du XIXe s le long du port, sur les rives du fleuve Riachuelo. Il a été très marqué par les fortes vagues d'immigration au début du XXe s. Parmi les immigrants, nombreux étaient les Italiens, venus pour la plupart de Gênes. Leur concentration était telle que lorsque fut proclamée une « République de La Boca » en 1907, le drapeau génois fut hissé !

Aujourd'hui, le port est envasé, hanté par quelques carcasses de bateaux rouillées. Les usines sont désaffectées, parfois reconverties en centre culturel. Pourtant ce quartier, berceau du prolétariat de Buenos Aires, foyer de toute une bohème artistique et littéraire, conserve un charme indéniable.

L'ancienne voie de garage Caminito est devenue l'une des rues les plus célèbres de Buenos Aires. Depuis les années 1970, les habitants de ce quartier pauvre, coloré et gai, à la fibre profondément artistique, exposent leurs œuvres dans la rue. Et les anciennes maisons de tôle grises se sont couvertes de couleurs vives : rose, vert, jaune, bleu... Un espace d'art contemporain et moderne, tout de verre et de blanc vêtu, a également vu le jour tout près.

Le style de La Boca

L'histoire picturale du quartier débute avec un bébé abandonné et recueilli par une famille pauvre de La Boca. Le bébé devint un peintre célèbre dans les années 1920 : Quinquela Martín (1890-1977). Un jour, il demanda aux habitants de La Boca de venir peindre les murs de l'école du quartier. Chacun vint avec un fond de pot de peinture de couleur différente. Les habitants, appréciant le résultat, badigeonnèrent leur maison de bois et de tôle de la même manière. Ainsi naquit dans les années 1930 le style de La Boca, plein de gaieté naïve et bariolée, pied de nez à la pauvreté du quartier.

Le *gaucho*

À la fin du XVIIIe s, la Pampa voit arriver *le gaucho* (de *guacho* : orphelin). Il est le symbole de l'homme libre qui se moque des conventions et des préjugés sociaux. À l'origine, il s'agit d'un métis hispano-indien, rejeté par la société. Doté d'une *bombacha* (pantalon de toile plissée, serré à la cheville), d'un *tirador* (large ceinture), d'une *boleadora* (lasso argentin) et d'un *facón* (couteau), ce gardien de bétail règne sur les vastes étendues de la Pampa. Avec son esprit d'indépendance et sa force de caractère, c'est un révolutionnaire né.

ÉTAPE 2

Dans les environs de Buenos Aires

TIGRE, UNE FLORIDE SUD-AMÉRICAINE

À 30 km au nord de Buenos Aires s'étend un immense delta fluvial (900 km^2 environ), fruit de la confluence du *río Paraná* et du grand *río de la Plata,* qui a engendré un incroyable labyrinthe de voies d'eau et de canaux, serpentant au cœur d'une multitude d'îles et d'îlots. Les arbres poussent sur les rives verdoyantes, les saules pleureurs trempent leurs feuilles dans une eau marron, couleur due à la terre ferrugineuse.

La ville de Tigre est entourée d'une campagne résidentielle aquatique, nichée dans une végétation luxuriante. On remonte les chenaux en bateau jusqu'aux pontons en bois précédant les maisons enfouies dans la verdure. Le week-end, les Porteños déambulent le long des quais du *puerto de Frutos,* principal marché agricole de la région devenu repaire de brocante et d'artisanat... Une ambiance haute en couleur et bon enfant.

LA PAMPA, « TERRE PLATE » EN LANGUE INDIENNE

Aux portes de la ville commence cette immense plaine de 600 000 km^2, essentiellement peuplée de millions de bovins et moutons. C'est par excellence la région des succulentes viandes de bœuf cuites au gril ! On y visite des *estancias,* ces ranchs argentins qui sont à la fois le poumon et l'histoire du pays. Dans la bourgade de San Antonio de Areco, connue pour être le berceau de la culture des *gauchos,* un musée leur est consacré dans une *estancia* du XVIIIe s. Toute la panoplie du cavalier de la Pampa y est présentée : des selles, des pièces en argent martelé, en fer forgé, mais aussi des étriers en corne ou en os, des chaussures en vachette, des lanières en cuir. La tradition artisanale se perpétue dans les ateliers alentour.

ÉTAPE 3

Les spectaculaires chutes d'Iguazù au nord-est

Iguaçu, en langue guaraní, signifie « grande eau ». Un bel euphémisme ! Plus de 200 chutes se pressent ici sur un front de 2,7 km, dévalant au cœur d'une végétation tropicale exubérante. Jusqu'à sa confluence avec le Paraná, 23 km en aval des chutes, le río Iguazú parcourt 1 320 km. Traversant principalement des terres basses, il se fait méandreux, s'épanchant sur 500, 1 000, puis 1 500 m de large lorsqu'il parvient aux frontières du parc national. Et voilà qu'il forme une boucle plus serrée encore : un U ample encombré d'îlots allongés et d'écueils. Les eaux s'y divisent en bras multiples avant de buter sur une abrupte faille géologique. Chacun se mue en cascade, dont l'ensemble forme l'immense arc de cercle des chutes d'Iguazú. Aucun endroit au monde, pas même les chutes du Niagara ni celles du Zambèze, n'impressionne autant par sa puissance. Le caractère spectaculaire du site et de la forêt tropicale qui l'enserre lui a valu d'être classé au Patrimoine mondial par l'Unesco.

Quand y aller ?

L'automne, après les pluies, est la période où les chutes se font le plus spectaculaires, mais elles prennent alors une couleur marron-roux (due aux sols en latérite) et forment, en s'écrasant, des nuages de bruine pouvant dépasser 100 m de haut ! Autant dire que la douche est garantie et les photos souvent un peu voilées... Au printemps, le débit est moindre et les chutes se détachent mieux les unes des autres. Éviter de préférence les week-ends, pendant lesquels le site est vraiment surchargé.

ÉTAPE 4

À cheval sur le Paraguay, les missions jésuites

Popularisées il y a 30 ans par le film *Mission* avec Robert de Niro et Jeremy Irons, elles témoignent de la tentative jésuite d'État autonome au sein duquel les Indiens jouissaient de conditions comparativement privilégiées, aux XVIIe et XVIIIe siècles. Les ruines de San Ignacio Miní, à San Ignacio, sont les plus belles d'Argentine. L'Unesco a d'ailleurs classé le site au Patrimoine mondial de l'humanité. Fondée en 1696, la mission était un véritable village où vécurent jusqu'à 4 500 habitants. Le cadre est superbe, avec la forêt en toile de fond. Puis on est séduit par la couleur du grès ocre et les proportions incroyables de cette ancienne mission, surtout par celles de la « cathédrale », de plus de 60 m de long et aux murs épais de 2 m !

Le chef-d'œuvre est incontestablement le portail à colonnades, entièrement sculpté par des artisans guaraní. Autour de la grande *plaza* se trouvaient aussi le cimetière, le logement des jésuites résidents, un hôpital, d'innombrables habitations et ateliers... C'est ici que furent imprimés les premiers livres sur le territoire argentin. Dépaysement et sérénité garantis.

Une « république indienne » (Montesquieu)

En 1609, les jésuites obtiennent du roi Philippe III l'autorisation de fonder un État autonome dans la région. De 1620 à 1630, le nombre des missions croît jusqu'à son apogée en 1732 : 30 missions pour 141 000 habitants guaraní christianisés, sur un territoire de 350 000 km^2. Peu à peu, les jésuites ont réussi à supprimer la polygamie, la nudité, les maisons communes et à modifier les coutumes funéraires. Pour se faire accepter par les Indiens, ils font usage de leur savoir médical, des objets du monde moderne ; ils ont appris la langue indienne et conservé une structure sociale en partie issue du modèle traditionnel régi par les *caciques*.

Les Guaraní bénéficient de lois incroyables pour l'époque. La peine de mort est abolie. Le système de propriété collective fait penser à un « communisme chrétien » où tout se partage, s'échange et s'autogère comme au temps du christianisme primitif. Des services publics libres sont instaurés, ainsi que des écoles et des hôpitaux. La société guaraní est la première au monde à être totalement alphabétisée.

Durée : 10-14 jours
Distance : 500 km
Point de départ : Santiago (puis vol intérieur pour Antofagasta)
Meilleure période : hiver
Vous aimerez : la nature, les paysages

CHILI

LE DÉSERT D'ATACAMA, VERSION TERRIENNE DE LA PLANÈTE MARS

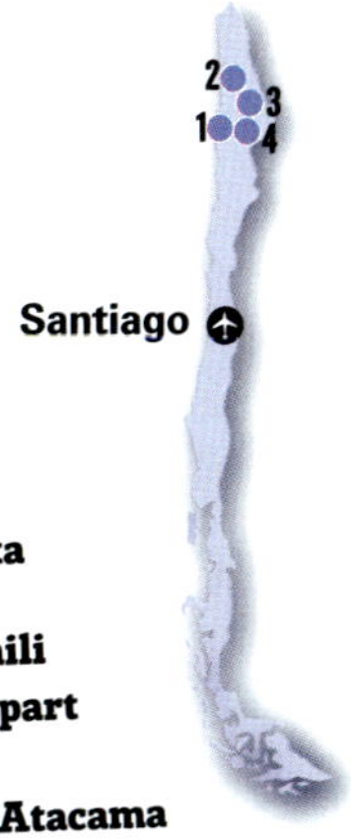

1 • **Sur la Panaméricaine : Antofagasta**
2 • **Calama et Chuquicamata, hauts lieux de la vie minière du Chili**
3 • **San Pedro de Atacama, point de départ pour le désert d'Atacama**
4 • **Les trésors naturels du désert de l'Atacama**

Le nord du Chili est occupé par cet extraordinaire désert salé situé entre 2 000 et 3 000 m d'altitude, et coiffé d'un ciel exceptionnellement pur qui permet d'observer l'infiniment grand. L'exploration s'organise à partir des villes d'Antofagasta, de Calama et de San Pedro de Atacama.

L'Atacama ? Le désert le plus aride du monde, étendu sur 100 000 km^2. Par endroits, il n'a pas plu depuis 80 ans… Une steppe rocheuse à perte de vue, une terre craquelée par la chaleur intense et, à l'approche des Andes, des volcans aux cimes enneigées rangés comme à la bataille, des lagunes aux couleurs irréelles et des *salares* (déserts de sel) habités par des nuées de flamants roses. Selon l'altitude où l'on se trouve, on découvre, ébahi, de mystérieux geysers, des dunes de sable ocre ou de petites oasis dans des paysages lunaires. Le sol exsude le sel sous toutes ses formes : flaques cristallisées, nappes ouatées, concrétions... Preuve qu'il y a bien longtemps, la mer recouvrait tout.
Sur la route, des ruines de villes fantômes surgissent de nulle part, témoins solitaires de l'épopée du salpêtre qui chamboula l'histoire chilienne. Région essentiellement minière, l'Atacama fournit au Chili l'une de ses principales ressources actuelles : le cuivre.

ÉTAPE 1

Sur la Panaméricaine : Antofagasta

Étalée entre les montagnes grises du désert et l'océan, Antofagasta, cinquième ville du pays, constitue d'abord le principal port chilien pour l'exportation du salpêtre et du cuivre. On visite ici le musée du Désert d'Atacama, un musée moderne joliment posé au pied des étonnantes ruines de l'ancienne compagnie minière bolivienne de Huanchaca. Le musée lui-même, bien conçu, se penche sur la géologie et l'histoire minière du désert d'Atacama depuis l'époque précolombienne, sur l'astronomie et les observatoires chiliens. Rigolo : on découvre *Nomad,* robot sur roues de 780 kg et 2 m de haut, conçu par la NASA. Une drôle de bestiole qui fut testée dans le désert d'Atacama, ce dernier étant considéré comme le milieu naturel... le plus proche de celui de la planète Mars !

Le symbole d'Antofagasta reste La Portada, un énorme rocher cerné par les flots et sculpté par la mer en forme d'arc de triomphe. Avec ses falaises sableuses dessinées par le vent en de plantureuses meringues, le site est plus que séduisant.

LE TRÈS GRAND TÉLESCOPE

Au sud d'Antofagasta est installé l'un des plus formidables observatoires astronomiques actuels, résultat d'une coopération internationale. Il est conçu pour explorer les galaxies lointaines et les confins de l'univers. La pureté du ciel de la région, due à la sécheresse de l'air et à l'absence de pollution lumineuse et de nuages (321 jours sans nuages par an !) explique le choix de ce site haut perché (à 2 635 m d'altitude). À l'intérieur du télescope, un logiciel très performant peut combiner les images recueillies sur quatre miroirs géants (8,2 m de diamètre) principaux et quatre télescopes mobiles annexes, donnant ainsi une vision des astres... quatre milliards de fois plus précise qu'à l'œil nu ! Les observateurs pourraient distinguer un homme marchant sur la Lune... Parmi les dernières découvertes : l'étoile la plus massive repérée à ce jour, au rayonnement 10 millions de fois plus puissant que celui du soleil.

ÉTAPE 2

Calama et Chuquicamata, hauts lieux de la vie minière du Chili

SUR LA ROUTE DE CALAMA

Se balader dans les rues de l'*oficina salitrera Chacabuco,* véritable ville fantôme et ancien camp de travailleurs puis de prisonniers perdu en plein désert, procure une sensation forte et des plus étrange. Les vents du désert s'engouffrent dans les maisons éventrées, où vécurent jusqu'à 7 000 personnes suite à la découverte d'un gisement de salpêtre naturel en 1912. La mise au point du salpêtre de synthèse, par les Allemands dans les années 1920, fit chuter les ventes, jusqu'à l'arrêt du site en 1938. Puis le site fut utilisé comme camp de prisonniers politiques entre 1973 et 1974, sous la dictature de Pinochet.

CHUQUICAMATA, LA PLUS GRANDE MINE DE CUIVRE À CIEL OUVERT AU MONDE

À 2 260 m d'altitude, au milieu du désert, elle dessine un gigantesque cratère de près de 5 km de long, 4 km de large et 900 m de profondeur ! Elle contient à elle seule 13 % des réserves connues de cuivre. Tout autour, les montagnes ont été comme scalpées, dévorées par les machines. La mine a commencé à être exploitée industriellement en 1915, sous la houlette de la famille américaine Guggenheim. On aperçoit les camions géants qui remontent du fond transportant jusqu'à 400 t de minerai, chaussés de roues de 4 m de diamètre !

ÉTAPE 3

San Pedro de Atacama, point de départ pour le désert d'Atacama

Ce gros village aux maisons d'adobe, perché à 2 440 m d'altitude, se love au cœur d'une oasis clairsemée perdue en plein désert. Son charme tient à ses ruelles piétonnes en terre, à sa jolie place ombragée, d'où l'on aperçoit le majestueux volcan Licancabur, et à sa petite église pittoresque du XVIe s.
Le musée archéologique Padre Le Paige évoque l'histoire des populations de l'Atacama, depuis les premiers chasseurs jusqu'aux influences des cultures tihuanaco (Bolivie), inca et espagnole. Les objets proviennent essentiellement des découvertes du père missionnaire Gustave Le Paige, un jésuite belge qu'une histoire d'amitié amena à se faire nommer au Chili. Il mit au jour des objets atacamènes datant des Xe-XIe s, dont de beaux ornements en or.
Surtout, ici, le nouvel horizon de la Terre est celui de l'espace, des étoiles semées à l'infini dans un ciel d'une pureté incomparable. On peut s'initier aux merveilles de l'univers sur des télescopes et se pencher sur ces véritables objets extraterrestres que sont les météorites. Une véritable terra incognita à découvrir.

DANS LES ENVIRONS DE SAN PEDRO

Le bourg est le point de départ idéal pour d'inoubliables excursions – à pied, à vélo, à cheval, en 4x4 – dans l'immensité du désert et sur l'altiplano. Les amateurs de sensations fortes se livreront aux joies du quad, du buggy et du *sandboarding* (snowboard dans les dunes). Dans la vallée de la Lune, on suit un petit canyon recouvert de sel, puis on atteint une grande dune qui sépare deux petites vallées, blanchies par le sel après les pluies... Un sentier contourne la dune, puis circule le long d'une crête vertigineuse, offrant un point de vue exceptionnel sur la vallée. Lunaire, vraiment, irréel même. Striées d'ocre, de blanc, les roches torturées se multiplient à l'infini. Quel cours de géologie !
Le nom de la vallée de la Mort *(valle de la Muerte),* lui, vient d'un étrange glissement. À l'origine, Le Paige, le curé belge, l'avait baptisée « valle de Marte » (vallée de Mars), pour son relief évoquant la planète rouge. Avec le temps, « Marte » s'est transformée en « Muerte »... Un petit canyon débouche sur des roches découpées par le vent, un vrai livre géologique à ciel ouvert. Les lignes de calcaire océanique de couleur blanche rappellent que la région n'était qu'un océan, il y a bien longtemps.

La tête dans les étoiles

Le désert d'Atacama abrite le plus grand observatoire de radioastronomie au monde, l'ALMA, perché à 5 000 m d'altitude sur le plateau de Chajnantor. L'installation, constituée de 66 antennes, équivaut à un télescope de 16 km de diamètre, capable d'atteindre la partie la plus ancienne de l'univers.

ÉTAPE 4

Les trésors naturels du désert de l'Atacama

AU SUD DE SAN PEDRO

Dominée par la ronde des volcans, balayée par les tourbillons de sable, l'immense dépression saline du *salar de Atacama* s'étend sur 320 000 ha. Situé à 2 300 m d'altitude, c'est le plus grand *salar* du Chili. Il a été formé par la condensation du sel contenu dans les eaux souterraines. Des lagunes ponctuent la vallée, mais l'espace est essentiellement occupé par une croûte de sel tourmentée, formant un relief hostile, ou dessinant des vaguelettes rugueuses comme pétrifiées. L'épaisseur de sel estimée peut atteindre 1 450 m ! Au lever et au coucher du soleil, le lieu prend de magnifiques teintes ocre, rose et beige.
La *laguna Cejar,* aux eaux turquoise, et la *laguna de Piedras* constituent le seul endroit où l'on peut se baigner dans un lac salé. On y flotte aussi bien que dans la mer Morte ! La *laguna Tebenquiche,* elle, est en partie couverte d'une épaisse croûte de sel, telle une banquise plutôt incongrue sous de telles latitudes. Dans l'eau se reflètent ciel, nuages et volcans.
On peut également visiter le village de Toconao, où l'on travaille la laine d'alpaga et de lama sur des métiers à tisser traditionnels, ainsi que la « pierre de Toconao », un granit au grain fin. Non loin se trouve la *quebrada de Jere.* Dévalant de la cordillère, les eaux du maigre *río Jere* ont permis la naissance, en plein désert, d'un verger niché au fond d'un petit canyon. Un endroit tranquille, ombragé et frais !
Non loin de Toconao, voici la *laguna de Chaxa,* où l'on peut admirer de près, dans un silence étourdissant, trois espèces de flamants : flamant de James à la livrée très claire et aux pattes rouges, flamant du Chili aux « genoux » roses et au bec majoritairement noir, et l'extraordinaire flamant andin aux ailes écarlates (et aux pattes jaunes). Se nourrissant sur le plan d'eau en journée, ils regagnent le soir leur lieu de nidification, au bord de trois autres lacs entièrement préservés de toute fréquentation humaine. Leur envol par petits groupes est spectaculaire. Tout autour, un paysage de concrétions salines à la blancheur éblouissante.
Sur la route du Paso Sico, déroulant à l'infini des paysages grandioses de steppe jaunie grimpant à l'assaut des volcans, le petit village-oasis de Socaire s'entoure de petites parcelles rectangulaires plantées de maïs. De là, une piste grimpe à travers les steppes sauvages

jusqu'à plus de 4 000 m d'altitude, au pied des volcans. Et soudain surgissent un, puis deux sublimes lacs couleur bleu lagon, les *lagunas Miscanti* et *Miñiques,* autour desquels paissent des vigognes. On éprouve ici une sensation d'espace à donner le vertige.

PLUS LOIN À L'EST DE SAN PEDRO

Planté sur la frontière chilo-bolivienne et dominant toute la région, le *volcán Licancabur* est un cône parfait et majestueux, auréolé de neige en hiver. Du sommet, la vue sur le cratère, son lac gelé, et le proche *volcán Juriques* est spectaculaire.
En prenant la route internationale qui mène au Paso Jama, on aperçoit les roches ciselées par le vent formant les *Monjes de la Pacana*. Puis on se dirige vers le *salar de Tara,* sa lagune étendue sur 3 à 25 km^2 selon la saison, et les *Catedrales de Tara,* évoquant un château en ruines. Voici l'altiplano dans toute sa splendeur !

PLUS LOIN AU NORD DE SAN PEDRO

La vallée Arc-en-Ciel révèle une incroyable palette de couleurs : la pierre est verte, bleue, rouge, orangée... On admire aussi la forme des concrétions rocheuses, érodées par le vent. Magnifique.
On peut aussi rejoindre les geysers dédiés à Tatio Mallku, « l'ancêtre qui pleure » en langue atacamène : une quarantaine de geysers et 60 sources chaudes. Ne manquez pas le splendide spectacle de l'aube qui baigne d'une lumière rose les volcans et les montagnes aux cimes enneigées, avec les fumerolles des geysers au premier plan...
À l'ouest des geysers vous attend Caspana, village-oasis indien aux cultures en terrasses en bord de canyon. On peut également visiter Chiu-Chiu, petit village fondé en 1611, ancienne étape du chemin de l'Inca. Son église San Francisco, l'une des plus anciennes du Chili, présente une magnifique architecture coloniale, avec d'épais murs en adobe blanchis à la chaux, des contreforts, un plafond et des portes en bois de cactus, maintenues par des lanières de cuir de lama et constellées de minuscules petits trous de lumière. Comme un ciel étoilé ou comme après une fusillade de bande dessinée à la Lucky Luke... Le désert de l'Atacama semble une jointure entre monde terrestre et monde spatial, entre notre espace fini et l'infini de l'univers. Une expérience fabuleuse.

Des beautés qui se font désirer

Les geysers se réveillent en raison de l'amplitude thermique entre la température de l'eau, très élevée, et la température extérieure, encore bien froide tôt le matin. C'est donc à l'aube que les geysers sont les plus visibles, et en particulier en hiver, où l'amplitude thermique fonctionne à plein. La température extérieure idéale est en effet d'environ - 17 °C ! Ils atteignent alors jusqu'à 7 m de haut.

Durée : 8-12 jours
Distance : 1 000 km
Point de départ : El Calafate
Meilleure période : octobre-mars
Vous aimerez : les paysages, les extrêmes

ARGENTINE / CHILI

LA PUISSANCE DES ÉLÉMENTS, DES GLACIERS DE PATAGONIE À LA TERRE DE FEU

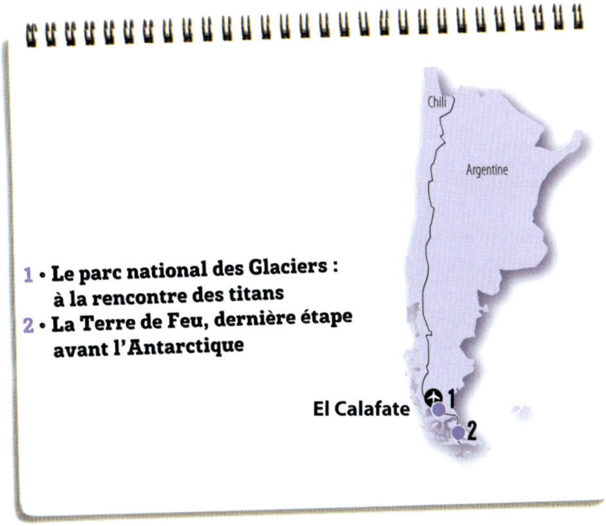

Une exploration de l'extrémité septentrionale du continent américain, avec ses paysages fantastiques, ses glaciers gigantesques et sa nature intacte.

Délimitée au sud par le cap Horn, la Patagonie fascine par ses grands espaces et sa diversité, la beauté de sa nature et sa richesse animalière. Comment ne pas laisser son regard partir à l'horizon des plaines désertiques jusqu'à la cordillère des Andes ? Comment rester insensible à la beauté majestueuse de ces montagnes et de ces lacs d'altitude, aux tourments de ces côtes déchiquetées ? Une expédition au bout du monde, dernière étape avant l'Antarctique.

ÉTAPE 1

Le parc national des Glaciers : à la rencontre des titans

Les glaciers du parc (le Perito Moreno, l'Upsala, le Viedma...) ne sont que les terminaisons du gigantesque Campo de Hielo, un immense glacier d'environ 350 km de long, à cheval sur Argentine et Chili. Créé en 1937, le parc national a été inscrit au Patrimoine mondial de l'Unesco en 1981. S'étendant sur 350 km du nord au sud et large de 50 km, il couvre une superficie de 726 000 ha et englobe deux grands lacs : au nord, le *lago Viedma* et au sud, le *lago Argentino,* qui est le troisième lac d'Amérique du Sud et le premier d'Argentine par sa superficie (1 560 km^2).

POUR COMPRENDRE

Le Glaciarium d'El Calafate (ville-étape à l'entrée du parc) donne des clés de lecture intéressantes. Ce centre d'information des glaciers de Patagonie, qui rappelle la moraine par son architecture, offre une vue splendide sur le *lago Argentino.* Il présente l'histoire de la formation des glaciers et leur évolution au fil des siècles. On découvre aussi la personnalité de Francisco Pascasio Moreno (Perito pour les intimes), ce naturaliste géographe et héros de l'Argentine, qui contribua à fixer la ligne des frontières entre le Chili et l'Argentine. Également un montage audiovisuel intitulé « Il est moins cinq », véritable plaidoyer écologique sur l'impact majeur de l'activité humaine sur notre environnement. À la fois technique et grand public, la visite se révèle ludique et interactive.

LE GLACIER PERITO MORENO

C'est le clou du voyage en Patagonie ! Du nom de l'explorateur Francisco Moreno – qui a arpenté la Patagonie à la fin du XIXe s, mais n'a jamais vu le glacier portant son nom –, c'est le plus spectaculaire des glaciers andins. Véritable monstre de 14 km de long sur 4 km de large, il culmine à 50-60 m au-dessus du niveau du lac. On l'aperçoit de loin, et dès le premier tête-à-tête, il en impose ! Classé au Patrimoine mondial de l'humanité par l'Unesco, c'est l'un des glaciers les plus vivants au monde, une vraie force de la nature !
La glace se forme en haut des montagnes, à 2 000 m d'altitude, puis descend peu à peu en épousant les reliefs des versants, ce qui explique les nombreux pics acérés et cassés qui témoignent de la vie du glacier. L'eau qui s'écoule en permanence sous la glace contribue à son déplacement.
Il grince, craque, gronde, résonne : le moindre bloc qui s'en détache, sous une formidable poussée, s'effondre avec fracas. La glace tombée forme un petit iceberg qui part à la dérive, et le glacier reprend ses craquements. Lorsque le pan de glace est important, il peut, en frappant l'eau, provoquer un minitsunami qui recouvre alors les rives sur plusieurs dizaines de mètres. Dans ses bonnes périodes, le glacier peut avancer de 2 m par jour au centre et de 70 cm sur les côtés. On peut l'approcher à pied, en bateau, voire se lancer dans un trek directement sur le glacier.

LE GLACIER UPSALA

Plus étendu que la ville de Buenos Aires, c'est l'un des plus grands glaciers de l'hémisphère sud. *Upsala* vient du nom du bateau de l'expédition suédoise qui navigua dans ces eaux au début du XXe s. À cet endroit, le *lago Argentino* fait plus de 1 000 m de profondeur. Le front du glacier s'élevant à environ 70 m, il y aurait donc 490 m de glace sous l'eau (la partie émergée ne représentant qu'un huitième de la hauteur totale) !
On peut se promener en bateau sur le *lago Argentino*. Ses eaux sont d'un bleu laiteux inoubliable que les

Argentins appellent, par comparaison gastronomique, le *dulce de glaciar.* En fondant, la glace, très dense, donne cette jolie coloration à l'eau (avec l'aide d'une grosse dose de sédiments). En parcourant ses rives, on a l'impression de voyager dans un monde surréaliste, entre les arbres morts qui n'ont pas résisté aux inondations successives provoquées par les glaciers, et les eaux calmes de ces géants de glace.

Pourquoi les glaciers sont-ils bleus ou blancs ?

Non compactée, la glace laisse filer les bulles d'air dans lesquelles pénètrent les grandes longueurs d'onde de la lumière ; la glace reste donc blanche. Dans la glace compactée, seuls les rayons bleus (les ondes courtes) passent et donnent ces teintes bleutées si spectaculaires.

EL CHALTÉN

On rejoint El Chaltén par une superbe route où se mêlent les montagnes aux sommets enneigés, les eaux turquoise des glaciers et le vent qui souffle aussi fort qu'il peut… Et on arrive dans ce qui est sans doute l'un des plus beaux coins de Patagonie. Au moindre rayon de soleil, tout devient magique. D'abord, la traversée de la steppe désertique, troublée de temps à autre par l'apparition de quelques nandous (autruches locales) ; ensuite, ce petit village au bout de tout, au cœur des Andes et au pied du Fitz Roy. C'est le point de départ de toutes les excursions de marche ou d'alpinisme (on dit ici « andinisme ») autour du Fitz Roy (3 441 m) et du Cerro Torre (3 138 m). Les Indiens appelaient le Fitz Roy *Chaltén* (« Volcan ») ; en effet, les pics souvent cachés dans d'épais nuages font penser à des volcans en éruption. Avec leurs parois de granit, les deux monts restent un défi pour les alpinistes.

On vient ici pour profiter du rythme calme du village et des superbes environs, dont le lac et le glacier Viedma. Tout l'éventail des découvertes est ouvert, de longues balades – y compris à cheval – dans un décor de rêve, jusqu'à de véritables expéditions de 2 semaines sur les plus grands glaciers du monde, incluant de l'escalade, voire de la marche sur glace.

ÉTAPE 2

La Terre de Feu, dernière étape avant l'Antarctique

L'Argentine n'occupe qu'un tiers de l'île de la Terre de Feu, dont la superficie est comparable à celle de l'Irlande. Le détroit de Magellan sépare la Terre de Feu du reste de l'Amérique du Sud. C'est en fait un véritable archipel, dont l'île la plus vaste est l'île Grande. Pour faire des randonnées, du trekking, pour explorer des sentiers tranquilles, et admirer parmi d'autres les lions de mer, les cormorans ou les éléphants de mer en liberté, la Terre de Feu reste un endroit exceptionnel.

USHUAIA, UN BOUT DU MONDE

Ushuaia, pointe de la cordillère et du continent, mais aussi porte d'entrée vers le pôle Sud... La ville la plus australe du monde, surnommée par les Argentins « el fin del mundo » (le bout du monde), ne l'est pas tout à fait puisque Puerto Williams, la Chilienne, de l'autre côté du canal de Beagle, est encore plus au sud. Cette ville mythique par excellence se caractérise par des reliefs marqués. Par endroits, on se croirait presque dans les rues de San Francisco ! Le musée Historia Fueguina, à la superbe muséographie, raconte l'histoire de cette terre de confins, des peuples indigènes aux prisonniers d'Ushuaia, en passant par les grands explorateurs de l'Antarctique ou du canal de Beagle.

En s'éloignant d'Ushuaia en bateau par le canal de Beagle, on se rend mieux compte que la baie est entourée de montagnes : c'est le bout des Andes. Ce canal (185 km de long !) relie le Pacifique à l'Atlantique et se situe à 150 km du cap Horn. La balade passe d'abord par les îles Bridges, du nom du premier Anglais qui est venu vivre avec les Indiens. Puis on voit l'île de Los Pájaros avec ses centaines de cormorans royaux (au cou

Terre de Feu

Ce nom remonterait à l'époque de Magellan. En 1520, lorsque celui-ci arriva à l'extrême sud de l'Amérique, il vit des feux de camp indiens et nomma ce lieu *Tierra del Humo* (« Terre de Fumée »). Ces feux étaient allumés par les Yámana qui vivaient nus, même en hiver... Charles Quint, à qui les exploits de Magellan avaient été contés, pensa, en toute logique, qu'il n'y avait pas de fumée sans feu, et rebaptisa l'île Terre de Feu.

blanc) et de cormorans Magellan (au cou noir), et l'île de Los Lobos, refuge pour une importante colonie de lions de mer. Plus loin, les îlots Les Éclaireurs, avec le phare du même nom – que l'on croirait sorti d'un roman de Jules Verne. On arrive aux abords de l'île Martillo qui abrite une colonie de manchots de Magellan et de manchots Papous.

LE PARC NATIONAL DE LA TERRE DE FEU, PARADIS DE LA RANDONNÉE

Sa côte marine est un lieu tranquille et inaltéré, encore préservé de toute influence humaine. Criques, forêts, montagnes constituent un paysage grandiose. Le long de la route, les arbres coupés sont le résultat de plusieurs années de travail des bagnards exilés ici au début du XXe s dans une perspective de colonisation. Ces paysages d'arbres morts sur fond de montagnes verdoyantes donnent à la promenade un aspect fantastique. Côté bébêtes, en plus des castors – on ne les voit que la nuit –, d'autres animaux vivent dans le parc : renards, rongeurs… et surtout des lapins et des oiseaux. Une vie animale intense, un environnement intact, des couleurs pures : un jardin d'éden du grand froid, la réalité d'un imaginaire écologique.

CARAÏBES

Durée : 8 jours
Distance : environ 200 km
Point de départ : Fort-de-France
Meilleure période : durant la saison sèche, de décembre à avril
Vous aimerez : les belles plages, les randonnées, la cuisine créole, la visite de distilleries

MARTINIQUE

UN PARADIS D'OUTRE-MER

Des plages splendides, des randonnées, des plongées, des visites intéressantes : tous les plaisirs nature sont réunis à La Martinique.

La Martinique, c'est le soleil et la mer… mais aussi des champs de canne à sucre et de bananiers, des chemins forestiers hors du temps, des villages du bout du monde, et des jardins fantastiques. Même si le temps a passé depuis qu'il l'a découverte, laissons parler l'un des premiers routards : « C'est la meilleure, la plus fertile, la plus douce, la plus égale, la plus charmante contrée qu'il y ait au monde. » Signé : Christophe Colomb.

Cette petite île a conservé des atouts que l'on découvre peu à peu, en prenant son temps. Elle surprend par sa particularité à marier, à tout instant, des ingrédients différents pour en faire un cocktail de charme : sucre et rhum, cuisine pimentée et fruits succulents, pluie et soleil, bleus qui font mal aux yeux et verts tendres, alizés et cyclones, volcans et végétation paradisiaque.

ÉTAPE 1

Se faire bronzer à Sainte-Anne, sur la plage des Salines

Le bourg a gardé pas mal de son pittoresque avec ses jolies maisons peintes, son magnifique cimetière blanc surplombant la mer, son marché, ses petites places animées, en début et fin de journée, et ses pêcheurs. Et, grâce à son ciel bleu assuré et à ses splendides eaux, Sainte-Anne reste une destination familiale par excellence.

La meilleure option pour profiter de la ville reste d'adopter le rythme de vie locale : lézarder sur la plage ou enfiler masque et tuba en quête de poissons colorés, déguster un planteur et des acras en fin d'après-midi, sur une place ou dans une ruelle animée, et dîner en terrasse face à la mer en admirant les derniers rayons de soleil se refléter sur l'eau… À 5 km du bourg, la plage des Salines, avec son sable blanc et ses cocotiers penchés sur la mer, reste toujours la plus belle, et surtout, la plus grande plage de la Martinique. Une vraie carte postale, avec juste ce qu'il faut d'ombre et d'arbres pour suspendre son hamac entre deux cocotiers.

ÉTAPE 2

Remonter le temps en visitant l'Habitation Clément, au François

C'est la seule maison d'habitation du XVIIIe s, restaurée et remeublée d'époque, à être ouverte à la visite dans l'île.

Le parcours de visite, qui relie les différents centres d'intérêt autour de l'ancienne distillerie et de la maison principale, permet de découvrir la vie domestique sur l'habitation, l'univers botanique, le monde industriel et la visite des chais.

Le très beau parc de 16 ha comprend une palmeraie qui, avec sa trentaine d'espèces différentes, compte parmi les principales collections de la Caraïbe. Les bassins de décantation des vinasses ont été transformés en étangs et les enfants découvrent avec bonheur la végétation du verger tropical. Les amoureux des jardins admireront des arbres centenaires : certains tamariniers, figuiers maudits, palmiers royaux, grands rameaux, arbres du voyageur, flamboyants qui entourent toujours la maison.

L'ancienne distillerie a été transformée en centre d'interprétation du rhum. Une visite qui permet de remonter le temps depuis les premières distillations d'alcool jusqu'aux derniers produits maison, en passant par les témoignages enregistrés des anciens travailleurs de la distillerie. À deux pas de là, un ensemble de vieilles machines industrielles, retrouvées dans le sol, ont été mises en valeur (énormes engrenages, chaudières à vapeur…), présentées comme autant d'œuvres d'art.

On poursuit la balade par la maison principale, un splendide témoin de l'art de vivre créole, entièrement restauré, avec une superbe collection de meubles d'époque, des jalousies dans les galeries qui rafraîchissent la demeure, ou encore ces façades recouvertes de bardeaux de *wapa* (bois guyanais constituant un parfait isolant). Depuis la galerie, on aperçoit alors, dans l'ancienne distillerie, ses immenses roues crantées tournant lentement au-dessus de cuves, le tout sous le regard de magnifiques portraits d'anciens ouvriers et planteurs. Bref, une réussite !

L'habitation Clément est devenue aussi l'un des plus grands centres d'art contemporain de toute la Caraïbe, tant en surface qu'en ce qui concerne la qualité des œuvres présentées. Il est surtout dédié aux arts plastiques et visuels, et accueille des expos temporaires qui ont toujours un lien fort avec l'espace caraïbe au sens large.

Habitation Clément

Homère Clément, qui racheta l'habitation en 1887, fut l'un des premiers médecins de couleur et l'un des premiers à avoir pu acheter une propriété de cette envergure. Il fut même élu maire du François et député de Martinique. Tout un symbole, à l'époque. Homère puis ses héritiers feront du rhum Clément, à défaut d'une odyssée, une véritable marque reconnue dans le monde entier.

ÉTAPE 3

Randonner sur la presqu'île de la Caravelle

Une presqu'île longue d'une douzaine de kilomètres, avec des panoramas superbes qui donnent le frisson. Toute l'extrémité est une réserve naturelle gérée par le parc naturel régional de la Martinique. Un site protégé qui offre les balades les plus sublimes de l'île.

Du sommet du morne Poirier, à quelques kilomètres de La Trinité, on a une très belle vue sur l'ensemble de la presqu'île, les plages et la mer écumante, qui s'écrase contre la barrière de corail. La pointe de la presqu'île possède une force naturelle émouvante. On pense au Finistère, avec ses falaises déchiquetées au creux desquelles de paisibles plages sont venues se blottir.

Une route traverse la Caravelle mais s'arrête à l'entrée du parc et revient en boucle au village de Tartane. Ça tombe bien, on y trouve aussi les plus belles plages, vrais paysages de cartes postales. Véritable village de pêcheurs, au fond d'une anse protégée par la barrière de corail, Tartane est devenue une petite station à la mode mais a gardé tout son charme créole. Les pêcheurs vendent toujours leurs poissons près des barques au bord de l'eau et on trouve toujours du poulet boucané dans les échoppes.

Coté activités, le choix ne manque pas. La réserve naturelle de la Caravelle propose deux belles balades accessibles à tous et bien balisées. Le Petit sentier permet de découvrir en partie la mangrove, cet étrange milieu entre terre et eau, où prolifèrent des milliers de crabes et où poussent les palétuviers. Dans les endroits les plus humides, des passerelles en bois ont été aménagées sur les marais. Une explosion de senteurs et de couleurs : ouvrez l'œil, respirez à fond ! Le Grand tour est une superbe balade qui emprunte sur une bonne partie le Petit sentier, puis s'en va rejoindre l'extrémité de la presqu'île et la pointe Caracoli, d'une beauté sauvage préservée, avant d'obliquer à gauche et de longer la côte atlantique. Le contraste entre la beauté paisible et lumineuse des anses du sud de la Caravelle et la sauvagerie de la côte nord, battue par les houles violentes de l'Atlantique, est tout à fait frappant. Au retour, on ne manque pas de visiter les ruines du château Dubuc, une habitation du XVIIIe s ayant appartenu à de riches exploitants de canne à sucre. Romantique à souhait.

Coté plages, le choix ne manque pas entre l'anse Bonneville, le meilleur spot de l'île pour les surfeurs, l'anse de Tartane, la plus authentique, ou encore l'anse de la Brèche et l'anse l'Étang.

ÉTAPE 4

Aller observer les tortues et les épaves englouties

La Martinique offre une multitude de sites magnifiques, aux contrastes éblouissants selon leur localisation. Couleurs vives, poissons multicolores, plateaux coralliens…

La longue et belle plage de Grande-Anse offre une superbe frise de sable doré, bordée de cocotiers, de petites maisons et de restos. Outre son charme certain, la grande activité ici est d'observer les tortues marines, qui ne semblent pas se soucier des touristes qui barbotent ou des bateaux au mouillage. Et pas besoin de nager jusqu'au grand large. On peut les rencontrer à quelques mètres de la plage, toute l'année.

Les plongeurs plus expérimentés trouveront leur bonheur en allant explorer les fonds marins de Saint-Pierre et toutes les épaves de navires qui gisent dans la baie. Au moment de l'éruption volcanique de 1902, 40 grands navires de commerce se trouvaient au mouillage dans la baie de Saint-Pierre. Tous disparurent instantanément, submergés par l'immense nuée ardente qui dévala la montagne. Dragueurs de mines, goélettes trois-mâts, navettes maritimes et autres épaves se sont depuis transformés en véritables récifs, paradis des poissons et des plongeurs. Le sable noir, d'origine volcanique, confère aux lieux une atmosphère particulière. Quant au relief sous-marin, il épouse celui de la montagne Pelée avec une alternance de tombants et de plateaux coralliens.

Les tortues marines

Les tortues marines fréquentent les côtes martiniquaises. Parmi les quatre ou cinq espèces recensées dans la région, c'est la tortue caret qui est l'objet des plus grandes attentions. Protégée depuis 1993, c'est la plus petite des tortues marines (avec une carapace longue de 80 cm quand même, pour un poids qui peut atteindre les 85 kg). Si vous en apercevez dans l'eau, soyez respectueux ! Ne faites pas de mouvements brusques et ne les touchez pas.

Durée : 8-10 jours
Point de départ : Pointe-à-Pitre
Distance : environ 120 km
Pour les Saintes : depuis Trois-Rivières, compter 20 mn de traversée
Pour Marie-Galante : depuis Pointe-à-Pitre, compter 45 à 60 mn de traversée
Meilleure période : de décembre à avril, la saison sèche appelée « le carême »
Vous aimerez : les fonds marins, la nature exubérante, les randonnées, les plages paradisiaques… et le rhum !

GUADELOUPE
ET SES ÎLES DE RÊVES

1 • **La Guadeloupe : la route de la Traversée, Deshaies et son parc botanique**
2 • **Les Saintes : une baie sublime**
3 • **Marie-Galante : une atmosphère hors du temps**

Un périple ensoleillé, qui vous mènera de port en port, à travers les superbes plages et paysages de la Guadeloupe, des Saintes (Terre-de-Haut et Terre-de-Bas) et de Marie-Galante.

Posée sur l'arc des Petites Antilles, la Guadeloupe est l'île la plus étendue de l'archipel, à la fois battue par l'Atlantique et bercée par la mer des Caraïbes. C'est en réalité un archipel de 7 îles avec chacune sa personnalité mais qui offrent toutes de merveilleux paysages aussi bien côté mer que côté terre, toujours baignés de soleil.

ÉTAPE 1

La Guadeloupe

Karukera, comme on la nomme en créole, a la forme d'un papillon dont les vastes ailes seraient chargées de gommiers, de fougères, et de palmistes-montagnes, avec des touches d'orchidées pour colorer tout ce vert intense et chamarré.

La Grande-Terre forme sa partie orientale. Au nord, la campagne est occupée par des champs de canne à sucre et est bordée par un littoral escarpé qui se termine par des falaises abruptes, comme à la pointe des Châteaux. On se croirait presque en Bretagne ! Au sud, du Gosier à Saint-François en passant par Sainte-Anne, des stations balnéaires et de belles plages, idéales pour les amateurs de farniente, s'étendent le long de la côte. De son côté, la Basse-Terre, couverte aux trois quarts de forêt tropicale, présente des paysages plus sauvages, montagneux et luxuriant, dominés par le volcan de la Soufrière. Les innombrables sources qui jaillissent des versants favorisent une végétation abondante, et les sentiers (appelés « traces ») ainsi ombragés constituent un véritable paradis pour les randonneurs. Sur la côte, forts, batteries, anciennes habitations créoles et petits ports de pêche pittoresques constituent autant de témoignages des temps anciens.

LA ROUTE DE LA TRAVERSÉE

Cette belle route traverse les hauteurs de la Basse-Terre d'est en ouest, au milieu d'une forêt tropicale humide, sorte de jungle dense et bien préservée. Depuis Mahaut sur la côte ouest, entre Pointe-Noire et Bouillante, elle grimpe en tournant jusqu'au col des Mamelles (615 m). Puis elle redescend vers la côte est de la Basse-Terre en offrant de très belles vues sur les versants, la plaine côtière et la mer au loin. Ce trajet donne l'occasion de s'immerger dans la forêt primaire de Guadeloupe telle qu'elle était (ou presque) quand les Européens débarquèrent au XVIIe s. Tout au long, plusieurs installations et activités recommandées ou gérées par le Parc national de Guadeloupe, dans la forêt, à la découverte de cascades, sur les cimes des arbres ou le long de sentiers de randonnées. On ne manquera pas le parc zoologique et botanique des Mamelles qui permet d'en découvrir in situ la flore et la faune.

DESHAIES ET SON PARC BOTANIQUE

Au nord-ouest, Deshaies (prononcer « Déhé ») est un petit village de pêcheurs serti de hautes collines verdoyantes constellées de nombreuses maisons en bois de style caraïbe, dont les plus pittoresques s'ouvrent sur une jolie petite baie abritée. Un décor de rêve, paisible, qui abrite l'ancienne propriété de Coluche transformée en un merveilleux parc botanique de 5 ha comptant plus de 1 300 espèces tropicales ; des avalanches de bougainvillées, des roses de porcelaine superbes, des arbres à saucissons, arbres du voyageur, baobabs ventrus, fromagers *(ceiba)* aux racines en draperie, impressionnants banians (de la même famille que le ficus de votre salon), graines de Zanzibar, fleurs chauves-souris de Malaisie *(tacca),* fougères vénézuéliennes... et bien d'autres essences, comme le majestueux tallipot. Toutes ces plantes aux drôles de noms sont présentées grâce à de petits panneaux explicatifs très bien faits. Le sentier tortueux mène également à une volière de très beaux loriquets (de petits oiseaux originaires d'Australie qui grimpent parfois sur les épaules), ainsi qu'à des perroquets aras multicolores, tous disparus de l'île depuis des lustres... Sans oublier la dizaine de flamants roses du Chili et les carpes koï qui nagent dans l'étang. L'un des sites les plus magiques de Guadeloupe !

ÉTAPE 2

Les Saintes : une baie sublime

Une vraie merveille ! Les Saintes se composent essentiellement de deux petites îles – Terre-de-Haut et Terre-de-Bas.

Terre-de-Haut est baignée par une rade splendide, qui rappelle un peu celle de Rio en miniature. Il y a même un Pain-de-Sucre ! Elle fait du reste partie du club très fermé des « Plus belles baies du monde ». Port et village, avec leurs blanches maisons aux toits rouges, sont d'une belle homogénéité architecturale. Il faut prendre le temps de parcourir les rues pour en saisir les détails d'architecture : un délicat lambrequin en bois embellissant le bord de quelque toiture, un bout de jardin fleuri, une barrière, une jalousie à la peinture fatiguée... L'île est à l'échelle du marcheur, c'est ce qui participe de son charme et du sentiment de liberté qui saisit le visiteur à son arrivée. Sans oublier ses plages toujours différentes et singulières comme celle de Pompierre, l'une des plus agréables et populaires de l'île, retranchée dans une belle anse presque fermée par un îlet qui la protège de la haute mer. De plus, cet archipel de rêve est doublé d'un petit paradis sous-marin, assez peu fréquenté. Ici, débutants et confirmés sont immédiatement envoûtés par les richesses et beautés sauvages des fonds marins. Et pour tout savoir sur l'histoire des Saintes, prenez le temps d'aller visiter le fort Napoléon puis de faire le tour des remparts, qui offrent une vue circulaire superbe. Et ouvrez l'œil, vous aurez toutes les chances d'apercevoir de superbes iguanes filant entre deux plantes grasses ou se prélassant au bout d'une branche d'arbre. Pas d'inquiétude, ils sont aussi beaux qu'inoffensifs.

Terre-de-Bas est une île plus sauvage. Ici, la végétation est plus dense, l'isolement complet et la tranquillité totale. Le centre, plus vallonné et couvert d'une forêt de bois d'Inde, rivalise avec la route côtière qui relie les deux « pôles » : Anse des Mûriers et Petite-Anse. Où que l'on soit, on profite de magnifiques points de vue sur la mer et les îles environnantes.

Une île verte, un paradis pour les amoureux de la nature et de randonnées, jalonnée de plusieurs « traces » balisées par l'ONF qui se terminent presque toutes sur la plage de Grande-Anse pour une baignade bien méritée. Avec un peu de chance, vous apercevrez une perdrix croissant, rare dans les Petites Antilles, à moins que vous ne préfériez aller compter les tortues molokoï et les iguanes sauteurs à Petite-Anse.

ÉTAPE 3

Marie-Galante : une atmosphère hors du temps

Dotée d'un relief tout simplement harmonieux et nuancé, Marie-Galante possède quelques-unes des plus belles plages de l'archipel guadeloupéen, de Capesterre jusqu'au nord de Saint-Louis. De plus, elle abrite des fonds marins à faire pâlir tout plongeur averti. Elle représente aussi un véritable voyage dans le temps et l'espace, puisque beaucoup voient dans cette « île tranquille » la Guadeloupe d'il y a 20 ou 30 ans ; peu de voitures, un mode de vie quasi intact et une économie essentiellement rurale. Marie-Galante, c'est l'île de la canne à sucre par excellence. La moitié de ses terres cultivables y sont consacrées, et il reste trois distilleries fameuses pour leur rhum, réputé pour être le meilleur et le plus fort de toute la Guadeloupe : 59° !

Dans un autre registre, on trouve de très agréables sentiers, fort bien balisés et de longueurs variables, adaptés à tous les niveaux.

C'est dans la région nord, au relief plus accidenté, avec ses nombreuses forêts, ses plages magnifiques, ses falaises abruptes, au gré des hameaux et des routes de campagne pittoresques, que l'on découvre la vraie Marie-Galante, avec un mode de vie hors du temps, mélange étrange d'âpreté et de douceur. Capesterre, avec son église, ses ruelles et ses jolies maisons, bordé par un lagon turquoise de toute beauté, en est le parfait exemple. À proximité immédiate, la splendide plage de la Feuillère est incontestablement l'une des plus belles plages de Marie-Galante et sans doute de la Guadeloupe. Cocotiers, eau turquoise, sable blanc de blanc et barrière de corail. Une vraie carte postale ! Et puis, après la baignade, on peut s'ouvrir une noix de coco comme Robinson ou aller boire un jus bien frais dans un des bars qui bordent la plage.

Salako, késaco ?

Le *salako*, ce couvre-chef typique des Saintes, arrivé ici à la fin du XIXe s, serait originaire du Tonkin (le Nord du Vietnam actuel), à la suite de la déportation, en 1873, d'Annamites en rébellion contre la France. Condamnés à 5 ans de travail dans les îles de Guadeloupe, certains sont restés. Leur chapeau aussi.

Durée : 8 à 10 jours
Distance : environ 870 km
Point de départ : La Havane
Meilleure période : de fin novembre à mai durant la saison sèche
Vous aimerez : l'histoire, la musique, le patrimoine colonial espagnol

CUBA

SUR LES TRACES DU CHE

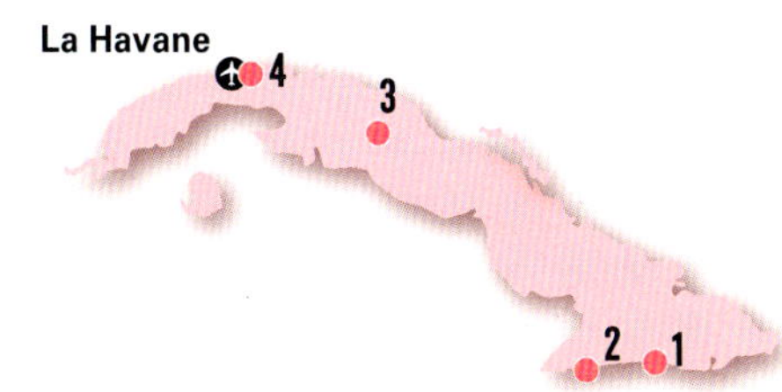

1 • **Santiago, « berceau de la révolution »**
2 • **Dans la jungle de la Sierra Maestra**
3 • **Santa Clara, la ville du « guerillero heroíco »**
4 • **La Havane, capitale de la nostalgie**

Cuba, la plus étendue des îles caraïbes, affiche un style, une personnalité et une ambiance uniques dans le Nouveau Monde.

Ses centaines de kilomètres de plages ont la couleur de la nacre, ses trois chaînes de montagnes sont teintées du vert olive des forêts tropicales, et ses villes se parent encore des couleurs pastel d'une architecture coloniale que le temps a à peine altérées. Si ce passé colonial a laissé des témoignages remarquables dans la vieille ville de La Havane, classée au Patrimoine de l'humanité par l'Unesco, c'est une histoire plus récente que l'on retrouvera à Cienfuegos, Trinidad, Santiago et Santa Clara, sur les traces de la révolution cubaine.

ÉTAPE 1

Santiago, « berceau de la révolution »

C'est le 26 juillet 1953 qu'un jeune avocat, Fidel Castro, à la tête d'une centaine d'hommes, attaque la caserne Moncada pour s'emparer des armes et déclencher un soulèvement général contre la dictature. Mais l'assaut tourne au désastre, 80 hommes sont tués et Castro est arrêté puis condamné à 15 ans de prison, tout comme son frère, Raúl. Tous deux passent près de 2 ans sur l'île des Pins (aujourd'hui *isla de la Juventud*). Bénéficiant d'une amnistie, les frères Castro sont libérés en mai 1955. Ils s'exilent au Mexique d'où ils organisent leur retour à Cuba, qui aura lieu en 1956 à bord du Granma en compagnie de Che Guevara.

Depuis, la caserne a été transformée en école secondaire, mais quelques salles rappellent l'histoire mouvementée du lieu qui fut le cœur de la répression sanglante du régime de Batista. L'exposition s'achève sur le triomphe de la révolution et l'entrée des *barbudos* à Santiago le 1er janvier 1959.

Aujourd'hui, deuxième ville du pays et capitale de l'Oriente, Santiago, la plus caribéenne des cités cubaines, offre son style colonial, étendue dans une cuvette entourée de collines. Elle a gardé une dimension provinciale et conviviale avec des rues qui se croisent à angle droit, une succession de toitures de tuiles rouges coiffant de vénérables maisons coloniales bordées de vérandas à colonnes, de petits immeubles patinés par le temps avec leurs balcons en fer forgé. La ville est aussi un conservatoire vivant de traditions culturelles : musique, poésie, Festival del Caribe, Carnaval, le plus étonnant et coloré du pays... Côté musique, Santiago est le berceau du *son,* symbole des origines des hommes et des cultures de Cuba, mariage réussi de la *canción* espagnole et des rythmes et percussions afro-cubains, dont le représentant le plus connu était Compay Segundo. À Santiago, tous les soirs ou presque, dans des salles noires de monde, des musiciens jouent notamment *Chan Chan,* la plus populaire de ses chansons.

ÉTAPE 2

Dans la jungle de la Sierra Maestra

La Sierra Maestra est le plus important massif montagneux de Cuba. Petite cordillère de 150 km environ de long sur une cinquantaine de large, elle sert d'épine dorsale à l'Oriente, à l'ouest de Santiago de Cuba. « Dernier balcon en forêt » avant la mer des Caraïbes, elle culmine à près de 2 000 m avec le pic Turquino, et déploie canyons abrupts, vallées sauvages, gorges escarpées, grottes obscures et crêtes balayées par le vent. C'est là que, pendant 2 ans, Castro et ses *barbudos* se sont cachés et, avec à peine 300 hommes, ont réussi à vaincre les troupes de Batista, évaluées à 10 000 hommes.

Le *parque nacional Desembarco del Granma* est classé au Patrimoine de l'Unesco pour ses terrasses et ses falaises spectaculaires autour du cap Cruz, ainsi que pour ses falaises côtières parmi les plus impressionnantes des côtes américaines de l'Atlantique. Quelques centaines de mètres après l'entrée du parc, sur la droite, sous un abri, se dresse la réplique exacte du Granma, le bateau du débarquement de 1956. 200 m plus loin, un petit musée rappelle le trajet suivi par le yacht depuis Tuxpan au Mexique, le 25 novembre 1956, jusqu'à la plage de Las Coloradas, le 2 décembre. Un plan permet de suivre les routes terrestres empruntées par les révolutionnaires, qui se divisèrent en trois groupes (l'un mené par Raúl, un autre par Fidel et le dernier par le Che).

Ils se retrouvèrent 3 semaines plus tard au pied de la sierra Maestra pour s'y cacher et constituer une armée rebelle avec l'appui des paysans de la région. Derrière le musée, un sentier cimenté de 1,4 km mène, à travers l'épaisse végétation et la mangrove, au point de débarquement exact du Granma.

ÉTAPE 3

Santa Clara, la ville du « guerillero heroíco »

Au centre de l'île, Santa Clara est une étape indispensable pour ceux qui s'intéressent à la vie et au destin de Che Guevara.
La ville a gardé son caractère et son style colonial, mais son dynamisme et sa jeunesse, son libéralisme d'esprit, sa vie culturelle intense attirent de nombreux étudiants. Santa Clara est un haut lieu de l'histoire révolutionnaire cubaine.
Le 28 décembre 1958, la bataille de Santa Clara fait rage. Les troupes du Che et la ville sont bombardées par l'aviation. Guevara apprend alors qu'un train blindé rempli de munitions doit traverser la ville en direction de Santiago. À l'aide de cocktails Molotov et d'un bulldozer, il parvient à s'emparer du train avec ses compagnons !
Ce fait d'armes fut décisif car, pour la première fois, les révolutionnaires se trouvèrent aussi bien armés que l'armée régulière ! Le 31 décembre, Santa Clara se rendit, et le dictateur s'enfuit du pays pour se réfugier à Saint-Domingue.
Dans la partie ouest de la ville, la *plaza de la Revolución* rend hommage aux combattants et à leur courage. Immanquable, la grande statue du Che, haute de presque 7 m et érigée en 1988, à l'occasion du 20e anniversaire de la mort d'Ernesto « Che » Guevara (1928-1967). « CHE », pour le peuple cubain, ce sont trois lettres qui signifient : *Cubano, Hermano* (frère), *Ejemplo* (exemple). Son visage étoilé de jeune premier a fait entrer définitivement cet homme dans la légende.
Le socle de la statue porte l'inscription « Hasta la victoria siempre ». Au pied de la statue, une haute colonne en pierre porte le texte de la fameuse lettre qu'il adressa à Fidel en 1966 avant de partir pour la Bolivie. Le musée, situé sous la terrasse, est bien sûr dédié au Che, avec des reliques (dont son dictionnaire Larousse), armes, documents et photos inédites du héros. Attenant au musée, le mémorial de *Los Martires de la Revolución* abrite les 39 dalles honorant la mémoire du Che et de ses compagnons tombés au combat en Bolivie en 1967. Seules huit dépouilles ont été retrouvées. La dalle de marbre du Che est entourée de plantes tropicales, l'architecte du mémorial ayant cherché à recréer l'atmosphère de la jungle où a vécu et péri le héros national.

Un hôtel historique

C'est une tour verte en béton, haute d'une dizaine d'étages, donnant sur le *parque Vidal* et datant des années 1950. Lors de la bataille de Santa Clara, le 29 décembre 1958, l'*Hotel Santa Clara Libre* fut pris entre les feux des camps adverses, comme le prouvent les impacts de balles encore visibles sur les murs. Fidel Castro occupa la « suite » nº 414 en 1959, ainsi que Jean-Paul Sartre en 1960. D'autres célébrités pro-Castro suivirent, comme Angela Davis ou le musicien argentin Astor Piazzolla…

Sloppy Joe's Bar

Un lieu de légende restauré à l'identique avec son bar en acajou long de 10 m, ses ribambelles d'étagères remplies de bouteilles de rhum et de liqueurs, et ses boiseries en bois tropical. Fondé en 1920 par un émigré espagnol pendant la période de la Prohibition des années 1930, le bar a reçu les vedettes de Hollywood et d'innombrables artistes dans les années 1940-1950. En 1958, le cinéaste Carol Reed *(Le Troisième Homme)* y tourna plusieurs scènes de *Notre agent à La Havane* adapté du roman de Graham Green. Excellents cocktails à prix sages.

ÉTAPE 4

La Havane, capitale de la nostalgie

La ville aux Mille Colonnes a bien des atouts. Cette *mulata* du Nouveau Monde possède un patrimoine architectural qui ravit les yeux : gracieuses arcades, balcons ouvragés, patios andalous, avec une alternance de baroque et de néoclassicisme. Mais l'impression étrange qui saisit quand on la découvre est celle d'une ville figée dans le passé, dont l'horloge se serait arrêtée le 8 janvier 1959 lorsque Fidel Castro y est entré en héros, acclamé par la population. Tout est là pour rappeler les années 1950 : belles américaines savamment rafistolées, buildings Art déco compassés, casinos recyclés, cabarets kitsch… Le décor est là, quasi intact. On se croirait dans un vieux film d'aventures hollywoodien !

La Havane se compose de quartiers bien distincts dont le plus important et le plus intéressant est La Habana Vieja. Centre historique, quartier colonial espagnol au charme fou (près de 150 édifices datant des XVIe et XVIIe s), il fait l'objet d'un vaste projet de restauration. Tout ce qu'il y a d'important à visiter y est concentré, ainsi que les vieux palaces, les bars mythiques et de nombreux hôtels coloniaux magnifiquement rénovés. Ce quartier est le plus ancien puisqu'il fut durant plus de trois siècles le cœur même de la capitale, protégé par des remparts jusqu'en 1863.

Plus vivant et plus populaire, Centro Habana déroule sa grande attraction, le Malecón, cette digue dénudée qui protège la ville de la mer le long d'une promenade de 7 km s'étendant de la vieille ville à Miramar. C'est le rendez-vous des amoureux, le refuge des cœurs solitaires et mélancoliques, le repaire des danseurs de salsa, mais c'est aussi l'âme de La Havane, où l'on arrive et revient toujours, à l'image de ces vagues qui viennent s'écraser en gerbes folles contre le parapet par mauvais temps.

AFRIQUE

MAROC

ÉGYPTE

TANZANIE

AFRIQUE DU SUD

Durée : 6-10 jours
Distance : 300 km
Point de départ : Fès
Meilleure période : printemps
Vous aimerez : les villes, la culture

MAROC

UNE GRANDE HISTOIRE D'HIER ET D'AUJOURD'HUI

1 • **La médina de Fès**
2 • **Les ruines romaines de Volubilis**
3 • **Meknès, la ville d'un seul homme**
4 • **Rabat, capitale moderne et ville historique**

Un voyage dans l'histoire du Maroc à la découverte des cités impériales du Nord, de Fès à Rabat.

En l'an 789, Idriss Ibn Abdallah fonde le premier royaume marocain, ainsi que la ville de Fès non loin des ruines romaines de Volubilis. Depuis, sept grandes dynasties se sont succédé à la tête du pays. Suivant les monarques, le siège du pouvoir s'est déplacé entre plusieurs cités, dites « impériales ». Fès, Meknès et Rabat au nord, et Marrakech au sud ont ainsi connu le prestige d'avoir été, pendant de nombreux siècles ou le temps d'un règne, désignées capitale du royaume marocain.

Les cités du Nord, dont la capitale actuelle est Rabat, conservent toutes les richesses de ce passé mouvementé. Car si chacune a connu une croissance et une prospérité différentes, elles sont toutes parvenues à se développer en conservant une grande partie de leur patrimoine historique. Aujourd'hui, elles mêlent médinas, médersas, fortifications médiévales, souks, mausolées, musées et quartiers modernes dans une harmonie puisée dans le dynamisme d'une population fortement attachée à ses traditions.

ÉTAPE 1

La médina de Fès

Du haut des minarets de Fès, douze siècles d'histoire vous contemplent. Capitale du royaume marocain pendant près de 700 ans, la cité de Fès a gardé un pouvoir d'attraction amplement justifié. Sa médina, la plus ancienne et la plus trépidante du Maroc, est la mieux conservée du monde arabo-musulman.
Bab-Boujloud est la plus belle des portes permettant d'y entrer, avec ses charmants motifs floraux en faïence émaillée aux couleurs multiples, dont le fameux bleu de Fès, emblème de la ville.
En pénétrant dans le souk, les sens sont assaillis. Les cris d'enfants, le hénnissement des mûles, le tumulte des négociations… On tend l'oreille pour capter la douce mélodie d'une flûte, de quelques cordes pincées ou le grésillement d'un vieux poste de radio. Les yeux ne savent plus où se poser. Sur ces montagnes d'épices colorées ? Sur ces tapis berbères aux motifs magnifiques, qui racontent les secrets des petites mains qui les ont tissés ? La lumière, elle, perce difficilement à travers les fines lattes de bois suspendues entre les maisons centenaires, donnant à l'ensemble une aura mystérieuse.
On a très vite envie de toucher à tout. À la douceur d'un sac en cuir, à la froideur d'un plateau en argent ou à la rugosité d'un panier tressé… Seule une effluve venant réveiller le nez peut alors détourner l'attention vers d'autres horizons. Car les odeurs surprennent, comme lorsqu'on traverse le quartier des bouchers et des poissonniers, ou que l'on passe à proximité des impressionnantes tanneries Chouara. Mais quand arrive jusqu'à nous un doux parfum de cannelle ou de cumin… l'appétit s'ouvre. Et il s'aiguise au contact du fumet s'échappant des poissons et viandes en train de cuire sur les braises, ou de l'odeur plus discrète des étals foisonnant de succulentes dattes, olives et pâtisseries.
Mais la médina de Fès n'est pas qu'un souk en effervescence. Les lieux de culture sont nombreux, à l'image du musée Dar-Batha. Ancien palais royal de style hispano-mauresque, il abrite en son cœur un majestueux chêne vert, le plus vieux de la région, ainsi qu'une belle collection de poteries, dont les fameuses céramiques émaillées de couleur bleu de Fès. Quant au musée Nejjarine, un splendide caravansérail du XVIIIe s est, lui, dédié au travail du bois. Chacune de ses portes, fenêtres et étagères constitue un chef-d'œuvre peint ou ciselé. Les médersas Bou-Inania et Attarine, anciens internats religieux, séduisent quant à elles avec leurs cours intérieures intimes entourées de belles arcades mêlant harmonieusement bois, stuc, marbre et mosaïques.

Les goûts et les couleurs

L'art de la poterie est pratiqué à Fès depuis le Xᵉ s, mais la ville est sutout connue pour son bleu si particulier, à base d'oxyde de cobalt, de plomb (qui fixe la couleur) et d'argile (qui l'atténue). S'il s'agit aujourd'hui d'un bleu profond qui fait la réputation des céramistes, le bleu de Fès originel, utilisé jusqu'au XIXᵉ s et très certainement abandonné par effet de mode, était nettement plus doux, avec des reflets métalliques.

ÉTAPE 2

Les ruines romaines de Volubilis

Située à environ 60 km à l'ouest de Fès, Volubilis a été fondée au IIIe s. av. J-C. Intégrée à l'Empire romain autour de l'an 43, la ville tire son nom du liseron, une jolie fleur qui abondait dans la région à l'époque. Véritable lieu d'échange entre les cultures romaine et indigène, la cité s'est rapidement développée grâce au commerce de l'olive, du blé et du gibier. Elle connaît son âge d'or au IIe s et se pare alors de somptueux monuments.

Mais trop isolée, Volubilis subit ensuite un lent déclin, jusqu'à l'arrivée d'Idriss, descendant du prophète Mahomet et premier souverain du Maroc. Ce dernier s'y réfugie à la fin du VIIIe s, alors que des luttes font rage entre dynasties musulmanes. Jusqu'à la fondation de Fès et l'abandon définitif de Volubilis, c'est de là qu'il lance ses expéditions militaires. Idriss Ier veille toujours sur le site depuis son tombeau perché au sommet de Moulay-Idriss, ville sainte dont les maisons blanches scintillent sur l'une des collines entourant les ruines.

Inoccupée pendant près d'un millénaire, Volubilis possède un fort pouvoir évocateur, avec son capitole, son arc de triomphe, ses thermes, sa basilique et son artère principale bordée de villas aux précieuses mosaïques. Après avoir visité le musée retraçant l'histoire des lieux, on trace lentement son chemin au gré des ruines. Celles des remparts, qui atteignaient 6 m de haut et s'étiraient sur près de 3 km, témoigne de l'importance d'une ville autrefois rythmée par les allées et venues incessantes des passants et des chars, ces derniers ayant laissé, dans certaines rues, des traces de roues figées pour l'éternité.

Du pain et des jeux

C'est à Volubilis que les Romains se procuraient les lions de l'Atlas, envoyés par centaines au Colisée de Rome pour divertir les foules en dévorant les chrétiens. Connue également sous le nom de « lion de Barbarie », cette espèce de félins à la longue et magnifique crinière presque noire régnait à l'époque sur toute l'Afrique du Nord. Disparus à l'état sauvage, une centaine de spécimens coulent des jours plus paisibles en captivité, notamment à Rabat et… aux Sables-d'Olonne ! Bien loin des gladiateurs et des braconniers…

ÉTAPE 3

Meknès, la ville d'un seul homme

La ville de Meknès, fondée au VIIIe s par la tribu berbère Meknassa, connaît son heure de gloire sous le règne de l'Alaouite Moulay Ismaïl (1672-1727). Ce souverain, aussi tyrannique que génial, unificateur puis pacificateur du royaume marocain, jeta son dévolu sur Meknès pour en faire la vitrine de son pouvoir.

Malgré les attaques du temps, il reste encore des témoins de cet âge d'or, à commencer par la Bâb-Mansour. Cette majestueuse porte fait le lien entre la belle médina de Meknès, son impressionnante place El-Hedim et ses marchés couverts, et la ville impériale à proprement parler. Outre les sublimes mosaïques de faïence verte dont elle est parée, on remarque les colonnes de marbre, ornant les bastions latéraux, qui proviennent directement du site de Volubilis.

Une fois cette porte passée, la politesse nous amène à saluer, de loin, le maître des lieux, Moulay Ismaïl. Car si son mausolée est ouvert aux non-musulmans, chose exceptionnelle au Maroc, l'accès à sa tombe reste strictement limité.

On se dirige ensuite vers Hri Souani, un remarquable grenier à grain, avec ses murs de 4 m d'épaisseur. Il côtoie les anciennes écuries qui auraient accueilli jusqu'à 12 000 chevaux. À son pied se trouve le bassin de l'Adgal, alimenté par 20 km de canalisations souterraines descendant de la montagne, et lieu de promenade prisé. La visite s'achève par le palais El-Mansour, immense bâtisse de plus de 700 m², qui offre de jolis points de vue permettant de mesurer toute la majesté des lieux.

Le Roi-Soleil marocain

Louis XIV refusa à Moulay Ismaïl la main de sa fille. Il faut dire que ce dernier entretenait un harem de 500 concubines ! Vexé, le sultan voulut rivaliser avec le Roi-Soleil, et entreprit la construction de son « Versailles » : Meknès. Des milliers de personnes participèrent à la construction de la ville impériale, parmi lesquelles des esclaves, des prisonniers de guerre et des captifs chrétiens.

ÉTAPE 4

Rabat, capitale moderne et ville historique

Capitale politique et administrative du Maroc, Rabat est un monde bien différent de Fès et de Meknès. Ville agréable et cosmopolite située en bord de mer, elle est percée de larges avenues plantées de palmiers, et abrite un vaste palais royal et quelques beaux édifices Art déco. La ville a été fondée au XIIe s, mais ce n'est qu'en 1912 qu'Hubert Lyautey, gouverneur du Protectorat français au Maroc, fait de Rabat la capitale du pays. Classée au Patrimoine mondial de l'humanité en 2012 sous le titre de « capitale moderne et ville historique », Rabat incarne ce Maroc d'hier et d'aujourd'hui, entre modernité occidentale et tradition arabo-musulmane.

Le plus beau monument de la ville est sans conteste la kasbah des Oudaïa, qui porte le nom d'une terrible tribu de pillards qui sévissait dans la région au XIXe s. Une fois entré par la Grande Porte des Oudaïa, on se perd dans ce dédale de venelles bordées de maisons blanc et bleu évoquant la mer. Après une halte dans le sublime musée des Oudaïa, dédié à l'histoire de la joaillerie, on s'en va flâner dans les jardins andalous, véritable oasis romantique. Ils se muent au printemps en un éden de senteurs, où jasmins et orangers exhalent le parfum délicat de leurs fleurs.

L'autre site majeur de Rabat est la nécropole de Chellah, située sur l'ancienne cité romaine de Sala Colonia. Elle abrite les tombeaux de la dynastie mérinide qui dirigea le Maroc entre le XIIIe et le XVe s. Si la visite séduit les amoureux des vieilles pierres et les férus d'histoire, elle permet également un vagabondage bucolique dont la quiétude n'est rompue que par le claquement de bec d'une des quelque 300 cigognes habitant les lieux. Sur les hauteurs, on peut jouir d'une superbe vue embrassant l'ensemble, les murailles ocrées, les marabouts, le bosquet aux oiseaux, le minaret aux cigognes, les collines avoisinantes, en un tableau parfaitement composé, riche de culture et de traditions. Comment imaginer qu'à quelques centaines de mètres bat le pouls de la capitale du royaume ?

Villes sans âge mêlant harmonieusement symboles d'une gloire passée et nouveaux quartiers dynamiques et modernes, les cités impériales marocaines occupent encore au XXIe s une place prépondérante à l'échelle du pays. Au sortir de Rabat, un appel venant du sud se fait entendre, celui de Marrakech la Rouge, la dernière de ces cités, pétrie du désir de dévoiler à son tour tous ses charmes et merveilles. Comment y résister ?

Pause café

Le *Café Maure,* halte incontournable lors d'un passage à Rabat, est situé à proximité des jardins andalous de la kasbah des Oudaïa. Le lieu est célèbre pour sa terrasse offrant une vue splendide sur la ville de Salé et l'océan, que l'on contemple en savourant de succulentes pâtisseries maison.

Durée : 8-12 jours
Distance : 300 km
Point de départ : Marrakech
Meilleure période : printemps et automne
Vous aimerez : les paysages, les villes historiques

MAROC

TOURNER SON PROPRE FILM DANS LES OASIS DU SUD MAROCAIN

1 • **Ouarzazate, moteur, action !**
2 • **Perdu au milieu des palmiers de Skoura**
3 • **Le doux parfum de la vallée des Roses**
4 • **Les gorges du Dadès**
5 • **Les gorges du Todgha et Tineghir**

Un périple digne de Hollywood, des studios Atlas de Ouarzazate aux fabuleux décors naturels de la vallée du Dadès.

Ouarzazate est la porte d'entrée d'un monde de roches déchiquetées et de plateaux caillouteux balayés par le vent du désert. Pourtant, un fleuve végétal s'étend à l'est de la ville. En plein cœur d'une vallée escarpée, des palmeraies et des vergers verdoyants serpentent en suivant le cours du Dadès. Sur ses bords ou au pied des montagnes arides, de sublimes kasbahs se confondent avec les teintes ocre et rouge de la terre. En arrière-plan, les sommets enneigés du Haut-Atlas dominent la scène. Le contraste des couleurs et la majestuosité des paysages font de l'ensemble un décor de cinéma rêvé.

Chaque individu traversant la région se rappellera un ou plusieurs longs métrages au scénario palpitant. Car de la palmeraie de Skoura à celle de Tineghir, en passant par la vallée des Roses et les pentes abruptes des gorges du Dadès et du Todgha, ce périple long de 200 km réserve mille et une merveilles, et autant de rebondissements ! Et en point d'orgue la visite de Marrakech, à faire à l'arrivée ou au départ.

ÉTAPE 1

Ouarzazate, moteur, action !

Située à la confluence des vallées du Drâa et du Dadès, Ouarzazate est surnommée « la Porte du désert ». Occupée depuis la nuit des temps, la ville doit une bonne partie de son rayonnement actuel à l'activité cinématographique portée par les studios *Atlas Corporation*. Autre emblème de la ville, l'immense kasbah de Taourirt qui s'étend sur 15 000 m^2. Érigées au milieu des palmeraies, les kasbahs sont de superbes bâtisses fortifiées construites en pisé (mélange de terre et de paille) sur des fondations en pierre. Autrefois résidence du seigneur, elles jouaient un rôle fondamental, servant à la fois d'abri pour les récoltes et de refuge aux habitants de l'oasis quand les pillards venus du désert se montraient menaçants. Leurs épais murs en terre s'adaptent parfaitement au climat de la région, car s'ils protègent de la chaleur en été, ils permettent de la conserver en hiver. L'ensemble que forme celle de Taourirt avec les quartiers qui l'entourent constitue un *ksar,* un village fortifié habité, dans lequel on se promène au hasard des ruelles.

Ouarzazate fait son cinoche !

La ville demeure un important centre de production de l'industrie du 7e art, et plusieurs grands films et séries y ont été tournés, comme *Lawrence d'Arabie, Le Diamant du Nil, Gladiator, Astérix et Obélix (Mission Cléopâtre), La Passion du Christ, Kingdom of Heaven, Alexandre, Babel, Indigènes, Prince of Persia* ou encore *Game of Thrones*. En revanche, il n'y a même pas un cinéma dans la ville !

ÉTAPE 2

Perdu au milieu des palmiers de Skoura

Située à 60 km à l'est de Ouarzazate, Skoura ouvre la vallée du Dadès. Les alentours de la ville, réputés pour ses amandiers et ses mines de sel, étaient déjà des lieux prisés au… Jurassique ! En effet, c'est là que fut découvert l'un des doyens des dinosaures, le *Tazoudasaurus naïmi,* vivant dans la vallée il y a plus de 180 millions d'années.

Skoura possède la plus belle des palmeraies marocaines, étendue sur plus de 50 km^2 . Il s'agit d'un vrai labyrinthe dans lequel on s'égare facilement, et c'est tant mieux. Qui se plaindrait d'être perdu dans un tel décor ? Rassurez-vous, les châteaux d'eau qui ont accompagné les palmiers dans leur croissance constituent d'excellents points de repère. Irriguée grâce à un astucieux système inventé par les Perses, constitué de puits verticaux et de galeries souterraines inclinées, la palmeraie présente des cultures variées (dattes, olives, amandes, abricots, grenades, figues…) et offre un accès constant à un point d'eau pour les habitants des environs.

On trouve également dans toute l'oasis de nombreux artisans. À Skoura, il reste encore six familles de potiers, dont la famille Kabbour qui s'adonne depuis des générations à cet art sans utiliser de tour. L'argile est montée en colombins superposés comme on le faisait au Néolithique ! En flânant dans la palmeraie, vous rencontrerez peut-être également quelques forgerons et des femmes tressant la feuille de palmier en nattes pour en faire des paniers ou en décorer les habitations.

La plus célèbre des kasbahs

La palmeraie de Skoura abrite une illustre kasbah, celle d'Ameridil. Sa renommée est telle dans le pays qu'elle cotôyait le visage du roi Hassan II sur les anciens billets de 50 dirhams ! Impressionnante par sa taille, remarquable par sa décoration, elle a été bâtie vers la fin du XIXe s et comprend une école coranique, une mosquée, un pressoir à olives et un moulin hydraulique.

ÉTAPE 3

Le doux parfum de la vallée des Roses

Au sortir de Skoura, on prend la direction d'El-Kelaa des M'Gouna, point de départ de la vallée des Roses et principal centre de production d'eau de rose du Maroc. C'est l'une des plus belles vallées du Sud marocain, et elle a l'avantage d'être assez préservée du tourisme. Le dégradé de couleur qu'elle arbore s'étend de l'ocre au rose, et tranche, là encore, avec le vert intense des champs bordant l'oued (cours d'eau).

Outre ses milliers de roses fleurissant d'avril à mai, la beauté du site vient des mouvements géologiques façonnant les montagnes du Haut-Atlas depuis 200 millions d'années. Ils ont créé d'étranges montagnes aux reliefs ondulés, telles d'immenses vagues de terre poussées par des courants invisibles. On y cultive la rose de Damas, au parfum envoûtant, séchée ou distillée pour faire de l'eau de rose ou des onguents.

Encore étourdi par un doux parfum floral, on reprend la route de l'est en direction de Boumalne-Dadès. En traversant le petit village d'Azlag, on pourra s'arrêter pour rencontrer ses artisans, produisant la grande majorité des poignards vendus dans les souks du Maroc. Pour les Anciens, cet objet n'était pas seulement une arme, mais un véritable attribut d'élégance masculine dont la décoration revêtait autant d'importance que le tranchant.

Le nom de la rose

La rose de Damas aurait été introduite dans la région au Xe s par des pèlerins de retour de La Mecque. Depuis, de nombreux croisements ont été opérés. Dans les années 2000, une analyse de l'ADN de ces rosiers a permis de déceler l'un de ses parents, originaire d'Asie centrale et rapporté au XIXe s par une botaniste-aventurière russe !

ÉTAPE 4

Les gorges du Dadès

Après Boumalne-Dadès, les sinueuses routes des gorges entament leur danse sur le flanc des montagnes. Il ne faut pas hésiter à faire quelques arrêts sur image, tant les panoramas qu'elles réservent sont à couper le souffle.

En entrant dans les gorges du Dadès, le périple se poursuit, toujours accompagné du même guide, l'oued Dadès. Après Boulmane, le cours d'eau traverse des paysages splendides, les petits villages en terre fortifiés se succèdant au milieu des vergers. Puis, sur un peu moins de 10 km, il s'enfonce dans les gorges proprement dites, avant de déboucher sur les plateaux calcaires du Haut-Atlas central. À l'heure où le soleil décline et illumine les versants d'une chaude couleur orangée, le parcours est féerique.

La meilleure façon de visiter la vallée est de s'y promener à pied en suivant les jardins le long de l'oued. À Aït-Youl, petit hameau à 6 km de Boumalne, se dresse la kasbah de Mohadach, magnifique et bien entretenue. Elle est surmontée de cinq tours alors que la plupart des kasbahs n'en ont que quatre. En arrivant au niveau de l'*Hôtel des Cascades,* un petit sentier bucolique s'enfuit sur la droite, à travers les champs, pour rejoindre le lit de l'oued. En remontant ce dernier, on atteint de rafraîchissantes chutes d'eau percées de gorges miniatures qui feront le bonheur du cascadeur que vous serez devenu.

La partie la plus étroite et la plus impressionnante des gorges commence au nord d'Aït-Oufi et s'étend sur une dizaine de kilomètres. La route grimpe alors en lacets, jusqu'à surplomber le vide de plus d'une centaine de mètres. Lorsqu'elles débouchent sur le village d'Imdiazen, les gorges se muent alors en une paisible vallée verdoyante, ponctuée de villages et bordée de monts pelés. Un peu avant Msemrir, la *Tortue du Dadès,* un étonnant plissement rocheux, montre le bout de son nez en contrebas.

Après Msemrir, le goudron s'arrête. Seule une piste de terre permet de rejoindre les gorges voisines de Todgha et la localité de Tamtattouchte, à travers des paysages qui n'ont rien à envier à ceux que l'on vient de quitter.

La Vallée des Corps Humains

En continuant sur l'unique route traversant la vallée, on atteint la falaise de Tamlalt. Composée d'un conglomérat de roches érodées aux formes arrondies, elle est surnommée la « vallée des doigts de singe » ou la « vallée des Corps humains ». Selon une légende locale, lors d'un mariage, une foule rassemblée sur le chemin que la jeune promise devait emprunter pour aller chez son futur époux, se mit à jeter de la nourriture en l'air pour célébrer l'événement. Mais Dieu aurait considéré ce geste comme sacrilège et aurait puni tous ces gens en les pétrifiant à jamais !

AFRIQUE
MAROC

25

ÉTAPE 5

Les gorges du Todgha et Tineghir

Les gorges du Todgha s'ouvrent au départ de Tamtattouchte, typique village de montagne perché à 1 800 m d'altitude sur un col aride. Découpées dans l'épaisse couverture calcaire du Haut-Atlas, elle sont plus étroites que celles du Dadès, mais tout aussi impressionnantes. On se sent si petit au milieu de ce long et grandiose canyon aux airs de cathédrale à ciel ouvert avec ses falaises hautes de 300 m ! En été, c'est un lieu de détente pour les familles qui viennent ici trouver un peu d'air frais, les pieds dans l'eau.

Au sortir de ce défilé, on débouche sur la ville de Tineghir, carrefour commercial de premier ordre vers lequel convergent les différentes tribus berbères de la région le jour du souk. Mais Tineghir est également réputée pour la beauté de sa palmeraie. Comme à Skoura, on découvre en s'y promenant tout un petit monde affairé dans les vergers, près des canaux d'irrigation, et quelques artisans réalisant de belles poteries de couleur ocre.

Enfin, quand les montagnes environnantes passent sous les feux des projecteurs du soleil couchant, on savoure un final grandiose chargé d'émotions.

Tout au long de ce périple, d'une palmeraie à l'autre, d'un lacet de route surplombant la vallée du Dadès au dédale de celle du Todgha, on ne serait vraiment pas surpris de voir dépasser d'un rocher le bout d'une caméra ou le bras d'un technicien, tant la beauté des sites traversés donne l'impression de sortir de l'un des nombreux films tournés dans la région. Mais cette fois, aucune fiction, juste une splendide réalité.

La légende des poissons sacrés

L'histoire raconte qu'il y a fort longtemps, en traversant ces gorges, un saint homme assoiffé aurait frappé un rocher avec son bâton. Aussitôt, une source aurait jailli de la pierre. La frappant de nouveau, il en aurait fait sortir cette fois des poissons. Devenus sacrés, ces derniers ne sont jamais pêchés, et font toujours l'objet d'un pèlerinage.

Durée : 7 jours
Distance : 220 km
Point de départ : Le Caire-Assouan
Meilleure période : printemps-automne
Vous aimerez : les monuments égyptiens, le cours du Nil

26

ÉGYPTE

DESCENDRE LE NIL D'ASSOUAN À LOUXOR ET LA VALLÉE DES ROIS

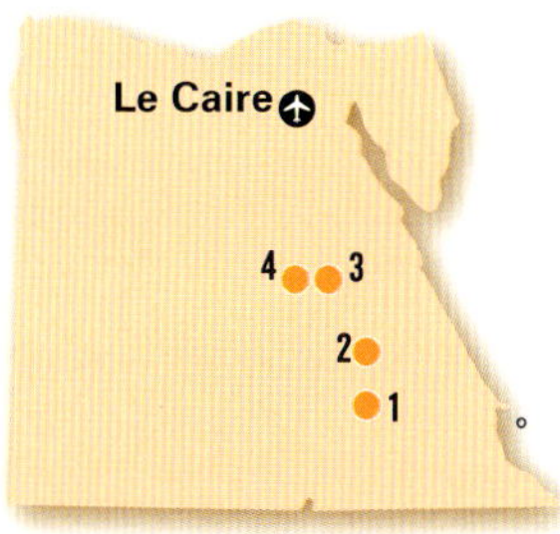

1 • **Assouan, un point de départ idéal**
2 • **Pour la croisière en felouque, embarquement immédiat**
3 • **Louxor, j'adore**
4 • **La vallée des Rois, pour accompagner les pharaons dans leur ultime voyage**

« L'Égypte est un don du Nil », disaient les Anciens. Et ils avaient raison, tant sa vallée égyptienne est majestueuse.

Surgie du fond des âges, la civilisation égyptienne a pris racine sur les bords de ce long ruban bleu qu'est le Nil, car ses eaux généreuses permettaient de fertiliser et cultiver des terres pourtant situées dans un environnement hostile et désertique. 2 500 ans plus tard, le fleuve reste vital pour l'économie du pays.
Sa vallée égyptienne est envoûtante, et la descendre en bateau au départ d'Assouan est le meilleur moyen d'en ressentir toute la puissance et la beauté. Jusqu'à Louxor et la vallée des Rois, on découvre ses villes, ses sites antiques, sa faune et sa flore comme l'on tourne les pages d'un livre de contes, lentement, de la magie plein les yeux, pour se plonger dans le souvenir d'une civilisation fascinante.

ÉTAPE 1

Assouan, un point de départ idéal

Grande ville au sud du pays, célèbre pour son barrage, Assouan émerge d'un plateau désertique entaillé par le Nil. Le mariage des couleurs, avec le jaune sable des rives et le bleu azur du ciel qui se reflètent dans le scintillement du fleuve, est époustouflant. Si on ajoute à cela la beauté des îles faisant face à la ville, la chorégraphie immuable du ballet des felouques et la richesse d'une terre où, depuis des millénaires, plusieurs cultures se sont recontrées, on comprend pourquoi Assouan est le point de départ rêvé pour une croisière enchanteresse.
Situé à 7 km au sud d'Assouan, le temple de Philae est l'un des plus extraordinaires d'Égypte. Élevé au IIIe s av. J.-C. et dédié à Isis, la mère universelle, il fut le dernier où furent pratiqués les cultes antiques, et on y trouve les hiéroglyphes les plus récents de l'histoire égyptienne.
Philae tire son originalité de son passé agité. Inondé à la suite de la construction du premier barrage d'Assouan, le temple voyait les touristes du début du XXe s évoluer en barque entre ses colonnes, dans une ambiance follement romantique. Mais après l'achèvement du second barrage, en 1970, il se retrouva entièrement immergé. L'ensemble fut alors déplacé de l'île de Philae sur celle d'Agnilkia, grâce à des travaux vraiment pharaoniques qui s'étalèrent sur près d'une décennie.
En poussant encore un peu plus loin, on rejoint le temple de Kalabchah, à 14 km d'Assouan, sur une petite île désertique à l'extrémité nord du lac Nasser, tout près du haut barrage d'Assouan.
À partir d'Assouan, on peut également prendre une barque pour la très belle île Éléphantine qui lui fait face et abrite deux petits villages dont les maisons, construites le long d'étroites ruelles, rappellent l'habitat africain. On y vient en fin d'après-midi, quand tout commence à s'animer, sauf si on a fait le choix de se promener sur l'île des Fleurs. Véritable jardin à la végétation luxuriante, cette dernière offre une balade idyllique quand la lumière déclinante danse sur les voiles des felouques. De nombreux oiseaux y trouvent refuge, comme sur l'île de Saluga, devenue réserve naturelle protégée. Enfin, on peut rejoindre l'île de Sehel, moins touristique, pour découvrir son village nubien et, à sa pointe sud, le site des pierres gravées, dont la stèle de la Famine, un bloc de granit daté du IIe s av. J.-C. et décrivant une terrible famine survenue 2 800 ans avant notre ère.

Pour une nuit inoubliable

Le *Old Cataract Hotel,* à Assouan, est un vénérable édifice à l'architecture coloniale. Romantique en diable, il est perché sur un promontoire surplombant l'un des plus beaux tronçons du Nil. Luxueux mais abordable, lieu de tournage du film *Mort sur le Nil,* résidence d'hiver du président Mitterand, il compte parmi les hôtels mythiques d'Égypte. Les terrasses de ses chambres offrent une superbe vue mêlant désert, jardins, Nil et ballet des felouques. Une halte féerique.

Le Nil, ce géant entouré de mystère

Les explorations menées pour en découvrir la source n'ont fait qu'enrichir sa légende. Car le Nil majestueux qui traverse l'Égypte du sud au nord est la réunion de deux autres fleuves : le Nil Bleu, qui entame sa descente depuis l'Éthiopie, et le Nil Blanc. Or, l'origine de ce dernier remonte loin, très loin, jusqu'au cœur même de l'Afrique. Si le mystère n'est pas entièrement levé, on admet qu'il s'élancerait du mont Gikizi au Burundi, à environ 6 700 km du delta méditerranéen du Nil, faisant de celui-ci le plus long fleuve du monde.

ÉTAPE 2

Pour la croisière en felouque, embarquement immédiat

Les sublimes couchers et levers de soleil, les sites antiques, les villages nubiens, les pélicans, les ibis… Il est temps d'embarquer sur l'une de ces felouques, si élégantes avec leurs grandes voiles blanches.
Situé à 45 km d'Assouan, le temple de Kom Ombo constitue une première étape idyllique. À cet endroit, la vallée est magnifique car les champs émeraude tranchent avec le sable du désert. Comme d'autres temples de la région, il s'agit d'une réalisation de l'époque gréco-romaine (Ier s av. J.-C.-Ier s ap. J.-C.) qui se dresse sur des ruines plus anciennes. Elle présente la particularité d'être consacrée non pas à une, mais à deux divinités : Horus à tête de faucon, puissant et belliqueux protecteur de l'Égypte, et Sobek à tête de crocodile, dieu de l'eau et de la fertilité. L'apparition de ces reptiles annonçait autrefois les crues du Nil…
À mi-chemin entre Assouan et Louxor, on s'arrête ensuite dans la petite ville d'Edfou. Le grand navigateur que vous serez devenu pourra alors s'émerveiller devant l'un des sanctuaires les mieux conservés de tout le pays : le temple d'Horus. En arrivant de bonne heure, vous pourrez profiter pleinement de l'atmosphère unique de ce temple, voué au culte du dieu Horus en 237 av. J.-C. Les Grecs réalisèrent ici une sorte de copie des temples égyptiens classiques, fascinés qu'ils étaient par cette culture. Longtemps enfoui sous le sable, il fut dégagé par l'archéologue français Mariette (1821-1881), père fondateur de l'égyptologie avec Jean-François Champollion (1790-1832). L'édifice est dans un état de conservation tout à fait exceptionnel.
Edfou permet de se rendre vraiment compte de ce que pouvait être un temple au moment de sa splendeur, car tout ici est encore debout. Sur ses murs sont gravés de nombreux rituels, cérémonies et unions des dieux. Ils constituent en cela une véritable encyclopédie des mœurs et des coutumes religieuses de l'Égypte ancienne.

Les années passent, la magie reste

Après les Romains, les premiers touristes à visiter Louxor furent les Anglais. Puis vinrent les Français, dont un certain Gustave Flaubert. Il la découvre en 1850 et s'écrie : « C'est un endroit où il y a de quoi rester longtemps dans un perpétuel ébahissement. »

ÉTAPE 3

Louxor, j'adore

Ce périple sur le Nil s'achève dans l'ancienne Thèbes, la plus glorieuse des anciennes capitales de l'Égypte pharaonique. Assoupie en bordure du Nil pendant de nombreux siècles, Louxor s'est fait réveiller par les archéologues qui l'ont transformée en site touristique le plus visité du pays, avec Le Caire. Son temple fabuleux, duquel provient la célèbre obélisque de la place de la Concorde à Paris, trône en plein centre de la ville. À quelques kilomètres au nord, le temple de Karnak compte parmi les sites antiques les plus impressionnants d'Égypte.

Pour apprécier l'incroyable atmosphère qui se dégage du temple de Louxor, il faut s'aventurer jusqu'à son centre, là où les murs épais dissimulent la modernité de la ville actuelle et en étouffent la rumeur permanente. Le soir, sous la clarté de la lune, les pierres éternelles restituent toute la magie des lieux. Le temple est entièrement dédié au dieu Amon, le « dieu des dieux » trônant au sommet de la mythologie égyptienne. Sa construction fut entamée par Aménophis III (1400 av. J.-C.) et terminée par Ramsès II.

Hiérarchiquement, on peut le considérer comme une dépendance du temple de Karnak, auquel il est relié par une allée de sphinx longue de 2,5 km qui servait aux processions. Ce vaste ensemble était bordé de pièces d'eau, de reposoirs et de jardins.

Au bout de ce boulevard antique s'élève donc le temple le plus grandiose de toute l'Égypte pharaonique, Karnak. Vieux de 4 700 ans, il reste la plus grande structure religieuse jamais bâtie au monde. Ce complexe gigantesque est considéré comme la véritable maison terrestre du dieu Amon. Quand on pénètre sur le site, on se dit, en effet, qu'il y vit encore…

La « malédiction du pharaon »

Durant les années qui suivirent l'ouverture de la tombe de Toutankhamon, une petite trentaine de personnes liées à cette aventure perdirent la vie. On sait maintenant que les victuailles laissées près des sarcophages se recouvraient de champignons toxiques provoquant de graves pneumonies. Mais Howard Carter, l'explorateur qui avait découvert la tombe, fut épargné. Il invoqua une malédiction. Certains prétendent qu'il aurait inventé cette histoire pour éloigner les pillards, les décès en série n'étant que de troublantes coïncidences…

ÉTAPE 4

La vallée des Rois, pour accompagner les dieux dans leur ultime voyage

La vallée des Rois constitue la pièce maîtresse des sites de la rive gauche du Nil. Il s'agit d'un ensemble de tombes, celles de nombreux pharaons, de leurs épouses et enfants, dispersées au pied d'une montagne rocailleuse et pyramidale suivant les méandres d'une vallée désertique. Sur les 63 sépultures que compte la vallée des Rois, seules certaines se visitent tout au long de l'année. Mais qu'on se rassure, les autorités compétentes s'arrangent pour que les plus belles ne soient pas toutes fermées en même temps.

Enfin, on ne ressortira pas de la vallée des Rois sans avoir contemplé le temple que l'on doit à la reine Hatchepsout (1505-1484 av. J.-C.). Pour devenir pharaon, il fallait être un homme. Mais cela ne découragea pas cette reine qui usurpa ce titre à son gendre Touthmôsis III, en s'habillant en homme et en portant la barbe postiche ! Et elle se fit bâtir ce temple imposant, creusé à même la montagne. Il tire son originalité de sa succession de terrasses menant au sanctuaire. Accolées au pied de la falaise, ces terrasses confèrent à l'ensemble une harmonie sans pareille. Outre ses lignes pures et modernes, le temple tire aussi son élégance de ses piliers à 16 facettes, rien de moins, qu'on ne rencontre nulle part ailleurs.

Au sortir de la vallée des Rois, encore bercé par les mouvements de la felouque, encore envoûté par la magie des temples, on referme doucement ce chapitre du grand livre de l'Égypte, impatient malgré tout d'en ouvrir un nouveau…

Durée : 15-18 jours
Distance : 900 km
Point de départ : Arusha
Meilleure période : juin-octobre
Vous aimerez : les paysages grandioses, la faune sauvage

TANZANIE

RÉVEILLER L'ANIMAL QUI EST EN SOI DEPUIS LES PENTES DU KILIMANDJARO

1 • Le Kilimandjaro, toit de l'Afrique
2 • Les parcs nationaux de Tarangire et du Lac Manyara
3 • Le lac Natron et le volcan Ol Doinyo Lengai
4 • De la huitième merveille du monde au berceau de l'humanité
5 • Le parc national du Serengeti

Un périple nature et sauvage à la découverte des parcs nationaux du nord de la Tanzanie.

La Tanzanie est un pays à la beauté époustouflante. Dans le nord, les parcs nationaux, qui s'étendent à partir des pentes du majestueux mont Kilimandjaro, réservent des paysages dignes du jardin d'Éden, au sens propre comme au sens figuré. Car la région, et plus particulièrement celle des gorges d'Olduvai dans la zone protégée du Ngorongoro, est considérée comme l'un des berceaux de l'humanité. Chaque jour que l'on y passe est un retour aux sources de la vie, une incursion inoubliable dans un univers préservé.

Car dans les parcs nationaux de Tanzanie, les animaux naissent, grandissent et se reproduisent comme dans un royaume où l'homme n'est qu'un hôte de passage. On s'imprègne alors de cette savane infinie dorée par le soleil d'Afrique, de ces montagnes et de ces volcans jaillis des entrailles de la Terre, de ces lacs resplendissants et colorés. Et la métamorphose opère : on rugit de plaisir !

ÉTAPE 1

Le Kilimandjaro, toit de l'Afrique

Le mont Kilimandjaro est un vieux volcan à la forme originale. Culminant à 5 892 m, il présente un sommet étonnamment aplati dominant la savane et les horizons infinis du Kenya et de la Tanzanie. Vu des airs, l'intérieur de son cratère semble dessiner un œil curieux qui s'entrouvre vers le ciel.

Constitué en réalité de trois volcans éteints, le « Kili », et ses neiges qu'Hemingway disait « éternelles », attire chaque années une foule de grimpeurs courageux. La récompense qu'offre l'ascension de ce monstre sacré est à la hauteur de l'effort, tant le panorama est magique depuis le sommet. La première véritable ascension fut réalisée en 1889 par le professeur de géologie allemand Hans Meyer.

Aujourd'hui, plusieurs itinéraires de 5 à 6 jours s'ouvrent aux amateurs de sensations fortes. Les plus connues et accessibles sont les voies Marangu et Machame. La première part de la porte du même nom puis pénètre une forêt tropicale avant de longer le cratère du Maundi (2 800 m). Lorsqu'elle quitte le couvert des arbres, le paysage se fait de plus en plus désertique et lunaire, et la traversée des nuages provoque une sensation incroyable. Les expéditions essayent ensuite d'atteindre le sommet au lever du soleil pour profiter d'une vue et vivre un moment inoubliable.

Un peu plus difficile, la voie Machame est encore plus belle car elle contourne le Kili pendant deux jours et permet de mieux mesurer encore toute sa majesté.

À la une, à la deux, à la trois

En 1887, Hans Meyer ne parvient pas à gravir le Kilimandjaro du premier coup. Faute d'avoir prévu un équipement suffisant, il renonce à cause d'un manteau neigeux trop important. L'année suivante, accompagné d'Oscar Baumann, le premier Européen à avoir visité le cratère du Ngorongoro, il est capturé par des rebelles opposés à la colonisation allemande. 10 000 roupies de rançon doivent alors être versées pour permettre leur libération. Mais la 3e tentative fut la bonne. Avec un ami alpiniste, un guide chagga (tribu autochtone) et l'aide de 60 porteurs, il atteint enfin le Kibo, le plus élevé des sommets du Kilimandjaro.

ÉTAPE 2

Les parcs nationaux de Tarangire et du Lac Manyara

Les parcs nationaux du nord de la Tanzanie rivalisent de beauté. Parmi eux, le « petit » parc du Tarangire s'étend sur « seulement » 2 600 km^2, soit la surface du Luxembourg. Il présente de vastes plaines vallonnées ponctuées de somptueux baobabs. On remarquera aussi la forme étonnante de termitières effilées et monumentales, véritables cathédrales dépassant parfois les 6 m de hauteur !

Si de grands marécages couvrent la partie sud du parc durant la saison des pluies, la rivière Tarangire qui le traverse sur toute sa longueur, sert d'abreuvoir en saison sèche à des milliers d'animaux assoiffés, parmi lesquels de nombreux zèbres, buffles, éléphants, girafes, élans du Cap, bubales de Coke, impalas, phacochères, dik-diks, lycaons et grands koudous. On y trouve également quelques prédateurs, mais en nombre limité.

Au nord-ouest du Tarangire serpente une vallée abritant en son cœur le lac Manyara, tirant son nom de l'*emanyara*, une plante utilisée par la tribu des Maasaï pour la construction de l'enceinte de leurs villages. À la saison sèche, le niveau de l'eau diminue, découvrant de longues rives sur lesquelles viennent s'ébattre les animaux. Sur sa partie ouest, la vallée est bordée par un long escarpement rocheux formant une sorte de balcon surplombant le lac. Les flancs abrupts de ce dernier révèlent la présence d'une faille, celle de la Rift Valley, qui fit son apparition il y a 20 millions d'années. Elle voit encore ses bords s'écarter de 3 cm en 10 ans !

La partie sud de la piste principale, une fois passé le cours d'eau de l'Endabash, est la plus sauvage et la moins fréquentée. Elle réserve les meilleures vues sur le lac, et offre de beaux points d'observation sur les gnous et zèbres venus brouter ou se désaltérer. On peut aussi y croiser un troupeau d'éléphants, de nombreux oiseaux et quelques singes, pendant qu'une harde de buffles longe le lac et que, dans l'herbe, un peu plus loin, une lionne et son petit échangent des gestes tendres…

Pour une nuit insolite

On trouve dans les parcs nationaux du nord de la Tanzanie de nombreux lodges. Ces derniers sont à l'Afrique anglophone ce que le chalet de montagne est aux Alpes. Perdus au milieu d'une forêt luxuriante, installés au bord d'un lac, perchés sur un éperon rocheux ou une colline, voire construits directement dans les arbres, les lodges réservent des haltes féeriques dans des cadres d'exception.

ÉTAPE 3

Le lac Natron et le volcan Ol Doinyo Lengai

Depuis les berges du lac Manyara, en longeant la faille ouest de la Rift Valley, une superbe piste hors des sentiers battus offre des paysages très variés ponctués par le passage de zèbres, d'antilopes et de girafes. Au bout, en point de mire, s'élève le volcan Ol Doinyo Lengai, dont le nom, provenant de la langue maasaï, signifie « la Montagne des Dieux ».

À son pied s'étend le lac Natron, un endroit magique adoré des flamants roses nains qui viennent s'y reproduire. Ils se nourrissent d'une algue bleue aux pigments rouges, la seule à pouvoir se développer dans cette eau saturée en sodium. Et ils lui doivent leur jolie teinte rose, une teinte que revêt également le lac à certaines saisons. Situé à 609 m d'altitude, le lac est l'un des points les plus bas du rift oriental, et l'un des plus chauds, avec une température de l'eau pouvant atteindre 60 °C.

Le volcan qui lave plus blanc

Vieux de 370 000 ans, haut de presque 3 000 m, le Ol Doinyo Lengai est le seul volcan actif de la zone. Sa dernière éruption remonte à 2008. S'il est de bonne humeur, on peut entreprendre son ascension, moins compliquée que celle du Kilimandjaro, depuis le village d'Engare Sero. Mais dans ses mauvais jours, il crache une lave très particulière qui devient blanche comme la neige lorsqu'elle refroidit, façonnant alors des paysages de toute beauté. Ce phénomène est dû à la composition de sa lave, très riche en natro-carbonatites, des roches magmatiques contenant plus de 50 % de carbonates, auxquelles le lac Natron doit son nom.

ÉTAPE 4

De la huitième merveille du monde au berceau de l'humanité

Plus au sud, la zone protégée du Ngorongoro est une splendeur sauvage, une merveille étonnamment verdoyante, où les acacias et les pins parasols s'épanouissent harmonieusement. De-ci de-là, le vert ou le jaune de la savane, selon les couleurs de la saison, est ponctué par les petits points rouges des couvertures dont se vêtent les Maasaï qui font paître leur troupeau.
Le cratère du Ngorongoro présente des dimensions si colossales (20 km de long sur 16 km de large) qu'il pourrait contenir la ville de Paris. Microcosme de l'Afrique de l'Est, son cœur abrite des types variés de paysages, mêlant savane aux arbres dispersés, petits ruisseaux et marais. Il constitue en cela un paradis pour le règne animal.
Lorsqu'on ressort du cratère pour suivre la piste partant vers l'ouest, on traverse des paysages d'une grande douceur, ponctués de villages maasaï composés de huttes rondes. Éleveurs, les Maasaï guident leurs vaches, chèvres ou moutons à travers des espaces infinis.
Enfin, aux confins de la zone protégée, les gorges d'Olduvai serpentent en une étrange cassure qui rompt soudain avec la monotonie de la savane. De ces flancs rocailleux ont été exhumés de nombreux fossiles remontant à plus de 2 millions d'années. Au fil des ans, les découvertes ont été si importantes et essentielles pour l'histoire que le site est considéré par beaucoup comme l'un des berceaux de l'humanité.

Fin gourmet... ou pas !

Le lion aime les repas à la carte. S'il apprécie le buffle et le zèbre, c'est parce qu'il y a de quoi manger. Le gnou, lui, est facile à chasser, en revanche pour le goût, on repassera… Mais ce dont le roi des animaux raffole par-dessus tout, c'est de la viande de girafe, ou plutôt de girafon, car elle est tendre et goûteuse. Seul inconvénient, il faut cavaler longtemps pour l'attraper ! Quant au rhinocéros noir, il ne se pose pas toutes ces questions. Quelques branchages et bourgeons par-ci par-là et, pour rester costaud et en forme, des excréments d'éléphants, très riches en sels minéraux. Comme ça, pas de carence !

ÉTAPE 5

Le parc national du Serengeti

Apothéose de ce périple grandiose : le parc du Serengeti. Une chose est sûre, il porte bien son nom (qui signifie « Terre aride et étendue »), car avec ses 14763 km², il est grand comme la moitié de la Belgique et constitue l'un des derniers paradis naturels de la planète. Des kyrielles d'animaux de toutes les espèces, de toutes les tailles, y vivent, y grandissent et y évoluent en toute liberté dans des paysages dignes du premier jour de la Création.

Dès l'entrée du parc, en venant du Ngorongoro, s'étend une immense étendue recouverte d'herbes hautes hérissée de curieux chaos de roches granitiques prisés des grands fauves et appelés kopjes. Autour du *Seronera Wildlife Lodge* pousse une savane piquée d'acacias, plus verdoyante. Des rivières sinuent dans les vallons, attirant des foules d'animaux qui viennent s'y abreuver. Le Nord est très vallonné et couvert de collines, dont celle de Banagi, fréquentées par de nombreux buffles et girafes. La partie frontalière avec le Kenya offre en cela des paysages époustouflants de beauté. Enfin, un immense triangle sauvage, nommé le « corridor occidental », s'enfonce dans un épais sous-bois jusqu'aux rives du lac Victoria. C'est par ce corridor que transitent, de juillet à septembre, les immenses colonies de gnous en pleine migration.

Ce qu'offre un tel périple en Tanzanie, dans une nature brute et indomptable, source de méditation et de sagesse, c'est un véritable retour aux sources mêmes de la vie, loin de l'agitation du monde moderne. Du haut d'un éperon rocheux, on contemple ces étendues sauvages et colorées, et, quand une fraîche brise venue de la savane vient nous faire frissonner, on se sent vivant, tout simplement.

La grande migration

Ici, vous verrez des gnous partout. Cette drôle de bête à l'allure pataude a un passe-temps : la randonnée en groupe de plusieurs millions d'individus. Il faut alors s'imaginer une savane s'étendant à perte de vue, et une longue caravane, s'étirant parfois sur 40 km, galopant ou trottinant au milieu de nulle part, vers un objectif invisible. C'est l'un des plus fascinants spectacles qu'il soit donné d'observer en Afrique de l'Est. De cette mêlée indescriptible se dégage un étrange et inquiétant bruit de fond, produit par le martèlement sourd du sol par des millions de sabots décidés.

Durée : entre 8 et 12 jours
Distance : environ 150 km pour la péninsule du Cap, 200 km pour la route des vins
Point de départ : Cape Town
Meilleure période : le printemps (pour les floraisons)
Vous aimerez : la ville, le bout du monde, les vins

AFRIQUE DU SUD

DÉGUSTER L'AFRIQUE DU SUD SUR LA ROUTE DES VINS, AU DÉPART DU CAP

1 • **Cape Town**
2 • **La péninsule du cap de Bonne-Espérance**
3 • **La route des vins**

Du cœur de Cape Town à celui des vignobles, un périple plein de saveurs à la découverte d'une des plus belles régions d'Afrique du Sud.

Plus que toute autre ville sud-africaine, Cape Town a conservé la mémoire de son histoire mouvementée. Ce sont sur ses côtes, longées par Vasco de Gama en 1497, que les Hollandais s'installent au XVIIe s. Dans cette baie s'est ensuite ancré l'esclavage, puis l'apartheid. C'est enfin sur la petite Robben Island qu'un certain Nelson Mandela fut enfermé durant de longues années de détention. Mais c'est aussi du haut du balcon de l'hôtel de ville du Cap qu'il prononça son premier discours d'homme libre, prélude de son irrésistible ascension à la tête d'un pays meurtri, à reconcilier et à reconstruire.

Lorsque l'on ressort de cette plongée dans l'histoire, la sublime nature de la province du Cap est là pour nous accueillir. Elle nous régale de plages, de parcs nationaux, de jardins botaniques, de charmantes routes côtières et surtout de merveilleux vignobles de renommée mondiale. Paradis pour les yeux et le palais, forte d'un passé corsé, une chose est sûre : la province du Cap a du corps… et de la cuisse !

ÉTAPE 1

Cape Town

Une situation géographique de rêve, une ville belle et déconcertante, un dynamisme et une créativité étonnants, voilà un bout du monde qui vaut le détour. Car on ne sait pas vraiment si l'on est en Europe, en Amérique, ou pourquoi pas… en Afrique ! Aujourd'hui, Cape Town cherche à lier le plus harmonieusement possible commerce, tourisme, nature et patrimoine historique, et elle y parvient plutôt bien.

On entre dans la ville comme le firent les premiers touristes : par le port. Les anciens docks longeant le Victoria and Alfred Waterfront ont connu une véritable reconversion depuis les années 1980. Ils ont été transformés en hôtels, restaurants, bars, pubs, clubs de jazz, boutiques et galeries d'art. Dans le quartier de Woodstock, on prend plaisir à se perdre dans les halles du Old Biscuit Mill, ancienne minoterie composée d'une dizaine de bâtiments en brique magnifiquement restaurés par des architectes de génie. Ils abritent aujourd'hui une cinquantaine de boutiques, des ateliers et galeries d'artistes, ainsi que d'excellentes tables.

Le quartier du City Bowl, cœur de la ville, abrite également de beaux témoins de son histoire, tels le Castle of Good Hope ou la Old Town House. Cette dernière, construite en 1755 dans un style rococo, abritait à l'époque l'hôtel de ville. Aujourd'hui, c'est un superbe musée. Enfin le quartier musulman de Bo-Kaap, véritable arc-en-ciel urbain avec ses nombreuses maisons aux couleurs vives, est devenu aussi incontournable que Camps Bay, la plus belle plage de Cape Town, avec ses airs de Miami Beach à la tombée de la nuit.

La plus belle image de Cape Town se découvre lorsque l'on prend de la hauteur en grimpant sur l'un des trois sommets qui enveloppent le centre-ville. Le plus célèbre, la Table Mountain, porte bien son nom, car il s'élève brutalement jusqu'à plus de 1 000 m d'altitude et est coiffé d'un sommet étonnement plat. L'effet est saisissant, surtout lorsque cette immense « table » se recouvre d'une belle nappe nuageuse. De la montée en téléphérique jusqu'au sommet, la vue est à couper le souffle.

Signal Hill, élégante montagne couverte de pins et dénudée au sommet, offre le point de vue le plus stupéfiant, à 360°, sur l'ensemble de la ville. On y vient en fin de journée, comme de nombreux habitants, pour admirer le magnifique coucher de soleil sur la baie. Enfin, pour les randonneurs plus chevronnés, la Lion's Head, moins fréquentée, pose ses yeux sur la baie en un panorama tout aussi grandiose.

L'île du prisonnier

Robben Island est l'une des îles-prisons les plus célèbres du monde, puisque c'est là que Nelson Mandela passa près de 18 de ses 27 années de captivité. Ce petit morceau de terre, fréquenté par une colonie de phoques (*robben* en afrikaans), fut utilisé comme prison dès l'arrivée des premiers colons. Sa visite est toujours conduite par un ancien détenu politique, le plus souvent membre de l'African National Congress (ANC), parti de l'opposition à l'apartheid mené par Mandela. Moment clé de la visite, la tristement célèbre section B abrite la minuscule cellule dans laquelle ce dernier fut enfermé.

ÉTAPE 2

La péninsule du cap de Bonne-Espérance

En partant de Cape Town en direction de la pointe sud de l'Afrique, le Kristenbosch National Botanical Garden est une halte incontournable. Dans ce jardin botanique parmi les plus beaux du monde, la végétation locale révèle sa beauté et sa richesse, avec plus de 2 500 espèces s'étalant sur près de 36 ha. Dans ce cadre enchanteur, fynbos et autres *yellowwood* prennent autant de plaisir à s'épanouir que le visiteur à se promener.
Le nez encore charmé d'un doux parfum floral, on reprend la direction du sud, en empruntant l'impressionnante Chapman's Peak Drive. Creusée sur le flanc d'immenses falaises de grès et de granit, cette route de corniche serpente sur une dizaine de kilomètres au milieu de somptueux décors. Ses 114 virages font doucement tourner la tête, prémices de l'envoûtement que réservent les nectars sud-africains.
Bout du monde et bout de l'Afrique australe battu par les vents des océans Atlantique et Indien, la partie sud de la péninsule du Cap abrite une vaste réserve naturelle de 7 500 ha. Elle est traversée par une petite route qui mène jusqu'à sa pointe, le célèbre Cape Point. De petits sentiers longeant la côte permettent d'embrasser des paysages superbes et délicats de lande rocheuse recouverte de végétation.
Du haut du Cape Point Lighthouse, phare perché au bout de la pointe, on découvre une vue incroyable, plongeant sur l'impressionnant éperon rocheux cinglé par les vagues en contrebas.
Un peu plus à l'ouest, une autre route aboutit au Cape of Good Hope, le vrai, l'unique, qui est en réalité… une plage !
En remontant la péninsule, au Boulders National Park, on saluera la « petite » colonie de manchots du Cap qui s'ébattent sur leur plage privée de sable blanc, la Foxy Beach. Menacée d'extinction à la fin du XXe s, la colonie est aujourd'hui bien protégée, et comprend pas moins de 3 000 spécimens.

Erreur de navigation

Comment s'appelle l'extrémité sud du continent africain ? Facile, le cap de Bonne-Espérance !
Eh, bien non ! La véritable pointe la plus au sud d'Afrique est le cap Agulhas, situé après Hermanus, à 200 km à l'est de Cape Town.

ÉTAPE 3

La route des vins

Après la révocation de l'Édit de Nantes, en 1685, des protestants français décident de fuir les persécutions dont ils sont victimes et s'exilent en Allemagne, Suisse et Hollande. En 1688, environ 200 de ces Huguenots débarquent au Cap. Originaires de Provence, de Bourgogne, du Dauphiné et d'Aquitaine, ils s'installent dans la région et apportent avec eux leur savoir-faire viticole. Déjà, un premier vignoble se développe, à l'initiative du gouverneur hollandais de l'époque, Simon Van der Stel : le domaine de *Groot Constantia* est aujourd'hui le point de départ d'un voyage aussi œnologique qu'initiatique.

Ce qu'on appelait le « vin de Constance », un vin de dessert liquoreux, très apprécié aux XVIIe et XIXe s, est produit dans une belle région verdoyante, au sol riche, idéal pour la viticulture. Le domaine produit également d'autres excellents vins, à partir de cépages tels que le chardonnay, le sauvignon ou le pinotage. Au milieu des vignes, l'imposante demeure de *Groot Constantia,* un des plus beaux exemple d'architecture *Cape Dutch* qui soit, rayonne avec sa façade blanche immaculée. Du point de vue historique, elle mérite d'être visitée.

Seul l'appétit, ouvert par la curiosité de découvrir la région des vignobles à proprement parler, peut alors nous faire quitter ce petit paradis. À l'est de Cape Town, cette région s'étire sur une centaine de kilomètres au pied de fières montagnes, sur de riants coteaux et aux creux d'élégantes vallées, dans un décor d'une rare harmonie. Les domaines les plus intéressants se situent dans un triangle reliant Stellenbosch, Paarl au nord et Franshoek à l'est. La dégustation de cette étape réserve alors une multitude de saveurs, aussi riches que la carte des vins qui se déroule sous nos yeux.

La viticulture sud-africaine s'est développée une fois les Huguenots français installés dans la région de Stellenbosch, à la fin du XVIIe s. Aujourd'hui, si le centre de la ville abrite de très belles demeures, notamment tout au long de la charmante *Dorp Street,* on prend plaisir à flâner dans les alentours à la découverte de somptueux domaines. Les environs de Stellenbosch n'en comptent pas moins de 152 ! Depuis la ville, cinq routes différentes permettent de partir à leur découverte. Nombre de ces domaines disposent d'un restaurant, et abritent même parfois une partie hôtel ou *guesthouse.* Parmi les plus agréables à visiter, on retient *Rust en Vrede Estate,* en activité depuis trois siècles ; *Tokara,* avec sa belle terrasse plongeant sur la vallée ; *Stark-Condé,* domaine du cabernet et de la syrah, ou encore *Morgenhof,* propriété depuis 1993 de la famille Cointreau.

Mais on ne peut quitter la région sans en apprendre l'extraordinaire histoire. Pour cela, la visite du superbe Huguenot Memorial Museum de Franschhoek est incontournable. Autour de la ville, on ne peut résister aux domaines de *Boschendal,* de *Solms Delta Estate* et de *Haute Cabrière*, qui produisent des vins très sophistiqués. Enfin, en remontant vers Paarl, on découvre l'incroyable domaine *Babylonstoren,* avec son immense potager aux airs de jardin paysager, réservant de belles balades hors du temps.

Au milieu des vignobles, on contemple un pays que l'on a découvert plein de vie. Malgré les sombres heures du passé, l'Afrique du Sud envisage l'avenir avec espoir. Il faut dire qu'elle dispose pour cela de sérieux atouts : un patrimoine historique préservé, une nature somptueuse, une gastronomie en plein essor et, surtout, une population courageuse et riche par sa diversité.

La palette des vins sud-africains

Les principaux cépages que l'on cultive aujourd'hui en Afrique du Sud viennent de France. Mais les méthodes de travail de la terre, de vinification et de classification des vins sont totalement différentes de ce que l'on trouve en France. Ainsi, des cépages géographiquement éloignés dans l'Hexagone se côtoient dans la petite palette sud-africaine. Dans un même secteur, on cultive ainsi du riesling (Alsace) et du sauvignon blanc (Bordelais et Loire), quand pouss non loin de là du chardonnay (Bourgogne). Enfin, le pinotage mérite une mention spéciale. Croisement d pinot noir et du cinsault, c'est un cépage unique au monde donnant de superbes vins à boire dans leur première fraîcheur.

PROCHE-ORIENT

TURQUIE

ISRAËL / PALESTINE

JORDANIE

Durée : 15 jours
Distance : environ 1 300 km
Point de départ : Istanbul
Meilleure période : printemps et automne
Vous aimerez : les sites archéologiques, les paysages, l'architecture, les plages

TURQUIE

AUX PORTES DE L'ORIENT

1 • Istanbul, à la croisée des mondes
2 • Randonnées en Cappadoce
3 • Les sites archéologiques de la côte méditerranéenne autour d'Antalya

Aux confins de l'Asie et de l'Europe, sur l'ancienne route de la soie, partageant sa frontière avec pas moins de huit pays, la Turquie a toujours été un carrefour important d'échanges économiques et culturels.

Difficile de tout appréhender en un seul voyage. Alors, pour une première découverte de ce pays aux multiples facettes, il faudra d'abord se poser à Istanbul. La ville résume à elle seule le charme, les contrastes et les contradictions de la Turquie moderne. Puis, direction la Cappadoce, une région à aucune autre pareille, avec ses cheminées de fées et ses cités troglodytiques décorées de peintures rupestres. Enfin, la côte méditerranéenne permet de combiner les plaisirs de la plage avec la découverte de sites qui rappellent le riche passé de ce pays envoûtant.

ÉTAPE 1

Istanbul, à la croisée des mondes

À cheval sur le Bosphore, Istanbul fut la Byzance des Grecs, la Constantinople de l'Empire romain d'Orient et la capitale des sultans ottomans. À la croisée de l'Orient et de l'Occident, Istanbul est aujourd'hui un véritable théâtre de rue, où l'archaïque côtoie le moderne avec partout d'énormes dômes et des minarets comme autant de repères. Bâtie sur sept collines, entre deux rives, tantôt monumentale et tantôt provinciale, frénétique et paisible à la fois, la ville est un grouillement cosmopolite, un enchevêtrement fantastique de ruelles. Bref, une ville fascinante et envoûtante.

Témoignage de la Byzance grecque, la basilique Sainte-Sophie, dont la construction fut ordonnée par l'empereur Justinien, resta pendant dix siècles, le plus grand monument religieux de la chrétienté. Rien ne fut trop beau pour sa décoration, et les sultans, en transformant l'église en mosquée, enrichirent également le sanctuaire. Prodige architectural, sa coupole de 32 m de diamètre culmine à 56 m du sol et repose sur quatre énormes piliers. Avec ses ors et ses superbes mosaïques, c'est l'Empire byzantin dans toute sa grandeur !

Autre monument byzantin impressionnant, la citerne-basilique ou le « Palais englouti », comme l'ont baptisé les Turcs, l'un des endroits les plus fascinants de Sultanahmet. Cette immense citerne byzantine, longue de 140 m, large de 70 m, haute de 8 m et d'une capacité de 80 000 m^3, fournissait en eau le Grand Palais des empereurs byzantins et le palais de Topkapı. Ses 336 colonnes rapportées de différents temples, et réparties en 12 rangées, lui donnent l'aspect d'une forêt de troncs baignant dans l'eau ; l'éclairage orangé renforce ce sentiment d'étrangeté.

Qui n'a pas rêvé de pénétrer dans l'intimité des sultans turcs à l'époque où ils régnaient sur le Proche-Orient et la moitié de la Méditerranée ? On imagine sans mal ce que fut leur puissance, de la fin du XVe s au milieu du XIXe s, en visitant Topkapı, leur résidence principale. Durant ces quatre siècles, chaque souverain a apporté des embellissements à cet immense palais, construisant des kiosques en belvédère sur le Bosphore et la mer de Marmara, créant une bibliothèque, une mosquée ou un hammam, agrandissant sans cesse le harem en y ajoutant des cours, enrichissant la décoration des pièces... Un véritable palais des Mille et Une Nuits qui abrite, entre autres, une superbe collection de porcelaines chinoises et un trésor extraordinaire.

De cette époque date la célèbre Mosquée bleue, commandée par le sultan Ahmet Ier et achevée en 1616. Faites-en le tour pour apprécier l'ensemble harmonieux que forme le dôme central entouré de ses quatre demidômes. Mais, c'est en pénétrant à l'intérieur que vous comprendrez son surnom. Plus de 21 000 carreaux de faïence d'İznik, à fond bleu, tapissent les parois et en font l'un des joyaux de l'art musulman. Roses, œillets, tulipes et cyprès stylisés y sont représentés en motifs variés. Une merveille.
Mais que serait Istanbul sans ses fameux bazars ? Le Grand Bazar existe depuis le XVIe s. Avec ses 4 000 échoppes et ses 200 000 m^2, c'est le plus grand marché couvert au monde. Avant de vous lancer dans des négociations enfiévrées pour acquérir des babioles, admirez son architecture et n'hésitez pas à vous perdre dans ses ruelles pour profiter de l'ambiance très dépaysante. Plus petit mais plus authentique, le Bazar égyptien vous permettra de remplir votre cabas de produits qui prolongeront la magie stambouliote après votre retour.
En fin de journée, on traversera la Corne d'Or, sur le pont de Galata, pour découvrir un autre Istanbul. De la place de Taksim à celle de Tünel, İstiklâl Caddesi, la grande rue piétonne et animée, parcourue par un tramway rétro, descend la colline de Péra. C'est là que les puissances étrangères installèrent leur ambassade au XIXe s. Le quartier développa alors une manière de vivre à l'européenne qui se ressent encore aujourd'hui. Côté architecture, l'influence française s'affiche dans les passages, apparus dès la fin du XIXe s avec leurs façades décorées, qui confèrent encore aujourd'hui à Péra son charme. Parmi les passages réputés, allez voir le passage Rigo et le passage Tünel, proches de Galata. Ceux d'Anatolie, de Roumélie et d'Afrique reflètent quant à eux l'expansion ottomane (Asie, Europe, Afrique) dans leur ornementation.

Nostalgie, nostalgie…

Pour saisir, le temps d'un moment, ce que fut autrefois la vie à Péra, on peut prendre un verre le soir dans le grand salon du *Büyük Londra Oteli* (ex-*Grand Hôtel de Londres*). Le décor n'a pas bougé depuis le début du XXe s. En soignant sa mise, on peut aussi aller profiter de l'ambiance du salon de thé du *Pera Palas,* construit pour accueillir les voyageurs de l'Orient Express et les grands de ce monde. Un moment hors du temps.

Bahraman
SAFFRON
KRAL
LOKUM
KG 40 TL
pomegranate
nar
mint
orange
ROSEHIP

ÉTAPE 2

Randonnées en Cappadoce

La Cappadoce est tout simplement une région étonnante, unique en son genre. Elle présente des paysages à la fois superbes et insolites, résultat d'une intense érosion qui a entaillé et creusé le plateau pour faire place à ces cônes, qui s'élèvent au fond des vallées, ou ces aiguilles, qui peuvent atteindre 30 m. Ces « cheminées de fée » sont parfois surmontées d'un bloc de roche dure, ralentissant le phénomène d'érosion jusqu'au jour où, minées par les eaux de pluie, elles deviennent incapables de supporter leur chapiteau naturel. Elles sont parfois isolées, accrochées aux flancs d'une colline, ou encore serrées les unes contre les autres dans le fond des vallées.

Au-delà de l'attrait de la nature même, les hommes ont réalisé ici des œuvres de première importance ; cités souterraines, habitations troglodytiques, fresques superbes, églises et monastères aux proportions saisissantes. Les premiers Chrétiens y ont développé leur culte, se protégeant des persécutions dans les vallées sinueuses et, par-delà les siècles, les lieux religieux, pour l'essentiel abandonnés, conservent une véritable charge mystique.

Au cœur de la Cappadoce, Gorème, hérissée de « cheminées de fée », toutes creusées de cavités, est le village le plus connu. En raison de sa situation centrale, dans le triangle formé par Nevşehir (à 12 km), Avanos (à 8 km) et Ürgüp (également à 8 km), le village constitue une très bonne base pour explorer la région. Un superbe musée en plein air regroupe plusieurs églises rupestres, taillées dans la roche, dont l'originalité tient autant à leur construction qu'à celles de leurs fresques. L'église à la Boucle abrite les mieux conservées.

Capitale de la poterie, Avanos abrite de nombreux ateliers où les artisans continuent à manœuvrer le tour avec les pieds, technique inchangée depuis des siècles. Vous apprécierez le vieil Avanos aux maisons semi-troglodytiques ornées de beaux frontons sculptés, sa population chaleureuse et accueillante, et l'agréable promenade aménagée sur les berges du fleuve. Allez vous promener aussi dans les hauteurs du vieux centre, bâti au-dessus d'un dédale de couloirs et d'habitations creusés dans la roche.

Uçhisar se distingue de loin, avec son piton de tuf, dont les parois sont criblées de centaines de cavités. Symbole de la région, cette citadelle naturelle, plantée au milieu d'un paysage lunaire, apparaît comme un immense château tout droit sorti de l'imagination d'un architecte surréaliste. À l'intérieur, c'est une succession de chapelles, monastères, cellules et habitations reliées entre elles par des couloirs. Les ravages du temps ont rendu l'ensemble encore plus grandiose car, en s'effritant, la roche a laissé apparaître les entrailles de cette véritable cité troglodytique.

La Cappadoce compte de nombreuses villes souterraines, des dédales plus ou moins vastes de pièces et de couloirs creusés sous terre, dans la roche. Parmi celles qui se visitent, Derinkuyu, qui pouvait abriter jusqu'à 10 000 personnes, aurait compté plus de 10 étages (sur 85 m de profondeur !). Kaymaklı, la plus grande ville souterraine de Cappadoce, a été creusée entre les VIe et Xe s. La population du village de Kaymaklı utilise encore certaines parties de ses excavations comme cellier ou étable.

Derviches tourneurs

Le caravansérail de Sarıhan, à 6 km d'Avanos, est l'un des rares endroits en Turquie où l'on peut encore assister à un spectacle de derviches tourneurs *(semah)*, avec musique soufie, dans une belle salle et dans de bonnes conditions acoustiques. Fascinant et envoûtant. À la fin de la cérémonie, on vous offre du *Şerbet*, une eau sucrée parfumée à la cannelle et au clou de girofle.

ÉTAPE 3

Les sites archéologiques de la côte méditerranéenne autour d'Antalya

Au sud de la Turquie, d'Antalya à la péninsule de Data, la côte méditerranéenne permet de combiner la visite de remarquables sites antiques et le plaisir du farniente dans des criques sauvages ou sur des longues plages de sable.

La vieille ville d'Antalya a fait l'objet d'une belle réhabilitation, et la plupart des anciennes maisons turques du XVIIe s sont désormais transformées en pensions. Elle est dominée par le Yivli Minare, élégant minaret, au fût cannelé, construit au XIIIe s. Profitez des agréables jardins paysagers autour de la tour Hidirlik. Son belvédère offre une vue magnifique sur le golfe et la chaîne de montagnes à l'horizon.

C'est dans ces montagnes que se cache le site de Termessos, à plus de 1 000 m d'altitude. L'endroit est absolument superbe et reste l'un des sites les plus sauvages de Turquie. L'histoire de la ville est encore mystérieuse. On sait seulement qu'Alexandre, dans un tel environnement de pitons rocheux et de falaises abruptes, eut fort à faire pour la conquérir. Complètement envahi par les broussailles, le champ de ruines s'étale sur plusieurs versants de collines. Le site a été très peu fouillé, et deci de-là, on découvre fûts de colonnes, pierres taillées, morceaux de sculptures, tombes... Entouré de majestueuses montagnes, le théâtre est un véritable chef-d'œuvre qui date de la période hellénistique. Il pouvait contenir 4 200 personnes. Son état de conservation est étonnant, surtout le mur de scène qui n'est pas sans rappeler certaines constructions incas, par la finesse de l'ajustement des blocs de pierre. Le panorama est à couper le souffle. Non loin, l'agora, les puits, le temple d'Athéna, celui de Zeus qui s'élève à 4 m, etc. Enfin, ne partez pas sans errer dans la fascinante nécropole, parmi les sarcophages et les mausolées ornés de sculptures. Sur le flanc d'une colline, en montant vers la tour de garde pour admirer la vue, des tombes renversées, des reliefs épars apparaissent ainsi à qui sait les voir.

Autre cité conquise par Alexandre le Grand, mais cette fois-ci plus facilement, Pergé, installée en Pamphylie, une région très fertile, protégée des vents froids du nord par la chaîne du Taurus. Fondée au lendemain de la guerre de Troie par les Grecs, elle connut son apogée

sous Trajan. De nombreux édifices sont encore debout, dont le stade. Avec ses 234 m de long, ses 34 m de large, et ses 12 rangées de gradins, il contenait presque autant de spectateurs que le théâtre. Sur sa piste sont maintenant rassemblées des sculptures remarquables, trouvées au cours des fouilles. Les voûtes, très bien conservées, abritaient des boutiques. À l'époque, la ville était alimentée par des sources, comme en témoigne encore le nymphée, une fontaine monumentale dont la vasque, un peu mangée par les broussailles, ne manque pas de charme. On devine encore les bases des statues. Derrière, on découvre les vestiges des bains. Sur le sol et sur les murs, quelques morceaux de mosaïques et des fresques à demi effacées apparaissent sous la poussière. En revenant dans l'axe principal, sur la droite, voici l'agora, encadrée de boutiques, et ses belles colonnes d'angle. De là débute la voie à portiques. Majestueuse par ses dimensions et bordée de colonnes ioniques, elle était la rue principale de la ville.

À 47 km d'Antalya se trouve le plus beau théâtre romain de toute l'Asie Mineure et surtout le mieux conservé : Aspendos. Il fut construit au IIe s apr. J.C., sous le règne de Marc Aurèle (161-180). Pendant la période seldjoukide, il servit de caravansérail. Il possède encore, chose rare, son mur de scène garni de niches avec frontons sculptés. Des colonnes enrichissaient l'ensemble. Les galeries du théâtre – qui contient 15 000 places – sont encore dans un état superbe. L'acoustique est remarquable : le bruit d'une piécette qui tombe à terre au niveau de l'orchestre s'entend depuis la galerie. Pour l'apprécier véritablement, le mieux est encore d'assister à une représentation durant le Festival d'opéra, qui a lieu chaque année fin août.

Durée : 8-10 jours
Distance : environ 400 km
Point de départ : Tel Aviv
Meilleure période : de fin mars à mai et de septembre à novembre
Vous aimerez : les sites chargés d'histoire, la plongée spirituelle dans les religions, les paysages

ISRAËL / PALESTINE

TOUCHER DU DOIGT LE DIVIN EN TERRE SAINTE

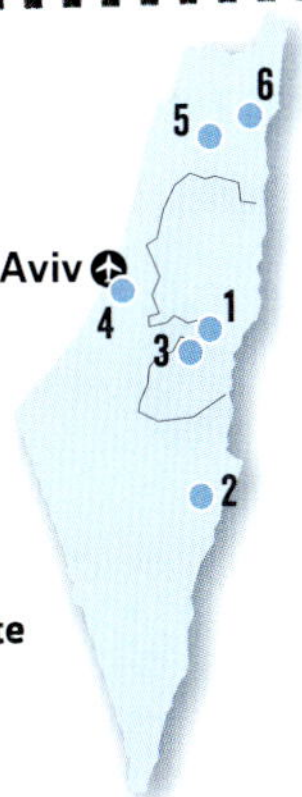

1 • Jérusalem, une ville trois fois sainte
2 • Massada la résistante
3 • Bethléem, où tout commence
4 • L'énergie de Tel Aviv
5 • Nazareth et Meggido, en terre de Canaan
6 • Faire le tour du lac Tibériade

Terre de brassage, berceau spirituel et carrefour économique, cette partie du monde (quel que soit son nom au fil des siècles) façonnée par les différents peuples qui l'habitent, conjugue depuis toujours des sensibilités, des perceptions et des revendications bien différentes, mais aussi bien des espoirs.

« Vous avez aimé le Livre [la Bible], vous adorerez le pays » : pour une fois, un slogan touristique a raison ! Le berceau du judaïsme et du christianisme accueille chaque année des centaines de milliers de pèlerins venus y trouver les origines de leur foi. Et Jérusalem est aussi le troisième lieu saint des musulmans. Siroter un café à la cardamome dans une échoppe de la vieille ville de Jérusalem, assister au coucher du soleil sur la Ville sainte du sommet du mont des Oliviers, traverser Tel Aviv à pied, dormir dans une auberge de jeunesse datant de l'époque des croisés : le voyage en Israël est à la fois un voyage dans l'espace et dans le temps.

ÉTAPE 1

Jérusalem, une ville trois fois sainte

Ô Jérusalem ! Une ville sainte, une ville sacrée, une ville convoitée, où l'histoire passée ne cesse d'alimenter l'histoire présente. Une ville unique et envoûtante, où les touristes croisent les pèlerins dans une atmosphère de recueillement, mais aussi de curiosité et d'émerveillement. Tout périple en Israël passe par la vieille ville de Jérusalem où l'on circule, sur moins de 1 km^2, entre les trois grandes religions monothéistes (judaïsme, christianisme et islam).

C'est l'une des plus anciennes villes du monde, l'une des plus mythiques aussi. Subtile symbiose entre une myriade de vénérables sanctuaires et une constellation d'échoppes bariolées, avec des ambiances qui varient au rythme des différents quartiers, musulman, juif, arménien ou chrétien. Un théâtre humain coloré, vif, passionné, parfois tendu mais ô combien riche et étonnant. Elle abrite un lieu saint de chacune des trois religions monothéistes.

Entourée de remparts, on y accède par huit portes dont celle de Jaffa, la plus importante. La citadelle, et sa tour de David élevée au XIIe s sur l'emplacement des trois tours d'Hérode, et superbement restaurée, constitue une excellente introduction à la ville. Ici, les périodes de l'histoire se superposent : de récentes fouilles ont révélé des vestiges de l'époque du Premier Temple, des murs du temps des croisés et des tanneries du Moyen Âge. La citadelle abrite un excellent musée d'histoire de Jérusalem qui présente la ville dans une scénographie contemporaine très réussie.

Le mur des Lamentations est le site le plus sacré pour les Juifs, l'endroit le plus proche du Rocher, où, d'après les écrits, Dieu se révéla à Abraham. Un morceau de mur, haut de 15 m environ, long d'à peine 150 m, et composé de gros blocs de pierre calcaire devant lequel des foules de fidèles viennent prier, voilà ce qui reste du mur d'enceinte du second Temple commandé par Hérode et détruit en l'an 70 par les troupes romaines de Titus. Des fondations certes, mais pas n'importe lesquelles puisqu'il s'agit du soubassement occidental du temple qui se tenait autrefois au-dessus, là où se trouve aujourd'hui le Dôme du Rocher. Il y règne une ambiance particulière, empreinte de recueillement et d'une grande ferveur.

Sur l'esplanade des Mosquées ont été édifiés le Dôme du Rocher et la mosquée al-Aqsa. Le lieu est réellement somptueux, à la fois sobre et aéré : un grand jardin avec des fontaines, portiques, dômes et de belles perspectives architecturales.

Le Dôme du Rocher, construit en 691, est le sanctuaire qui protège le Rocher de la fondation, lieu doublement sacré puisque Abraham s'y serait préparé à sacrifier son fils Isaac et que Mahomet aurait choisi cet endroit pour monter au paradis, après avoir chevauché son cheval ailé toute la nuit depuis La Mecque. De ce fait, c'est le troisième lieu saint de l'Islam après La Mecque et Médine.

Le Saint-Sépulcre englobe le lieu présumé du Calvaire (le Golgotha), le tombeau du Christ et l'ancienne église byzantine datant de 326. Il est gardé par des moines grecs orthodoxes. En fait, l'ensemble date de l'époque des croisés. Il reste peu de choses contemporaines du Christ mais la foule s'y presse tant l'endroit est chargé d'histoire et de sens pour les chrétiens d'Orient et d'Occident.

À la croisée des religions, la vieille ville est aussi empreinte d'un charme oriental, avec son souk traversé par la via Dolorosa, ses caravansérails et ses petites échoppes qu'on se passe de père en fils depuis des générations. Allez vous perdre du côté de la très pittoresque porte de Damas, endroit on ne peut plus animé en fin de journée et passage par lequel vous quitterez la vieille ville.

Hors des remparts, la ville nouvelle, très verte mais parcourue d'un lacis de voiries importantes, n'a cessé de s'étendre depuis 1860. Le centre de Jérusalem-Ouest se situe autour de la place Sion, d'où partent Jaffa Road et Ben Yehuda Street, une rue piétonne bordée de commerces. Plus loin sur Jaffa Road, le marché de Mahane Yehuda très animé avec ses étals de fruits colorés, ses épices, ses fallafels…

Dans un style plus chic, au pied des remparts, le quartier de Mamilla, tout en pierre blonde, aligne magasins de luxe, bars et restos. À quelques rues de là, changement d'ambiance à Mea Shearim, le quartier des *harédim*, ces juifs ultra-orthodoxes que l'on reconnaît à leur large chapeau noir et à leurs papillotes.

Enfin, installé au cœur d'un immense parc sur le mont Herzl, Yad Vashem est le grand mémorial consacré à la Shoah. Un lieu de mémoire et de recueillement. L'allée des Justes plantée de 2 000 caroubiers mène au musée de l'Histoire de l'Holocauste, qui raconte la destruction des communautés juives d'Europe à travers des photos et des témoignages poignants.

Les plus beaux points de vue sur la vieille ville

– *Au-dessus du Cardo :* un petit escalier métallique, à l'angle de Habad Rd et de Saint Mark St, mène aux toits qui surplombent le Cardo. Point de frontière entre trois quartiers : juif, musulman, chrétien.
– *La citadelle :* du haut de la tour de David, la vue panoramique est magnifique. De nombreuses maquettes et cartes de la ville permettent de se repérer.
– *L'hôtel Seven Arches :* au sommet du mont des Oliviers. La vue la plus sublime sur la vieille ville, particulièrement au lever du soleil pour les amateurs de photos.

ÉTAPE 2

Massada la résistante

C'est l'un des sites à voir absolument en Israël, pour sa beauté extraordinaire, pour le paysage inoubliable qu'on découvre du sommet de la falaise et pour son histoire. Massada est une cité fortifiée construite par Hérode au beau milieu du désert de Judée, sur un promontoire dominant la mer Morte. Avant de monter, le musée constitue une excellente introduction pour mieux comprendre ce moment important de l'histoire juive. L'un des endroits les plus fascinants est l'ancien palais d'Hérode : bâti sur trois niveaux, il a conservé des fresques de l'époque. Remarquez le système qui permettait au roi d'avoir plusieurs bains et même une piscine, un véritable tour de force dans ce désert. L'église byzantine est aussi un petit bijou avec ses mosaïques bien conservées. Au gré de votre balade, vous croiserez d'anciens magasins, une tour de garde, des citernes et autres bains romains, le tout cerné par les remparts.

ÉTAPE 3

Bethléem, où tout commence

Bethléem est une ville singulière, hérissée de minarets et de clochers d'églises, une ville à la population mixte, musulmane en grande majorité, chrétienne en partie, sans compter les pèlerins du monde entier et autres voyageurs venus découvrir la basilique de la Nativité. C'est la plus ancienne basilique du pays et le deuxième lieu saint après Jérusalem. Elle fut construite en 326, à l'initiative d'Hélène, la mère de Constantin, au-dessus de la grotte où Jésus serait né. On peut toujours admirer la nef et les quatre alignements de colonnes datant du IVe s. Le reste a subi par la suite de nombreuses transformations. La vieille ville, ses ruelles pavées et son souk, ses quelques musées et son atmosphère chaleureuse valent largement le détour.

Il est né le divin enfant...

La messe de Noël est célébrée trois fois à Bethléem (correspondant aux trois Églises en charge de la basilique) : le 25 décembre pour les catholiques, le 6 janvier pour les Arméniens et le 7 janvier pour les Russes orthodoxes.

ÉTAPE 4

L'énergie de Tel Aviv

Tel Aviv ne ressemble à aucune autre ville de ce côté de la Méditerranée. Avec son front de mer aménagé à la californienne (longue promenade piétonne et piste cyclable), ses bars-restos de plage et ses buildings, elle est une sorte de Miami-sur-Méditerranée. Poumon économique du pays, cette métropole hyperactive revendique un penchant pour les arts et la fête : théâtre, musique, danse contemporaine, musées et galeries d'art, ateliers de créateurs, sans compter les dizaines de restos et de bars dont on ressort à l'aube avant de finir inéluctablement sur la plage.

Tel Aviv est aussi la ville la plus représentative du Bauhaus. Vivement critiqué par l'Allemagne nazie, ce courant artistique novateur vit un certain nombre de ses membres fuir leur pays et s'installer à Tel Aviv, où il trouvera matière à s'exprimer dans l'architecture à travers des noms tels que Joseph Neufeld, Carl Rubin et Erich Mendelsohn. La ville fleurit d'immeubles de deux ou trois étages, montés sur pilotis, aux angles arrondis, aux façades dépouillées et aux toits plats. Certaines parties du centre-ville sont d'ailleurs inscrites au Patrimoine mondial de l'Unesco. Aujourd'hui, Tel Aviv compte près de 4 000 bâtiments de style Bauhaus. On peut en voir dans la rue Bialik, le long du boulevard Rothschild (partie sud) et autour de la place Dizengoff.

Le quartier Florentin dans la partie sud de la ville, entre la rue Herzl et Jaffa, est en plein développement. Ici se sont exprimés les plus talentueux artistes du street art (le périmètre de leurs œuvres s'inscrit du nord au sud d'Eilat à Ma'on et d'ouest en est d'Eifelet à Markolet).

Outre ses importants musées consacrés à l'histoire d'Israël, Tel Aviv compte de très nombreuses galeries d'art contemporain israélien, principalement autour de la rue Gordon, dans le quartier de Neve Tsedek, et celui de Shapira ainsi que sur le port de Jaffa.

ÉTAPE 5

Nazareth et Megiddo, en terre de Canaan

Jésus passa à Nazareth sa jeunesse et son adolescence. C'est avant tout la vieille ville qui mérite le détour, avec ses ruelles pentues et ses belles demeures à l'architecture typique. Nazareth est aussi le point de départ pour le Megiddo National Park. Megiddo, ville cananéenne habitée depuis 3000 av. J.-C., était un point stratégique sur les routes commerciales de l'Égypte à l'Assyrie et à l'Arabie (une voie nommée « route de la mer » dans la Bible). Le roi Salomon et ses successeurs y construisirent des fortifications et un impressionnant système hydraulique que l'on peut visiter. Mais surtout, l'endroit est identifié par la tradition chrétienne comme étant le lieu biblique nommé Armageddon (site du combat final entre le Bien et le Mal dans l'Apocalypse de saint Jean), et attire à ce titre beaucoup de touristes.

La voie du seigneur

Avec l'aide d'historiens, l'agence de voyages *Jesus Trail* propose un trek de Nazareth à Tibériade, sur les lieux fréquentés par Jésus. Au total, 65 km en 6 jours, mais on peut effectuer seulement certaines portions. Carte précise sur Internet.

ÉTAPE 6

Faire le tour du lac de Tibériade

Tvéria en hébreu, la perle de la Galilée, est un endroit magnifique à 210 m au-dessous du niveau de la mer. Les paysages du lac de Tibériade (ou mer de Galilée) sont enchanteurs. Une très belle balade permet de faire le tour du lac (55 km) et de découvrir quelques hauts lieux du christianisme comme Tabgha, où Jésus multiplia les pains, le mont des Béatitudes et Capharnaüm, de visiter des sites archéologiques, de s'arrêter dans des *kibboutzim* dont Degania Aleph, premier kibboutz d'Israël, fondé en 1910, mais aussi simplement d'admirer des paysages naturels préservés, telles les lagunes du parc du Jourdain *(Jordan River Park)* qui raviront les amateurs d'oiseaux.

Durée : 8-10 jours
Distance : environ 700 km
Point de départ : Amman
Meilleure période : l'automne et le printemps
Vous aimerez : le désert, les sites historiques

JORDANIE

AVEC LES BÉDOUINS EN JORDANIE

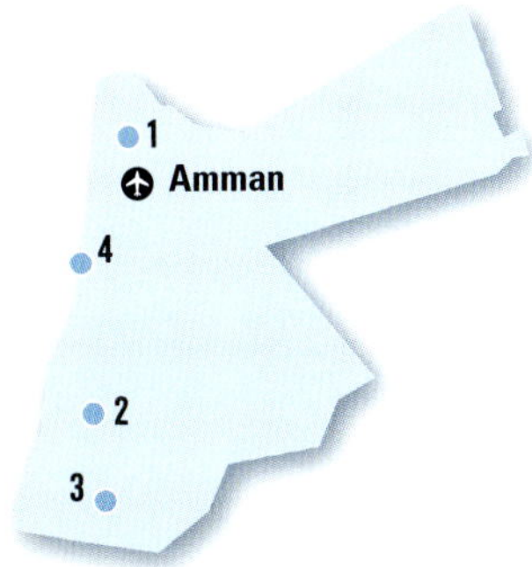

1 • Jerash, comme au temps d'Hadrien
2 • Pétra, la cité sculptée dans le désert
3 • Le Wadi Rum de Lawrence d'Arabie
4 • La mer Morte côté jordanien

Coincée entre la mer Rouge et la mer Morte, la Jordanie, pays aux trois quarts occupé par le désert, est une charnière entre le monde méditerranéen et l'Orient.

Les nombreuses civilisations qui se sont succédé dans le pays y ont laissé de splendides vestiges, parmi les plus importants du Moyen-Orient, à commencer par Pétra, cité creusée dans la roche par les Nabatéens, sans oublier la ville romaine de Jerash, et tant d'autres. Mais il n'y a pas que des vieilles pierres. La Jordanie est aussi le pays des couleurs tels l'orange, le jaune et l'or, les couleurs du désert...

ÉTAPE 1

Jerash, comme au temps d'Hadrien

À une cinquantaine de kilomètres au nord d'Amman, la bourgade de Jerash recèle une cité antique admirablement conservée, autrefois grecque, romaine, puis byzantine.
Selon la légende, la ville fut créée aux alentours du IVe s av. J.-C. par Alexandre le Grand en personne, qui en fit une ville prospère. Pendant les deux premiers siècles de notre ère, suite à la conquête de toute la région par l'empereur Trajan, la ville bénéficia de la *pax romana* et s'enrichit considérablement, grâce à ses plaines fertiles et aux routes commerciales, comme en témoignent ses monuments. Puis vint le déclin et, au VIIIe s, des tremblements de terre achèvent la démolition des temples.
Se promener dans Jerash, c'est revenir au IIe s, quand l'empereur Hadrien visita la ville. Vous entrerez par l'arc de triomphe qui lui est dédié pour gagner le temple de Zeus, abritant un intéressant musée lapidaire. Plus loin, le théâtre Sud, impressionnant et très bien restauré, possède une belle décoration sculptée de style corinthien. Mais la plus belle image que vous garderez de Jerash, c'est celle de la Place ovale, parfaitement conservée et superbe avec ses grandes dalles et ses portiques à colonnes ioniques. Vous continuerez ensuite par le cardo maximus, impressionnante artère principale de 800 m de long, bordée de 200 colonnes corinthiennes et ioniques, qui dessert les principaux monuments de la ville dont le temple d'Artémis, offrant un beau panorama sur le site et l'église byzantine Saints-Côme-et-Damien. Elle est pavée de riches mosaïques du VIe s représentant des animaux, des arbres et d'étranges croix grecques…

ÉTAPE 2

Pétra, la cité sculptée dans le désert

Une double merveille. Naturelle d'abord, avec ses longs canyons, ses falaises et ses belvédères, ses grès rose, rouge, jaune et bleu formant de sublimes dessins. Une merveille architecturale ensuite, avec ses vastes tombeaux creusés et sculptés dans la roche. Pétra tire également son originalité d'une magnifique synthèse des styles grec, romain et alexandrin, comme le montrent ses édifices édifiés par une civilisation peu connue, celle des Nabatéens.
Arrivés dans la région vers le VIe s av. J.-C., les Nabatéens se sédentarisent rapidement et font de Pétra une position stratégique sur les routes caravanières de l'Orient. Ils mettent au point un ingénieux système de récupération et de distribution des eaux pluviales comprenant des aqueducs et des citernes souterraines. Mais la prospérité de Pétra attire la convoitise de ses voisins qui vont chercher à l'asphyxier militairement puis économiquement. Et en 363, la cité est en partie détruite par un grand tremblement de terre.
On a beau l'avoir déjà vu cent fois en photo, le Sîq, ce défilé encaissé qui mène à la Khazneh, vous saisira d'émotion. La progression dans cet impressionnant canyon prend des allures de quête initiatique. Les parois sont creusées de nombreuses niches, dont certaines abritent des idoles, tantôt figurées, tantôt en forme de stèles. Plus on avance dans ce sombre et tortueux corridor, plus les parois rocheuses se rapprochent, avant de laisser entrevoir la fameuse Khazneh au moment où l'on ne s'y attend pas... On ne présente plus le plus beau et le plus connu des monuments de Pétra, haut de 43 m et entièrement sculpté dans la roche. Il faut absolument le voir le matin, le plus tôt possible, quand le soleil éclaire sa façade sculptée ; vous remarquerez alors que sa pierre est rose. Après avoir passé une série de tombeaux en enfilade, bien conservés pour certains, on arrive à un théâtre entièrement taillé dans la roche et qui pouvait accueillir 6 000 personnes. Plus loin, les tombes royales, impressionnantes par leur gigantisme et leur alignement à flanc de montagne. Ensuite, il faut découvrir un à un les édifices de la ville basse qui laissent entrevoir ce que fut Pétra au temps de sa splendeur (temples, églises, thermes, marchés…).
Puis, grimper 788 marches pour aller admirer l'autre incontournable de Pétra, le Deir, édifice imposant de 45 m de haut et 50 m de large, taillé dans le grès jaune de la montagne. Ses proportions, son état de conservation et son cadre sauvage font de ce temple isolé l'un des plus impressionnants de Pétra. De là, de nombreux sentiers mènent à des belvédères naturels qui offrent de magnifiques points de vue.
Mais Pétra ne se limite pas à ses monuments. C'est aussi une cité étonnante, truffée d'habitations troglodytiques, certaines encore occupées en cachette ! Les Bédouins apportent ces étincelles de vie qui manquent à tant d'autres sites archéologiques, et c'est là aussi un des charmes du site.

Vous avez dit saignant ?

Agatha Christie découvrit Pétra alors qu'elle accompagnait son second mari, un archéologue. Fascinée par les couleurs de ses falaises qu'elle compara à des tranches de rosbif saignant, elle y situa d'abord une nouvelle, *La Perle de grand prix*, parue en 1934, puis *Rendez-vous avec la mort*, en 1937, célèbre roman dans lequel Hercule Poirot doit résoudre un meurtre qui a lieu à Pétra, justement.

ÉTAPE 3

Le Wadi Rum de Lawrence d'Arabie

À 2h au sud-est de Pétra s'étend le Wadi Rum, célèbre pour son cadre unique : de larges vallées sablonneuses variant du rouge au jaune, bordées de montagnes aux à-pics formidables présentant également une gamme de couleurs extraordinaires. Son plus haut sommet, le djebel Um ed Dami (point culminant de la Jordanie), s'élève à 1 854 m d'altitude. C'est là que furent tournées certaines des plus belles scènes de *Lawrence d'Arabie.* D'ailleurs, tout (ou presque) rappelle le personnage. Avant le village de Rum, sur la gauche, une superbe montagne plissée a été surnommée *Les Sept Piliers de la sagesse,* titre de son ouvrage autobiographique... Endroit mythique, donc.

Les amoureux du désert qui ont du temps devant eux feront de très belles découvertes ; le paysage est fantastique, avec les couleurs changeantes de la roche, les étranges djebels et les dunes de sable, et les couchers de soleil y sont inoubliables.

De plus, on y a découvert de nombreuses traces laissées par différentes tribus nomades : temples nabatéens, gravures rupestres bédouines, dessins kufiques et symboles mystérieux gravés par des tribus originaire, d'Arabie Saoudite, plusieurs siècles avant notre ère... Le bivouac, c'est-à-dire le campement itinérant, représente la manière la plus agréable de découvrir le désert, car il permet de profiter de ces caves naturelles, creusées dans le rocher par l'érosion, et dont le Wadi Rum regorge. À l'abri du vent et du froid, réchauffés par un grand feu, c'est là que vous goûterez la vraie joie de la nuit dans le désert !

ÉTAPE 4

La mer Morte côté jordanien

C'est bien ici que les touristes se font photographier en train de lire le journal, flottant à la surface l'eau, le plus naturellement du monde car il est impossible de s'y enfoncer... Se baigner dans les eaux archi-salées du « lac renversé », comme l'appellent les Arabes, est d'une certaine manière une expérience assez étonnante.

Après votre baignade, n'hésitez pas à vous rendre au Dead Sea Panoramic Complex, à la très belle architecture intégrée au paysage. Il s'agrippe aux falaises qui surplombent la mer Morte de 600 m, quasiment à pic. Le panorama est vraiment superbe et le bleu de la mer, intense. Au loin, la Cisjordanie et Jéricho. Aménagé dans une grande salle circulaire d'un bâtiment spacieux et lumineux, un musée conçu intelligemment évoque les origines du lac salé et revient longuement sur les risques de sa disparition d'ici 2050. La création d'une réserve naturelle dans la région est d'ailleurs à l'étude, ce qui serait une bonne chose pour protéger cet écosystème unique en son genre.

Histoire salée

L'endroit bat plusieurs records mondiaux. D'abord, celui de la dépression terrestre la plus profonde : en venant d'Amman, vous verrez, 18 km avant la mer, une borne indiquant le niveau 0. Et l'autoroute de descendre gentiment, vous entraînant dans les profondeurs de la dépression... jusqu'à 424 m. Ensuite, le taux de salinité de la mer est cinq à six fois plus élevé que dans n'importe quel océan ! D'où ce nom de mer « morte » puisque aucune espèce ne peut y survivre, hormis quelques bactéries (et l'*Homo touristicus* bien sûr !).

ASIE

NÉPAL

INDE

SRI LANKA

BIRMANIE

CAMBODGE

THAÏLANDE

VIETNAM

INDONÉSIE

CHINE

JAPON

AUSTRALIE

Durée : 8-12 jours
Distance : 100 km
Point de départ : Kathmandu
Meilleure période : printemps
Vous aimerez : les paysages, les montagnes, la culture et l'art hindous et bouddhiques

NÉPAL

LA VALLÉE DE KATHMANDU, AU PLUS PRÈS DU TOIT DU MONDE

1 • Le point de départ des treks dans l'Himalaya
2 • Kathmandu, dernier arrêt avant le nirvana
3 • À l'ouest de Kathmandu : Swayambunath
4 • À l'est de Kathmandu : Pashupatinath, Bodhnath, Patan et Bhaktapur

Lieu de passage vers l'Himalaya ou lieu d'exploration en soi, Kathmandu et les villes proches, de chaque côté de la rivière Vishnumati, sont dotées d'une dimension à la fois mythique et mystique.

Au pied des sommets les plus hauts du monde, à la jointure entre monde indien et monde tibétain, entre hindouisme et bouddhisme, le Népal a associé ces diverses influences dans son architecture et sa culture. La vallée de Kathmandu, de forme circulaire, adossée aux contreforts de l'Himalaya, n'est pas très étendue – son rayon ne faisant qu'une quinzaine de kilomètres. Pourtant, la population, très dense, se concentre en ces lieux. C'est aussi dans ce cirque naturel que se trouve la plus grande partie du superbe patrimoine culturel népalais. Un voyage en terre de montagnes et de légendes.

ÉTAPE 1

Le point de départ des treks dans l'Himalaya

On peut s'aventurer au plus près des titans. Le choix des pistes – et des durées conséquentes – est vaste, de quelques heures à 20 jours de marche. Grand classique, le tour des Annapurnas présente une merveilleuse variété de paysages : on passe de vallées tropicales à un paysage désertique tout en profitant de magnifiques cascades et de vues splendides sur les montagnes. Une balade aussi intéressante culturellement, puisqu'on traverse de nombreux villages pittoresques. Idéal pour ceux qui veulent se retrouver au cœur des montagnes et admirer de près le mont Everest : les treks de l'Everest. Ils offrent une vue impressionnante sur les géants himalayens, révèlent les splendides lacs de Gyoko et traversent de nombreux villages sherpas. À l'est des Annapurnas, on peut également envisager le trek du Manaslu, une expédition magnifique qui fait le tour du 8e plus haut sommet du monde en passant par des rizières en terrasses, dans une région de culture tibétaine.

Un spectacle béni des dieux

Fantastique : des avions vous promènent au cœur de la chaîne de l'Himalaya. Le trajet le plus prisé est celui qui permet de voir l'Everest. Vue superbe à partir du cockpit. Pourtant, on ne survole pas les montagnes car celles-ci sont plus élevées que l'altitude de croisière de l'avion !

ÉTAPE 2 :

Kathmandu, dernier arrêt avant le nirvana

Fondée au Xe s à 1 350 m d'altitude, au confluent de deux rivières, la Vishnumati et la Bagmati, Kathmandu devient célèbre dans les années 1960 quand les hippies en font leur paradis terrestre. La capitale politique et religieuse du Népal reste une ville mythique, recelant nombre de trésors cachés, de tranches de vie colorées se découpant dans l'effervescence des marchés traditionnels…

Durbar Square reste le coeur historique et religieux de la ville. Au matin, on profite du calme ambiant pour observer les premiers signes d'éveil : parfums d'encens, tintements de cloches, dévots affairés à l'offrande… La mythologie locale se donne à lire dans les bâtiments, comme le beau temple de Maru-Ganesh. Ce minuscule sanctuaire doré abrite une représentation du dieu à tête d'éléphant, protecteur de la vallée. Et on peut croiser danseurs et musiciens avant une représentation au temple de Nasal Devta, la forme dansante de Shiva. Enfin, véritables gardiens de la ville, Shiva et Parvati observent par la fenêtre de leur propre temple tout ce qui se passe sur Durbar Square depuis des siècles.

À l'angle du palais royal apparaissent trois fenêtres d'ivoire, merveilleusement travaillées, uniques au Népal. De là, les rois Malla observaient les défilés et processions. À l'entrée, le temple de Jagannath, l'un des plus anciens de la place (au moins du XVIe s) et richement décoré, présente des motifs érotiques réjouissants… Mais Éros ne va pas sans Thanatos : juste à côté se dresse la terrifiante statue noire de Kala Bhairava, qui attire un monde fou !

L'attention est aussi sollicitée par les chauds reflets du temple de Taleju, dédié à la déesse tutélaire des rois Malla, aux trois étages de toits en cuivre doré, s'élevant à plus de 36 m. Il abriterait l'arc orné d'un fabuleux diamant que Rāma utilisa pour tuer le roi de Lanka dans le *Rāmāyana*…

Pour se reposer, on s'arrête au Jardin des songes. Bancs, bassin, fontaines, pavillons, petit théâtre, et même un agréable café-resto… Une vraie oasis de fraîcheur. En soirée, avec les beaux éclairages et les coassements des grenouilles, c'est la balade romantique par excellence…

Cat… mandu ?

Cat Stevens aurait écrit sa superbe chanson *Kathmandu* dans une maison de thé de la ville… en tout cas, cette histoire est confirmée pour des tas de musiciens qui ont décrit la ville comme l'ultime refuge sur cette planète avant d'atteindre le nirvana, tels Janis Joplin *(Cry Baby)*, John Lennon *(Nobody Told Me)* ou encore Bob Seger *(Kathmandu)*. Elle montre à quel point Kathmandu fut une source d'inspiration dans les années 1960-1970.

ÉTAPE 3

À l'ouest de Kathmandu : Swayambunath

Ce temple bouddhique surnommé *Monkey Temple,* perché sur une colline, offre une vue saisissante sur la ville et la vallée. L'approche par l'escalier est superbe : les singes glissent parfois sur la rampe comme des poulbots ! Considéré comme l'un des premiers sanctuaires bouddhiques au monde (il aurait été fondé voici 15 siècles), il abrite le plus ancien *stūpa* de la vallée. Tout autour, les fidèles font tourner des moulins à prières contenant chacun un texte sacré. Cette prière sera emportée par le vent pour le bien de tous les êtres.

T'as de beaux yeux, tu sais ?

L'énorme *stūpa* de Swayambunath est surmonté d'une flèche ronde à base carrée et orné des yeux bleus du Bouddha, qui voit tout. Les 13 anneaux dorés symbolisent les degrés de la connaissance. L'espèce de point d'interrogation entre les yeux du Bouddha représente le chiffre 1 en écriture sanskrite, affirmant l'unité du divin. Si la bouche est absente, c'est que le Bouddha, qui voit tout et sait tout, ne parle jamais !

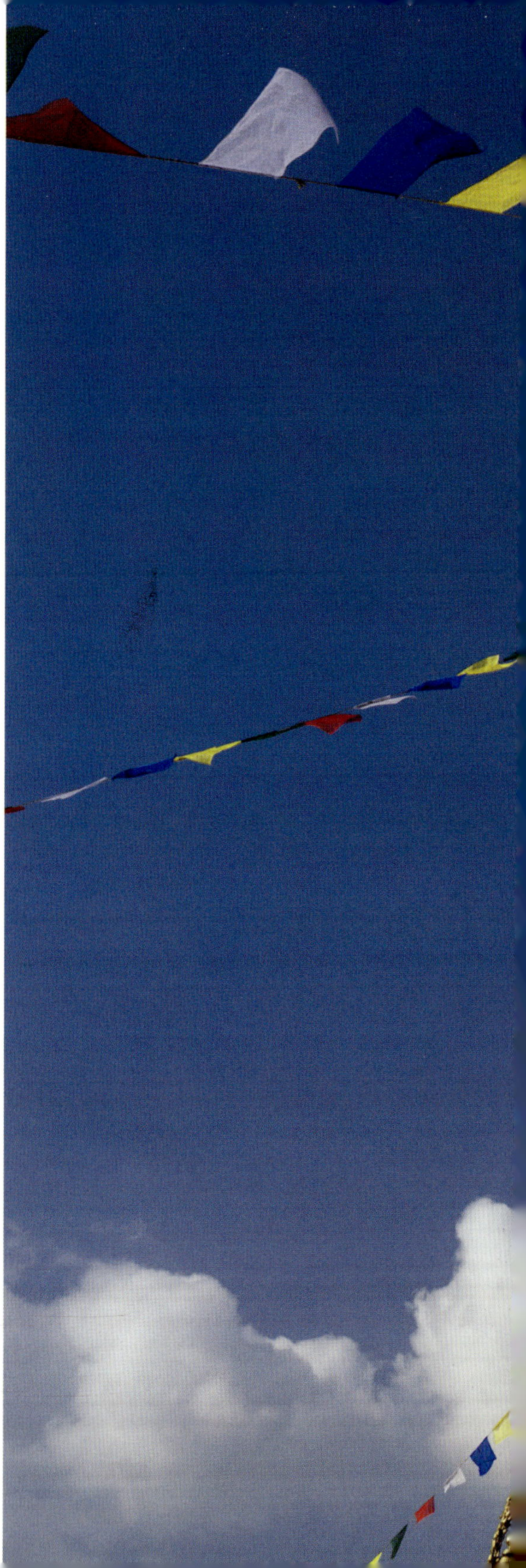

ÉTAPE 4

À l'est de Kathmandu : Pashupatinath, Bodhnath, Patan et Bhaktapur

PASHUPATINATH, « LA VALLÉE DE L'OMBRE »

Pashupatinath est l'un des lieux les plus sacrés du pays, un centre de pèlerinage et de crémation baigné par la rivière Bagmati. L'atmosphère de l'endroit est toute imprégnée de cette terreur sacrée, propre aux lieux où Shiva règne. La rue, qui conduit au temple d'Or, est particulièrement animée avec ses boutiques de fleurs, bondieuseries et ses *sadhus,* ces hommes et femmes couverts de cendre vivant en ascètes, en marge du monde. Les bûchers de crémation sont installés le long de la rivière, sur la rive du temple d'Or. La Bagmati se jetant dans le Gange, la crémation à Pashupatinath a la même valeur qu'à Bénarès. D'un côté, les *ghâts* des pauvres, en pierres plates sur lesquelles sont installés les bûchers. De l'autre, au pied du temple d'Or, ceux des riches, décorés de fleurs. Quant aux *ghâts* de forme circulaire, sur l'autre rive, ils servent aux familles qui reviennent se recueillir, aux ablutions des *sadhus* et même de plongeoirs aux gamins !

BODHNATH, L'UN DES SANCTUAIRES BOUDDHIQUES MAJEURS DE LA VALLÉE

On y dénombre une cinquantaine de monastères, ainsi que le plus grand *stūpa* du Népal (une centaine de mètres de circonférence), composé de cinq terrasses, qui daterait du XIVe s. Ses bâtisseurs en ont fait un *mandala* que seul le Bouddha pouvait contempler.
Dormir ici revêt quelque chose de magique. Le matin, doux réveil au son des trompes tibétaines. En fin de journée, quand les chants bouddhiques résonnent dans les ruelles, laïcs et moines tournent autour du *stūpa*.

Mandala, kezaco ?

C'est une figure où domine le cercle, qui symbolise l'eau, entouré de carrés (la terre), eux-mêmes cernés d'un ou plusieurs cercles extérieurs : soit une source de méditation. Les 13 marches qui séparent l'hémisphère du pinacle du *stūpa* symbolisent les 13 stades permettant l'accès à la connaissance parfaite, appelée *bodhi* (d'où le nom de la ville « Bodhnath »).

PATAN OU LALITPUR, « LA CITÉ DE LA BEAUTÉ »

Ses nombreux temples lui ont aussi valu le surnom de « ville aux mille toits dorés ». La ville possède de très beaux atouts, comme son magnifique petit Durbar Square avec son palais royal renfermant le plus beau musée du Népal. En parcourant la place, on rencontre divers héros accompagnés de leurs montures animalières, logés dans leurs temples respectifs. L'un des plus beaux, avec sa belle façade dorée et richement décorée, est celui de Bhimsen, dieu du Commerce et des Affaires. Deux lions (montures de Bhimsen) en protègent l'entrée. Quant au temple de Vishnu, il est gardé par deux éléphants en pierre surmontés de deux cavaliers, dont l'un écrase de son pied le malin qui voudrait profaner les lieux.

Perdez-vous aussi dans les ruelles tout autour de Durbar Square, entrez dans les cours des maisons, vous découvrirez de petits temples en abondance, des ateliers de bronze à la cire perdue…

BHAKTAPUR, LE « TEMPLE HABITÉ »

Bhaktapur est sans aucun doute la plus belle ville de la vallée, la plus traditionnelle, la plus fervente, la plus émouvante. Cette ancienne capitale royale (du XIVe au XVIIe s) est une merveilleuse petite cité de paysans et d'artisans, parsemée de palais, de temples et de superbes demeures. Bertolucci y tourna certaines scènes de son film *Little Buddha.* C'est un ravissement de voir le soleil se coucher sur les temples de la ville et de parcourir les rues à l'affût de la moindre animation : la lueur d'une gargote, la procession d'une fête, le son d'une fanfare…

Bhaktapur a également conservé son caractère religieux. Ici, plus que partout ailleurs, tout est régi par les dieux. On est d'ailleurs accueilli par les statues de Durga et Bhairava, deux énormes stèles du XVIIe s représentant ces divinités avec des colliers de têtes de mort autour du cou.

Le palais royal apparaît sous la forme de deux longs bâtiments reliés par la porte d'Or, chef-d'œuvre de l'orfèvrerie népalaise représentant une déesse à quatre têtes, réalisée au XVIIe s. À sa droite se dessine le palais aux 55 Fenêtres : une dentelle de bois forme une galerie de 55 fenêtres juxtaposées. Les treillis de bois qui les ornent sont encore en usage dans de nombreuses maisons.

Faites aussi un tour au temple de Pashupatinath, le plus ancien de Bhaktapur (XVe s), qui présente une superbe collection de figures érotiques, postures amoureuses et exercices physiques particulièrement réalistes.

À proximité du Durbar Square, et constituant avec lui l'ensemble monumental de Bhaktapur, se dresse le fameux temple de Nyatapola, dédié à Siddhi Lakshmi, déesse de la Fortune. Construit en 1708 pour rivaliser avec les autres villes royales, c'est le plus beau temple de la ville et le plus haut du pays.

Sur la ravissante place Taumadhi lui fait face le temple de Bhairav, la forme effrayante de Shiva. Il devait s'y sentir seul, car il manifesta un grand mécontentement, frappant les habitants de nombreuses épidémies. On plaça donc, non loin du dieu courroucé, la grande déesse des *Tantras :* Siddhi Lakshmi… Bhairav ne manifesta plus jamais sa colère ! L'ensemble produit un effet fantastique.

On peut également se promener sur l'artère commerçante de Bhaktapur, bordée de maisons superbes et d'échoppes pittoresques. La belle et vaste place finale est bordée de temples et de demeures médiévales. Parmi eux, le superbe temple de Dattatraya, datant du XVe s, est consacré à une « combinaison » de trois dieux : Brahma, Vishnu et Shiva. Le soir, des musiciens s'installent sur sa terrasse. Un symbole du Népal, et un instant d'éternité.

Révolution sexuelle

L'art érotique, si florissant à Bhaktapur, est une application imagée du tantrisme, une philosophie qui émergea au VIe s en Inde. Ses textes et rituels prônent l'éveil de tous les sens, y compris charnels. Ainsi, le tantrisme a ouvert son enseignement non seulement à toutes les castes, mais aussi aux femmes, sans rejeter les croyances hindoues et bouddhiques.

Durée : 10-14 jours
Distance : 1 250 km
Point de départ : New Delhi
Meilleure période : octobre-mars
Vous aimerez : les villes anciennes, l'architecture, les couleurs, le désert

33

INDE

LES PALAIS DES MAHARAJAS AU RAJASTHAN

1 • **Jaipur la rose**
2 • **Udaipur la blanche**
3 • **Jodhpur : oh la belle bleue !**
4 • **Jaisalmer, l'incroyable citadelle**

Dans le nord-est de l'Inde, la traversée enchantée d'un désert d'où émergent les couleurs et les splendeurs des villes : Jaipur, Udaipur, Jodhpur et Jaisalmer.

Découvrir le Rajasthan, c'est parcourir son histoire : querelles entre maharajas, mariages, trahisons, guerres vengeresses. Et c'est aussi se laisser porter par sa magie et sa poésie... Le passé s'exprime avec force dans un patrimoine architectural hors norme. Les principales villes s'égrènent dans des paysages de plus en plus arides en direction de l'ouest, vers le désert du Thar.
Et puis les Rajasthanis dégagent une élégance et un sens esthétique troublants de naturel, sublimés par leurs costumes colorés qui illuminent le sable du désert. Autant d'images superbes auxquelles se mêlent poussière, dromadaires, villages en torchis, temples merveilleux, forteresses austères et palais éblouissants aux enluminures de pierre.

ÉTAPE 1

Jaipur la rose

La capitale du Rajasthan est peut-être la seule ville indienne un peu ancienne qui ait été conçue par un urbaniste. Les Moghols en déclin, Sawai Jai Singh II, maharaja de son état, redescend de sa forteresse d'Amber pour créer, en 1733, sa propre ville. Un véritable Haussmann indien, ce maharaja : il a imaginé lui-même ces grandes avenues rectilignes coupées à angle droit par des ruelles. Et la ville a grandi à l'intérieur de hauts remparts encore intacts. Les rues tirées au cordeau, bordées de bazars, regorgent de vie et livrent de bien beaux édifices souvent construits en grès rose, certains peints de la même couleur en 1875… pour la venue du prince de Galles ! Tout cela est du meilleur effet, surtout au petit matin, ou le soir, lorsque le soleil nimbe la pierre de reflets ocre et dorés. Un écrin pour une grandiloquente résidence princière et un observatoire astronomique étonnant...

Bâti entre 1729 et 1732 par Sawai Jai Singh II au cœur de la ville rose, le City Palace est composé d'un vaste ensemble de palais, pavillons et jardins. Au centre d'une première cour, un très élégant pavillon fin XIXe s, mêle style rajpoute et influence islamique. Il abrite aujourd'hui un intéressant musée de Costumes qui présente des vêtements d'apparat brodés d'or et d'argent, parfois même de pierres précieuses. Dans cette même cour, un escalier mène au musée d'Armes, où l'on découvre la panoplie du parfait tonton flingueur moghol.

Une petite cour est ornée de quatre portes représentant les quatre saisons. La porte des Paons, splendide, représente l'automne et est dédiée à Vishnou. La porte aux Fleurs symbolise l'été (Shiva) ; la Porte verte, le printemps (Ganesh), et la Porte rose, l'hiver (la déesse Devi, forme féminine du Tout-Puissant).

En face du palais se dresse le Jantar Mantar, observatoire astronomique unique en son genre. Construits au XVIIIe s sous la houlette d'une vingtaine d'astronomes, ses instruments aux allures de sculptures abstraites, inscrits au Patrimoine mondial par l'Unesco, se distinguent avant tout par leur taille exceptionnelle, en particulier le cadran solaire, haut de 27 m !

Pourtant, le monument le plus célèbre de Jaipur reste le palais des Vents, sis en plein centre-ville. Cette façade qui n'a rien d'un palais fut bâtie de telle sorte que le vent puisse y circuler et rafraîchir l'atmosphère. Elle permettait aux femmes du harem d'observer la rue sans être vues. De forme pyramidale et haute de cinq étages, elle ressemble à une grosse pièce montée avec ses alvéoles et ses innombrables fenêtres en saillie. Tous les décorateurs de théâtre en rêvent !

« Le Newton de l'Orient »

Intellectuel éclairé, Sawai Jai Singh II (1699-1744) lu tous les écrits d'astronomie qu'il trouva et fit construire cinq observatoires. Celui de Jaipur est le plus colossal. Il s'était en effet aperçu que ni le calendrier hindou ni le calendrier musulman ne tenaient compte de la position réelle des planètes. Or, en démultipliant la taille des appareils de mesure, il est possible d'obtenir une plus grande précision dans les données, y compris par une observation à l'œil nu. Le plus imposant des cadrans solaires peut ainsi déterminer le temps à deux secondes près !

L'ANCIENNE CAPITALE : AMBER

La bourgade d'Amber, ancienne capitale, est dominée par une extraordinaire forteresse, rebâtie à la fin du XVIe s. Amarrée sur son piton et commandant une gorge stratégique sur la route de Delhi, elle s'entoure d'une corolle de remparts courant sur 9 km de crêtes, et cache en son sein un vrai palais des merveilles. Les piliers en grès rouge à l'extérieur contrastent avec les colonnes en marbre blanc de l'intérieur. Une porte couverte de fresques fleuries donne accès aux appartements privés du palais : les femmes du harem, postées au sommet, jetaient des pétales de fleurs sur le maharaja quand il rentrait à la maison... La chambre de la Mousson possédait un étonnant système de refroidissement de l'air : de l'eau parfumée à la rose circulant à travers les murs en marbre apportait un souffle de fraîcheur. L'eau s'écoulait vers le jardin dans un son de sitar, pour alimenter la fontaine du jardin des Femmes... Dans le hall des audiences privées, au plafond magnifiquement ouvragé, on allumait des lampes à huile qui se reflétaient sur une foule de miroirs et de verres colorés... À l'étage, le maharaja pouvait admirer le splendide panorama sur la vallée : les jardins géométriques puis les fortifications et enfin la vieille ville.

ÉTAPE 2

Udaipur la blanche

Maisons blanchies à la chaux, balcons aux fenêtres minuscules, *havelis* (maisons des riches commerçants du XVIIIe s) baroques, palais incroyable – le plus grand du Rajasthan – posé au bord d'un lac enserré de hautes collines font d'Udaipur l'une des villes les plus envoûtantes de l'Inde. Un vrai site pour film à grand spectacle !

Le City Palace reste le meilleur témoin de cet enchevêtrement d'art, de culture, de fantaisie, de caprices de rois, de génie architectural, traces d'une période paisible et prospère où la tolérance et le syncrétisme artistique surmontèrent les instincts guerriers. Si la ville ne fut jamais envahie – ni par les musulmans ni par les Anglais –, au XVIIe s, un traité de paix fut signé entre le maharana d'Udaipur et le Grand Moghol Shah Jahan (celui qui fit édifier le Taj Mahal à Agra). L'entente régnait entre les anciens ennemis à tel point qu'architectes et artistes furent invités à participer à l'édification et à la décoration d'une partie du palais.

Cet incroyable édifice en marbre et granit apparaît comme une forteresse gigantesque, longue de 250 m, haute d'une trentaine de mètres. Udai Singh, fondateur de la ville, fit donner le premier coup de pioche en 1559. Partout, son emblème (le soleil) est arboré – étrangement Louis XIV choisit le même symbole, à la même époque. C'est un labyrinthe de couloirs et de salles, un entrelacs d'escaliers, de cours et de courettes, un dédale de jardins, de patios, de vérandas, d'alcôves et de délicieux petits salons. Le sommet de la colline est agrémenté d'un superbe jardin, d'où l'on a vue sur le lac Pichola et la ville nouvelle... On admire également les magnifiques intérieurs, comme ce patio orné de bas-reliefs de paons (l'oiseau national) en carreaux de faïence et de miroirs d'une grande richesse.

Vie de rajah et vue sur le lac

La promenade en bateau sur le lac Pichola, entre jacinthes d'eau et cormorans, se révèle inoubliable. On s'approche du célèbre *Lake Palace Hotel,* hôtel de rêve installé dans un ancien palais, qui offre une vue admirable sur le City Palace et le lac tout autour. Ce rêve flottant, édifié au XVIIIe s par un maharana afin de pouvoir recevoir ses hôtes de marque, tout de marbre blanc, semble avoir été posé là comme par miracle. Y arriver en bateau le soir est un moment digne des *Mille et Une Nuits* !

ÉTAPE 3

Jodhpur : oh la belle bleue !

La forteresse de Jodhpur, tout en grès rouge, l'une des plus belles et des plus imposantes de l'Inde, s'élève à plus de 135 m au-dessus de la cité ; elle s'étend sur plus de 400 m. Édifiée au XVe s en véritable nid d'aigle par le fondateur de Jodhpur, le *rao* Jodha, qui donna son nom à la ville, elle renferme plusieurs palais, des temples, des cours... Les maharajas vécurent ici jusqu'au début du XXe s, puis s'exilèrent à l'Umaid Bhawan Palace (une énorme pâtisserie des années 1930 située sur une butte au sud-est de la ville). Passé une belle porte ouvragée, les cours intérieures laissent apparaître de superbes façades sculptées. Le palais, juché au sommet de la forteresse et transformé en magnifique musée, abrite des splendeurs telles ces dizaines de fenêtres ajourées – où les femmes observaient sans être vues – arborant 250 dessins géométriques différents ! La salle de réception présente un plafond très décoré et des peintures à l'or, œuvre d'un seul artiste. C'est une débauche d'ornementation et de jeux de lumière.
Surtout, la promenade des remparts offre un panorama stupéfiant sur la vieille ville. En fin d'après-midi, le bleu des maisons des brahmanes émerge petit à petit jusqu'à éclater de couleur, donnant un aspect particulièrement frais à la cité. Laissez-vous aller au hasard des ruelles étroites, l'ambiance y est particulièrement attachante. Sourires, petits gestes de la main, petits métiers de la rue, portes des maisons ouvertes sur l'extérieur... La vie, quoi !

ÉTAPE 4

Jaisalmer, l'incroyable citadelle

Cette époustouflante forteresse ocre émerge de la plaine désertique du Thar tel un grand château de sable né de l'imagination d'un enfant, avec ses bastions comme autant de pâtés. Un rempart de 5 km relie ces derniers, épousant le rocher mère. Cette « Carcassonne du désert », citadelle la plus ancienne du Rajasthan après celle de Chittorgarh, a été fondée en 1156, mais ses murailles datent principalement des XVe et XVIe s. Hautes d'une dizaine de mètres, elles ont été édifiées sans mortier : les blocs de pierre, dont certains atteignent 3 m de haut, ne tiennent que par leur poids ! Au couchant, leur teinte dorée donne à la forteresse des allures de merveille.

Parmi les 99 tours et les 4 portes monumentales, celle qui fut la porte principale du fort jusqu'au XVIe s présente un délicat décor ciselé et d'harmonieux graphismes au fronton. Un petit Ganesh est là pour bénir tous ceux qui la franchissent.

On débouche sur la place principale, bordée de belles demeures et des façades finement ciselées du palais du Rajmahal. Celui-ci, bâti à partir du début du XVIe s, dresse ses façades entièrement enluminées de pierre ciselée sur 7 étages. On tombe sous le charme du dédale d'escaliers, de courettes aux arcades et fenêtres travaillées, des portes en bois sculpté, des mosaïques. D'ingénieux systèmes de récupération des eaux, stockées dans des citernes souterraines, complètent l'ensemble. La terrasse de la plus haute tour offre une vue sublime sur les remparts et une partie de la ville extra-muros.

LES PALAIS BOURGEOIS DE LA VILLE BASSE

On y découvre un magnifique ensemble de *havelis,* ces maisons des riches commerçants. Et on reste ébahi devant la finesse des façades et des balcons incroyablement ouvragés ! C'était à qui bâtirait le plus bel édifice, le plus haut, le plus imposant. On peut visiter la Patwah-ki-Haveli, ensemble de 5 maisons attenantes édifiées entre 1800 et 1860 par un banquier jaïn pour ses cinq fils. Les pierres de grès jaune ne sont pas maçonnées, mais ont été taillées de manière à pouvoir s'encastrer et ainsi solidifier la construction. La première maison est occupée par des collections anciennes, à la richesse époustouflante. On découvre cuisine et salle à manger, élégante chambre au lit d'argent, salon avec aiguière géante, peintures et miroirs au plafond installés pour amplifier la lueur des bougies, superbes portes en bois sculpté, plafonds à caissons et murs peints rehaussés d'or. Et encore, au hasard des couloirs, des collections d'astrolabes, de turbans et de casse-noix de bétel... Traces de l'intense activité commerciale due aux caravanes sillonnant le désert – un désert préservé, ponctué de temples, de minuscules villages et, de-ci de-là, des dunes où il fait bon dormir autour d'un feu.

Désert, dromadaires, palais, rois puissants et princesses à l'ombre des fenêtres ajourées : voyager au Rajasthan, c'est vivre un conte de fées, un rêve éveillé.

L'héritage jaïn

Au XVe s, la forteresse abrita jusqu'à 15 temples hindous et 8 temples jaïns. De ces derniers, 7 demeurent, formant un fantastique ensemble finement ouvragé, aux structures imbriquées entre elles.

Autrefois, quelque 3 000 jaïns vivaient à Jaisalmer. Chassés de leur bastion à la fin du XVe s, ils s'éparpillèrent pour beaucoup dans le Rajasthan. Enrichis par le commerce sur la route de la Perse et du Moyen-Orient, les marchands de la communauté payèrent de leur poche la construction de certains bastions de la forteresse, mais aussi financèrent ces chefs-d'œuvre, où la pureté du marbre blanc contraste avec le grès mat.

Durée : 12-16 jours
Distance : 1 000 km
Point de départ : New Delhi
Meilleure période : hiver
Vous aimerez : les monuments, la statuaire, les ambiances

INDE

GLOIRE DES ROIS, DES REINES ET DES SAINTS DANS LA VALLÉE DU GANGE

1 • **Le Taj Mahal d'Agra, « cette larme sur la joue du temps »**
2 • **Fatehpur Sikri, la « ville de la Victoire »**
3 • **Khajuraho, les plaisirs du tantrisme**
4 • **Varanasi (Bénarès), la ville de la délivrance**

Prenant sa source dans les contreforts de l'Himalaya, dans le nord-ouest de l'Inde, le Gange se jette dans le golfe du Bengale. C'est le long de son cours, et de celui de son affluent la Yamuna, qu'ont été édifiés les plus belles villes et les plus beaux monuments indiens : Agra et son Taj Mahal, Fatehpur Sikri et Varanasi (Bénarès).

On suit ici le lit du plus sacré des fleuves de l'Inde, sorti de l'orteil de Vishnou, arrêté dans sa course impétueuse par le sourcil de Shiva, qui l'emprisonna dans sa chevelure avant de le laisser descendre sur la Terre ! Les empereurs moghols ont construit sur ses bords mausolées, palais, forteresses et temples qui suscitent encore l'émerveillement. Ici, traditions et religions se sont superposées, voire entrelacées. Un périple entre splendeurs guerrières et ferveurs religieuses qui s'achève en apothéose à Varanasi, cœur palpitant de l'hindouisme.

ÉTAPE 1

Le Taj Mahal d'Agra, « cette larme sur la joue du temps » (Tagore)

Ce chef-d'œuvre de l'architecture moghole est devenu l'emblème de l'Inde. Ce sont les musulmans qui donnèrent à Agra sa grandeur, et plus précisément les empereurs moghols. Au XVIe s, Akbar, guerrier insatiable et souverain puissant, choisit Agra au début de son règne et y édifia l'impressionnant Fort Rouge. Au début du XVIIe s, Shah Jahan, le dernier des grands empereurs moghols, redonna vie à la cité.

LE TAJ MAHAL, LE MONUMENT LE PLUS VISITÉ D'INDE

Les architectes, qui avaient compris la magie du théâtre, dissimulèrent le mausolée derrière un immense portail de grès rouge, si bien qu'on le découvre brutalement, avec tout le suspense d'un rideau qui se lève. La vision est éblouissante, presque irréelle : dressé au fond d'un long jardin, le mausolée de marbre blanc est flanqué de part et d'autre de deux superbes édifices de grès rouge. Grâce au long bassin qui le réfléchit, il semble flotter dans les airs...

Combinant éléments architecturaux perses, islamiques et d'Asie centrale, le fastueux tombeau est coiffé d'un puissant dôme et encadré par quatre minarets graciles, d'une splendeur inouïe. L'ensemble a été bâti dans un magnifique marbre blanc du Rajasthan et enluminé de mille et une inscriptions calligraphiques, motifs végétaux et bandeaux décoratifs en pierre polychrome marquetée. La vaste terrasse dominant la rivière Yamuna offre une vue, à gauche, sur une mosquée en grès rouge destinée à sanctifier l'endroit, et à droite, sur une réplique exacte destinée à maintenir l'harmonie architecturale de l'ensemble. Des pelouses et de nombreux bancs accueillent les âmes romantiques.

LE FORT ROUGE

Si le Taj chante l'amour, le Fort Rouge donne un aperçu de la puissance de cet empire moghol qui domina presque toute l'Inde au XVIIe s. Il se tient au sein de puissants remparts de grès rouge, hauts de 21 m, dominant la Yamuna. À l'intérieur de l'enceinte, une enfilade d'époustouflants palais de marbre entourés de jardins. Le palais de l'empereur Jahangir, bâti en grès rouge, mêle typiquement styles hindou et musulman. Une vaste cour, avec arcades et piliers finement sculptés, contraste avec un dédale de passages, de salles et de corridors, décorés de fleurs et d'oiseaux.

L'amour perdu de l'empereur Shah Jahan

La disparition de sa 3e épouse, muse et compagne de tous les instants, à la beauté légendaire, laissa le cœur du monarque dévasté. Il fit vœu de construire un monument à sa mémoire qui n'ait pas son pareil au monde. Comme aucun architecte du royaume n'était capable de concevoir un projet à la dimension de la douleur de l'empereur, il aurait alors convoqué l'architecte perse le plus célèbre et fait tuer sa fiancée. Comprenant alors la terrible douleur du sultan, l'architecte fut capable d'imaginer le Taj Mahal... S'ensuivirent 17 années (1631-1648) de dur labeur pour plus de 20 000 artisans, venus, dit encore la légende, des quatre coins du monde connu.

ÉTAPE 2

Fatehpur Sikri, la « ville de la Victoire »

Bâtie par l'empereur Akbar à partir de 1572, la citadelle de Fatehpur Sikri tient du Fort Rouge d'Agra, en plus baroque. Le site fut choisi suite à la bénédiction d'un ermite qui permit à Akbar d'avoir trois fils. Cette étrange fantaisie architecturale en grès rouge traduit des inspirations religieuses très différentes : hindoue, musulmane et chrétienne. Elle reflète la vision d'un souverain à l'esprit tolérant et universaliste. Cette capitale fut pourtant abandonnée une quinzaine d'années après le début de sa construction, à la suite d'un assèchement des ressources en eau. Les habitations ordinaires étant tombées en ruine, les 10 km de remparts semblent aujourd'hui enserrer une ville fantôme, la plus magnifique et la mieux préservée de l'Inde, inscrite au Patrimoine mondial de l'Unesco.

La salle des audiences privées symbolise l'ouverture d'esprit de cet empereur : elle comporte une grosse colonne magnifiquement sculptée rassemblant des éléments d'arts jaïn, moghol, hindou, persan, turc et bouddhique. Akbar s'y entretenait de sujets religieux, y compris avec les jésuites de Goa. Les différentes influences culturelles s'entremêlent merveilleusement dans un travail sur pierre, tapissant l'intérieur du palais en véritables tableaux de bas-reliefs représentant oiseaux, bêtes sauvages, fleurs et feuillages, mais aussi arches et croix. Une somptueuse fusion architecturale et artistique.

LA GRANDE MOSQUÉE

On peut l'aborder par la Porte Sublime, entrée colossale de 52 m de hauteur érigée en 1575 pour commémorer la conquête du Gujarat par Akbar. La grande arche ornée de décors incrustés fait figure de chef-d'œuvre moghol. Cette mosquée, construite sur le modèle de celle de Samarkand, comporte un extérieur modeste (hormis les portes), mais l'intérieur révèle une grande richesse : arabesques florales et dessins géométriques complexes courant sur les arcades lui donnent un charme majestueux.

De la mosquée, on profite de la vue sur un paysage agricole superbe. Puis, de la vieille ville fantôme, on peut partir la recherche de vestiges en se promenant dans les champs de moutarde…

ÉTAPE 3

Khajuraho, les plaisirs du tantrisme

Khajuraho est l'antique capitale de la dynastie rajpoute des Chandela, qui eut son heure de gloire entre les Xe et XIIIe s. De cette période fleurirent ces temples, beaux exemples de l'art indo-aryen et surtout célèbres pour leurs sculptures érotiques. La pierre témoigne ici de l'histoire et des mœurs de l'Inde de cette époque, avec un style d'une pureté remarquable et dans un excellent état de conservation.

Les temples sont recouverts de panneaux ou de niches sculptés, où tous les sujets sont passés en revue : la vie des rois, des reines, des divinités, aussi bien que celle des guerriers. La luxure, la toilette, les réceptions, toutes les cérémonies intimes ou publiques sont évoquées, toujours avec une pointe d'humour. Le symbolisme animal ou végétal y tient une bonne place, mais les scènes de la vie de tous les jours ne sont pas en reste. Ainsi, on voit Vishnou transformé en sanglier fouiller le sol de son groin pour libérer la déesse Terre enfouie par un démon mal intentionné, mais aussi une femme au réveil, s'étirant et bâillant, une autre lançant une balle – le dos bien musclé dessiné par l'effort –, tandis qu'une troisième s'enlève une épine du pied. Et puis un couple au 7e ciel malgré une position des plus acrobatique, un autre échangeant un beau regard amoureux, sans oublier un singe ludique interrompant deux amants en pleins préliminaires ou un autre ôtant le sari d'une femme…

Le tantrisme, une mystique du sexe

Il ne s'agit pas d'une simple pratique sexuelle, mais d'une conception philosophique indo-tibétaine dans laquelle le sexe devient source d'extase spirituelle, outil pour créer un état de fusion entre la conscience et l'énergie vitale. Les scènes d'amour figurent l'oubli de soi-même, l'abolition du temps : l'individu se trouve à même de sentir la puissance divine. Les adeptes élèvent donc le sexe au rang du divin, du sacré.

ÉTAPE 4

Varanasi (Bénarès), la ville de la délivrance

Ici, peu de temples ou de mausolées, pas de forteresse spectaculaire mais une ambiance à nulle autre pareille. C'est pour les hindous le point de rencontre du monde physique et du monde spirituel. On est happé par cette activité palpitante au bord du Gange et par la ferveur sacrée des cérémonies. Chaque année, 3 ou 4 millions de pèlerins viennent effectuer leurs ablutions rituelles dans le Gange pour se décrasser l'âme. Les eaux du fleuve sont censées laver toutes les fautes accumulées au cours des vies passées.

LE GANGE ET LE QUARTIER DU CHOWK

C'est un des marchés les plus riches et variés qui soient : vendeurs de jouets en bois, marchands de soies, d'épices... et vaches sacrées. On se perd avec bonheur dans le labyrinthe des ruelles étroites et tortueuses de ce vieux quartier qui longe les *ghâts* (marches qui bordent le fleuve), toujours très animées.
Les ablutions dans le Gange, au soleil levant, constituent un spectacle fascinant. D'un bout à l'autre de la ville, suivant la courbe du fleuve, les escaliers de granit forment un long piédestal que descendent chaque matin des dizaines de milliers de pèlerins. Après les ablutions, les ghâts débordent d'animation : il y a là des masseurs, des vendeurs de fleurs, des barbiers, des nettoyeurs d'oreilles, des astrologues, des gurus qui interprètent les textes sacrés, des yogis...
Revenez au bord du Gange, au coucher du soleil, pour le *puja,* cérémonie de l'offrande de la lumière au Gange. De jeunes brahmanes parés de tuniques chatoyantes accomplissent une chorégraphie rituelle de chandeliers décrivant des arabesques harmonieuses au milieu des volutes d'encens. Dans une atmosphère un peu irréelle, des centaines de petites bougies dérivent avec lenteur sur le fleuve sacré. Superbe.

LES CRÉMATIONS

Ici plus qu'ailleurs, la mort fait partie de la vie. Car tout hindou qui meurt à Varanasi a l'assurance de voir son âme monter au ciel, sans passer par le cycle sans fin des renaissances. Il n'est donc pas rare de rencontrer des vieillards, assis sur le bord du Gange, attendant leur fin prochaine. Ce désir de mourir au bord du Gange explique aussi la profusion de palais érigés par les maharajas tout au long du fleuve, aujourd'hui à l'abandon pour la plupart.
Seuls deux *ghâts* sont dévolus aux crémations, en particulier Manikarnika Ghât, près duquel se trouve le puits sacré de Shiva où l'on jette des tonnes de fruits, de fleurs... Sur une plateforme brûlent une dizaine de bûchers. Les cendres sont ensuite confiées à l'eau sacrée du Gange.
Dans un dialogue constant entre la vie et la mort, entre les petites réalités de ce monde et le salut divin, ce voyage le long du Gange ne laisse jamais le voyageur intact : on quitte toujours Varanasi en ayant changé une parcelle de son âme.

Gange à tout faire

Les pèlerins doivent se baigner en cinq endroits différents. Chaque matin, le rite pour atteindre l'état de pureté et la *moksha* (la « délivrance ») est immuable : prononcer le mantra sacré, s'immerger complètement trois fois de suite et boire une gorgée d'eau du Gange dans sa main. Après, libre à lui, ou à elle, de se brosser les dents, de se laver les cheveux, de se savonner un bon coup, de nager, de laver son linge...

Durée : 8-12 jours
Distance : 200 km
Point de départ : Cochin
Meilleure période : hiver
Vous aimerez : la vie sur l'eau, la plage, les sites historiques

35

INDE

LE KERALA EN BATEAU LE LONG DES *BACKWATERS*

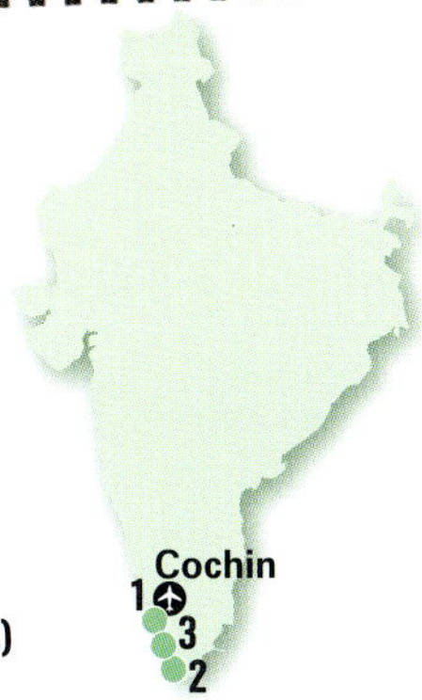

1 • **Porte d'entrée : Kochi (Cochin) et Ernakulam**
2 • **D'Alappuzha, « la petite Venise indienne », à Kollam, au coeur des backwaters**
3 • **Plus au sud : le Kerala balnéaire de Varkala et Kovalam**

À la pointe sud-est de l'Inde, bordée par la mer d'Oman, le Kerala est une région originale et unique, tant sur le plan des paysages – car ici l'eau dicte sa loi – que de sa population (c'est le seul État indien où il naît plus de femmes que d'hommes), de sa culture (avec un théâtre dansé singulier) mais aussi de sa cuisine. Un voyage complet pour tous les sens.

Au « pays des cocotiers » (c'est le sens du mot « *kerala* », en langue locale), la nature est généreuse et variée : ici, les routes principales, les ruelles, les carrefours sont tout en eau ! Les *backwaters,* vaste réseau de rivières, de lagunes et de canaux, sillonnent la région. Ces lagunes, creusées par les courants, charrient des sables qui bouchent les estuaires des fleuves et des rivières. Des canaux artificiels les relient entre elles, et une digue naturelle les protège des flots de la mer d'Oman, formant un véritable réseau de voies aquatiques navigables et de lacs. On s'y déplace à bord des *houseboats,* des embarcations traditionnelles aménagées pour accueillir des passagers. Et puis, les plages du sud du Kerala sont une invitation au farniente, ce qui complète merveilleusement l'exploration de cet univers unique…

ÉTAPE 1

Porte d'entrée : Kochi (Cochin) et Ernakulam

Port très actif et en plein essor, Kochi est surtout connu pour ses trois presqu'îles, toutes bien différentes les unes des autres. Fort Cochin-Mattancherry, la presqu'île à l'ouest, est la partie la plus ancienne et la plus agréable.

À l'entrée du port ou autour des ponts, on y découvre les carrelets locaux, dits *chinese nets* : d'énormes filets de pêche fixes, suspendus sur de longues perches de bois ou de bambou. À admirer au coucher du soleil... Leur implantation daterait du passage d'un amiral chinois au XIVe s. Scène typique, la vente de la pêche au petit matin. Dans le port, on voit encore des *dhows,* ces bateaux à voile qui transportent des marchandises entre l'Inde et la péninsule arabique depuis des siècles.

À Mattancherry, on se rendra au Dutch Palace – curieux d'avoir baptisé « palais hollandais » cette résidence édifiée par les Portugais en 1555, pour leur gouverneur, avant d'être restituée au roi local ! Mais, ceci explique cela, elle fut rénovée par les Hollandais en 1663, pendant leur présence à Kochi. Partout, de très beaux plafonds à caissons, sculptés ou peints. L'histoire du Kerala, en général, et de Fort Cochin, en particulier, est présentée à l'aide de cartes dessinées par les divers envahisseurs, de monnaies, de portraits royaux. On y voit aussi de très beaux palanquins et costumes tra-

Sur le carreau

Sur le sol de la synagogue, de très beaux carreaux de faïence chinoise du XVIIIe s, peints à la main, tous différents, racontent l'amour impossible d'une jeune fille de mandarin pour un homme du peuple. Selon la légende, des commerçants chinois les auraient transportés pour les offrir au maharaja de Cochin. Mais les perfides Hollandais, qui voulaient barrer la route à leurs concurrents, auraient suggéré au roi que la peinture des faïences avait été élaborée... à base de sang de vache (sacrilège s'il en est !). N'en voulant plus, le roi en fit don à la synagogue !

ditionnels, outils et bijoux. Le clou de la visite : les deux salles décorées de fresques murales du XVIIe s, dont certaines représentent des scènes du *Rāmāyana*. Seules quatre couleurs composent les fresques : le noir provient de la noix de coco brûlée, le blanc est une pâte à base de coquillages, le vert-bleu vient d'une feuille et les tons rouge, orange et jaune d'une pierre ocre. Très bien conservées, elles comptent parmi les plus belles de la région, notamment celle du beau et facétieux Krishna entouré de ses admiratrices, des bouvières très taquines. Pour vous amuser, faites comme les guides locaux et demandez à votre voisin qui est la seconde épouse de Vishnou, représenté ici en majesté... Réponse : la planète Terre !

Derrière le Dutch Palace se trouve la synagogue de Cochin. Construite en 1568, elle compte parmi les plus anciennes d'Inde toujours en activité... Les premiers Juifs auraient débarqué sur la côte de Malabar au Ier s de notre ère, peu après la destruction du temple de Jérusalem par Titus, en l'an 70. Elle abrite de magnifiques lustres de cristal, offerts par la communauté juive de Belgique (le lustre central, lui, vient de Murano). Dans les rues avoisinantes, sur les maisons, des noms comme Jacob, Cohen... Car une communauté juive très ancienne vit toujours à Kochi : ce quartier, Jew Town, possède une architecture et une atmosphère bien caractéristiques. On remarque, aux fenêtres des maisons, le *svastika,* symbole religieux hindou, et juste à côté, d'autres linteaux arborent l'étoile de David...

Derrière la synagogue, le vieux Kochi a un charme indéfinissable et rare. Maisons anciennes et modestes, entrepôts d'épices parfois désaffectés se succèdent ; l'arrière des entrepôts donne directement sur l'eau, et il fut un temps où les bateaux débarquaient leurs épices ici. Aujourd'hui, le commerce des épices (et du riz) s'est déplacé au nord de Jew Town, en direction de Fort Cochin où l'ambiance est animée le matin lorsqu'arrivent les livraisons. On peut s'embarquer, ici, pour une promenade en bateau de plusieurs heures sur les *backwaters*, avec un arrêt dans un village où les femmes tissent le coir (la fibre de coco) sur de drôles de machines. Hérons, martins-pêcheurs et autres aigrettes vous accompagnent dans votre périple.

ÉTAPE 2

D'Alappuzha, « la petite Venise indienne », à Kollam, au cœur des *backwaters*

Petite ville typique du Kerala, animée et étendue, Alappuzha (ou Alleppey) constitue le point de départ d'une croisière mémorable. Les *houseboats,* avec leurs carapaces arrondies en nattes de bambou, ont un côté indéniablement romantique. À l'origine, ces bateaux étaient destinés au transport des marchandises (épices, riz...). Leur fond en natte de coco et en bois d'*anjili* ne comporte pas de clous, les lattes de bois étant liées et colmatées par du *coir,* puis badigeonnées d'une résine extraite des coques de la noix de cajou.

Cette balade offre au regard quelques-uns des plus étonnants paysages qui soient, où l'eau, la terre et le ciel se mêlent et se confondent. Vous croiserez de lourdes embarcations aux allures renflées de *sampans* chinois transportant riz, *coprah* (graisse de coco) et *coir.* Sur le rivage, les habitants viennent chercher l'eau à l'aide d'une cruche, battent leur linge, bref, mènent leur vie. Même les enfants vont à l'école en barque... À certains endroits pointent des filets chinois, manœuvrés par des pêcheurs coiffés de chapeaux coniques à la chinoise. En fin d'après-midi, les cocotiers se reflètent dans les flots et les couleurs se font de plus en plus chatoyantes, avant de laisser place à la nuit noire. Le long des rizières résonnent alors les crissements des criquets et le chant des grenouilles. Le lendemain, à l'aube, c'est un pur plaisir que de voir la nature s'éveiller.

La balade aquatique (80 km) vous mène à Kollam (ou Quilon), l'un des plus anciens ports de la côte keralaise, qui fut un pôle majeur dans le commerce des épices. Coincé sur une péninsule entre la mer et le lac Ashtamudi, relié à tout le réseau des *backwaters,* l'emplacement était de choix ! Aujourd'hui, cette petite cité animée est toujours entourée de plantations de noix de cajou.

ÉTAPE 3

Plus au sud : le Kerala balnéaire de Varkala et Kovalam

L'ancien petit village côtier bien tranquille, de Varkala est devenu une vraie petite station balnéaire, rendez-vous des voyageurs en quête de soleil et d'*ayurveda.* Car la nature est belle : la mer, le sable fin, la falaise surplombant la plage qui s'enflamme au coucher du soleil, les petites chutes d'eau dans les environs ; tout est réuni pour un séjour de rêve... Et les amateurs de *body surf* apprécieront les vagues.

Quant à Kovalam, sur la côte de Malabar, c'est tout simplement l'une des plus célèbres plages de l'Inde. Rien que la mer, les palmiers, le farniente... Et le matin, dans une lumière magnifique, on admire le spectacle des pêcheurs remontant les filets ou allant les poser. On peut également se promener en bateau sur le bras de mer et la lagune. La lumière du coucher de soleil sur les plages est tout aussi superbe : offrez-vous une belle balade, de concert avec les Indiens, qui apprécient, eux aussi, ce moment de la journée... Eau douce ou salée, flots tranquilles ou vagues puissantes, l'univers aquatique du Kerala est un vrai bonheur des sens, un bain de jouvence.

L'*ayurveda*, « science de la vie »

Aujourd'hui, cet antique système médical indien connaît un véritable renouveau, notamment au Kerala. Ses principales théories furent fixées à l'époque védique, 5 000 ans av. J.-C. Comme toute médecine digne de ce nom, elle comprend plusieurs branches : médecine générale, pédiatrie, gériatrie, ORL, psychiatrie, toxicologie, médecine interne, chirurgie. Extrêmement complexe et codifiée, elle ne traite pas les symptômes isolés mais la personne en entier, dans son rapport avec son environnement. Selon son analyse, le thérapeute aura recours à la pharmacopée (à base de plantes), aux massages, aux exercices de yoga, à la méditation, et même à la diététique.

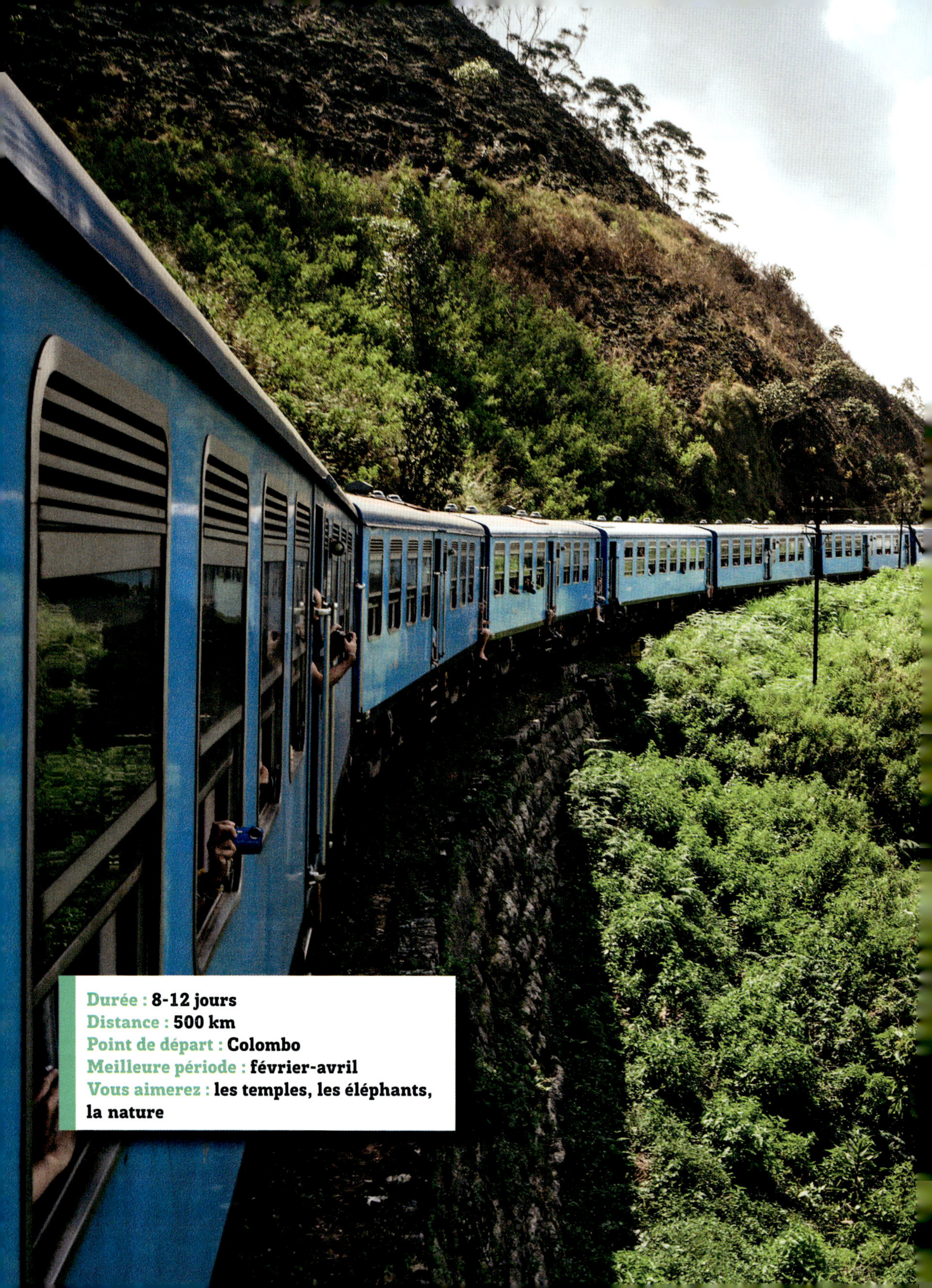

Durée : 8-12 jours
Distance : 500 km
Point de départ : Colombo
Meilleure période : février-avril
Vous aimerez : les temples, les éléphants, la nature

SRI LANKA

PARFUMS ET SPLENDEURS AU CŒUR DU JOYAU

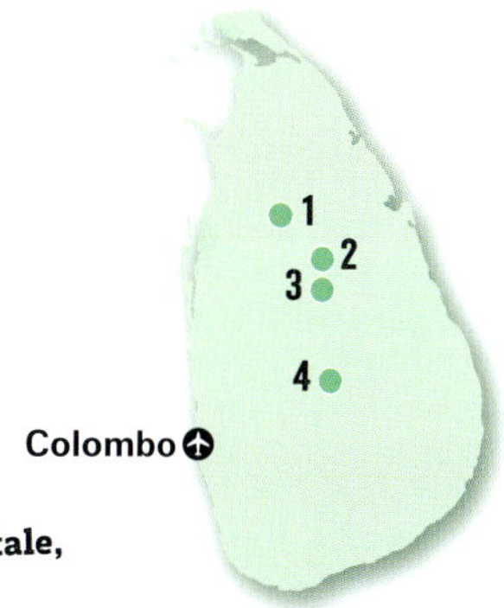

Taprobane, Serendip, Radnapita, Ceylan, Sri Lanka... Autant de noms qui ont désigné au cours des siècles cette petite goutte de terre tombée au milieu de l'océan Indien. C'est à l'entrée du golfe du Bengale, à seulement quelques dizaines de kilomètres de la pointe sud de l'Inde, que se trouve Lanka, cette « île resplendissante », portant merveilleusement bien son nom.

En son cœur s'étend la région dite du « Triangle culturel », formée par les trois villes d'Anuradhapura, Polonnaruwa et Kandy. Cités enfouies pendant des siècles sous la jungle, édifices religieux couverts de végétation ou d'une blancheur immaculée, bouddhas et palais majestueux, sites nichés dans des lieux insolites et jardins resplendissants, ce triangle révèle à lui seul les traces de toutes les civilisations ayant vécu sur l'île. Alors préparez-vous, 25 siècles d'histoire vous attendent !

ÉTAPE 1

Anuradhapura et Mihintale, l'éveil du sacré

Anuradhapura fut fondée au IVe s av. J.-C. Mais c'est un siècle plus tard et sous l'impulsion d'un moine que la cité se convertit au bouddhisme. Elle conserva son statut de capitale jusqu'au XIe s, puis fut abandonnée, et la jungle reprit ses droits. De ces siècles dorés, on ne trouve plus que les ruines de nombreux temples, palais, sanctuaires, bassins et autres dagoba (monuments saints) qui imposent toujours autant le respect. Deux magnifiques bassins situés au nord de la vieille ville servaient aux bains purificateurs des hauts dignitaires religieux. Plus à l'ouest, on fait face au majestueux dagoba Abhayagiri, le plus grand et le plus beau que compte le site, avec sa base cernée d'éléphants en pierre blanche. Enfin, le temple de Mahasena abrite une superbe pierre de lune (dalle en demi-cercle), considérée comme la plus pure et la mieux dessinée du pays. On y distingue éléphants, chevaux, lions et buffles symbolisant la naissance, la vieillesse, la maladie et la mort. De là, on redescend vers les lacs pour découvrir le *Sri Maha Bodhi Tree,* l'arbre du Bouddha, l'endroit le plus sacré de la ville. C'est ici que fut plantée au IIIe s av. J.-C. une bouture de l'arbre sacré de Gaya, en Inde du Nord, connu pour être celui sous lequel le Bouddha connut l'illumination. Enfin, c'est également au IIIe s av. J.-C. que fut édifié à même la roche le temple Isurumuniya, un sanctuaire rupestre à l'atmosphère paisible niché au bord d'un petit plan d'eau à proximité du lac Tissa Wewa.

D'Anuradhapura, on prend la route vers l'est jusqu'à distinguer au loin quatre petites collines qui émergent de la plaine : Mihintale. Si l'ensemble s'organise sur deux niveaux, la partie haute reste la plus intéressante. C'est en effet à hauteur de la *dagoba* Ambasthale que se serait tenue la rencontre mythique entre Mahinda et le roi Dewanampiya Tissa.

Depuis cette esplanade, on prend de la hauteur pour profiter de deux superbes vues. La première se dévoile après avoir grimpé les quelques volées de marches permettant de rejoindre le sommet du rocher de l'Aradhana Gala. La seconde, elle, se découvre depuis le dagoba Mayaseya, un édifice perché à plus de 300 m qui contient un cheveu du Bouddha.

Rencontre au sommet

C'est à Mihintale que le moine Mahinda, disciple du Bouddha, décida de s'installer, au IIIe s, pour propager la parole de son maître. Il y rencontra le roi Dewanampiya Tissa qui, séduit par son discours et sa doctrine pacifiques, se convertit au bouddhisme, entraînant avec lui l'île entière. Le site permet de profiter de vues fabuleuses sur les rizières, les collines et la jungle environnantes, tout en s'offrant une séance de méditation la tête dans les nuages.

ÉTAPE 2

Le domaine des éléphants, d'Habarana à Polonnaruwa

On prend ensuite la direction du centre de l'île pour rejoindre Habarana. La localité est surtout intéressante pour sa proximité avec les deux parcs nationaux de Minneriya et Kaudulla. Leur visite se fait essentiellement l'après-midi, au moment où les éléphants, véritables stars des lieux, viennent s'abreuver. Environ 400 pachydermes passent d'un parc à l'autre à la recherche de points d'eau. Ils se réunissent dans le parc de Minneriya aux mois d'août et de septembre pour leur « congrès annuel », offrant un spectacle exceptionnel.

À moins d'une cinquantaine de kilomètres d'Habarana, on découvre l'ancienne capitale oubliée de Polonnaruwa. Fondée au XIe ou XIIe s, elle fut elle aussi envahie par la jungle après son abandon. La visite commence au musée de Polonnaruwa, le plus beau de l'île, abritant de magnifiques collections d'objets archéologiques et de sculptures. De là, on descend d'abord vers le sud pour saluer la statue du roi Parakrama Bahu (1153-1186), qui mit en valeur la splendeur des lieux. Puis on remonte en direction de l'enceinte de la citadelle où l'on prend le temps d'admirer la frise sculptée de la salle du Conseil de Parakrama Bahu, courant tout autour des marches de cette élégante construction qui s'élève sur trois niveaux.

Mais le vrai trésor de la citadelle est la Dala Maluwa, ou « terrasse de la relique de la Dent », comprenant une douzaine de monuments majestueux dont l'Hatadage, temple qui abrita pendant longtemps la célèbre dent du Bouddha !

Plus au nord, on pénètre dans le temple de Lankatilaka, comme on rentre dans une cathédrale, sa nef de plus de 50 m de long étant réellement impressionnante. Puis vient le Kalu Gal Vihara, certainement le monument le plus étonnant de Polonnaruwa, avec ses quatre statues taillées dans une immense paroi de granit.

La vengeance de l'éléphant

À l'intérieur du Kalu Gal Vihara se trouve un bouddha allongé de 15 m de long. Au XIXe s, un illuminé britannique lui tira dessus à deux reprises, l'atteignant à la cuisse. Les impacts, comme deux cicatrices, sont toujours visibles aujourd'hui. Si le coupable parvint à s'enfuir dans la jungle, il croisa un éléphant qui l'écrabouilla d'un coup de patte. Vengeance divine ?

ÉTAPE 3

Sigiriya et Dambulla, du toit du monde au centre de la terre

L'origine de la fondation de Sigiriya est sombre. Le roi Kassyapa, avide de pouvoir, tua son père, chassa son frère et érigea une forteresse au sommet d'un roc dominant la région. Mais 18 ans plus tard, son frère banni revint d'Inde avec des troupes pour le déloger. Le site fut ensuite confié à des moines avant de sombrer dans l'oubli.

Superbe et solitaire, la forteresse-palais de Sigiriya défie toujours la jungle depuis le sommet du gigantesque monolithe rouge aux parois abruptes sur lequel elle est perchée. La partie basse du site n'était autrefois constituée que de cours, terrasses, bassins et piscines de marbre, le tout ceint d'un système défensif composé de hautes murailles et de canaux grouillants de crocodiles. Il ne reste aujourd'hui que les ruines des somptueux jardins conçus au Ier s de notre ère par des architectes paysagistes. Ils mènent naturellement à la falaise proprement dite. Après avoir gravi les premières volées de marche, on découvre dans une faille naturelle de la roche de superbes fresques déroulées sur une vingtaine de mètres. Celle représentant les *Demoiselles de Sigiriya,* commandée par le roi Kassyapa, constitue l'une des curiosités majeures du Sri Lanka. Nul ne sait qui étaient ces demoiselles : reines ou servantes, déesses ou concubines ? En tout cas, elles sont sublimes.

C'est au niveau de la première plateforme que l'on découvre la forteresse. Autrefois symbolisée par une énorme tête de lion, il ne subsiste de la majestueuse entrée que deux grosses pattes de pierre. Kassyapa avait établi son palais au sommet, flottant au ras des nuages, et les ruines reflètent encore la splendeur de l'ensemble. De là-haut, un panorama grandiose plonge sur l'horizon et permet d'observer la remarquable ordonnance des jardins.

Autre lieu insolite du Sri Lanka, les grottes de Dambulla, situées au centre du Triangle culturel. Choisies comme refuge par un roi chassé de la cité d'Anuradhapura un siècle avant notre ère, elles furent transformées en des temples richement décorés une fois le trône reconquis par le souverain. L'ensemble est devenu un lieu saint du bouddhisme et l'un des plus beaux sites de l'île. Le sanctuaire se compose de cinq cavités aux murs peints dans lesquelles se tiennent quelque 150 bouddhas. On remarquera également, à l'entrée du site, une impressionnante statue du Bouddha haute de 30 m, offerte au Sri Lanka par la Thaïlande, la Corée du Sud et le Japon.

Désir et volupté

Au départ de la montée du rocher de Sigiriya apparaissent de nombreux graffitis. Là, sur un garde-fou, des millions d'admirateurs des *Demoiselles de Sigiriya* ont inscrit dans toutes les langues des mots d'amour, commentaires audacieux et phrases licencieuses. Les plus anciens remonteraient au VIIe s, et les plus récents au XIIIe s. La traduction s'avère parfois assez osée ! « Des jeunes filles comme vous font palpiter le cœur des hommes et vous savez aussi faire frissonner leur corps, raidissant leur chevelure de désir. »

ÉTAPE 4

Croquer Kandy à pleines dents

La route reliant Dambulla à Kandy n'est pas surnommée « la route des épices » pour rien : on y trouve toutes les épices tropicales imaginables ! On visitera avec plaisir l'un des nombreux jardins d'épices de Matale.

C'est le nez chargé de senteurs que l'on arrive à Kandy, capitale des rois cinghalais restée indépendante jusqu'en 1815. Kandy est surtout devenue la capitale du bouddhisme cinghalais depuis qu'elle accueille la *Dent sacrée* du Bouddha, gardée bien à l'abri dans la vaste enceinte d'un temple.

Dans la ville, on ne manquera pas le Musée national de Kandy, situé dans un ancien palais du XVIIIe s. Il présente un large éventail d'objets usuels et artistiques des XVIIIe et XIXe s, dont des instruments de musique, des vêtements, des bijoux, des tissus anciens, des livres en feuilles de palme, des bois sculptés et autres ivoires ciselés. Un petit lac artificiel offre également une atmosphère paisible dont il fait bon profiter.

Mais le plus bel endroit pour achever ce périple est très certainement le Peradeniya Botanical Garden, l'un des jardins botaniques les plus célèbres du monde. Il occupe 60 ha à moins de 10 km du centre de la ville. On y déambule avec plaisir, sous de véritables cathédrales végétales, toujours empreintes de cette sérénité qui ne nous a jamais quittée depuis notre arrivée sur l'île.

Le périple de la dent

La légende raconte que cette dent fut sauvée de la crémation du Bouddha vers 480 av. J. -C. Une princesse indienne aurait essayé de l'emporter au Sri Lanka, dissimulée dans sa belle chevelure. Cependant, la dent fut saisie par l'armée tamoule du sud de l'Inde. Les Portugais s'en emparèrent et l'expédièrent à Goa, où elle aurait été réduite en cendres et jetée à la mer.

Mais d'après les fidèles, il ne s'agissait pas de la dent originale : la vraie serait bien arrivée au Sri Lanka et serait restée cachée dans les différentes capitales choisies par les rois cinghalais, jusqu'à son arrivée à Kandy à la fin du XVIe s, où on lui construisit un temple. Certains étrangers, qui eurent la chance de la voir, décrivirent alors une dent longue de 3 pouces, qui serait en fait une dent de buffle. Mais le sacré l'emporte !

Queen's
SLTB KANDY NORTH DEPOT

Durée : 10-14 jours
Distance : 700 km
Point de départ : Yangon/Rangoon, puis rejoindre Bagan
Meilleure période : hiver
Vous aimerez : les temples, les paysages géologiques

BIRMANIE

LA BIRMANIE A RETROUVÉ LE SOURIRE

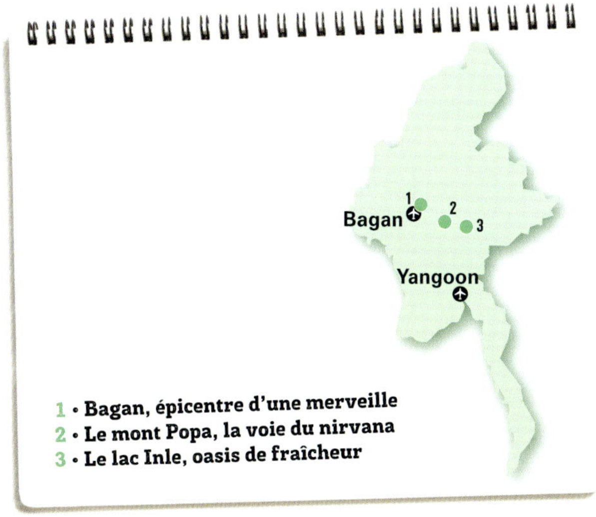

La démocratie retrouvée, partez à la découverte des sites les plus majestueux du Myanmar, des temples de Bagan aux rives du lac Inle en passant par le mont Popa.

Telle une fleur qui aurait mis plusieurs siècles à s'ouvrir, le Myanmar (ex-Birmanie) s'est révélé à la suite d'une révolution démocratique entamée en 2007. La douceur de son parfum, c'est l'hospitalité de sa population, et chacun de ses pétales représente un site enchanteur.

Bagan, avec ses 2000 temples, pagodes et *stūpas,* est certainement le plus envoûtant. On le découvre à vélo, en toute liberté, le long de chemins de terre arborant la même teinte ocre que celle dont se couvrent les édifices au coucher du soleil. Puis, à 60 km au sud-est, se dressent les flancs du mont Popa et l'étonnante silhouette du Taung Kalat, vertigineux piton rocheux coiffé d'un superbe monastère. Quant au lac Inle, entouré de montagnes, aux rives abritant villages sur pilotis et jardins flottants, il révèle l'un des plus beaux paysages du Myanmar.

ÉTAPE 1

Bagan, épicentre d'une merveille

Bagan, dont la fondation remonte au IXe s, est un véritable musée à ciel ouvert. À l'heure où se couche le soleil, la lumière vient carresser les pierres, de monuments épars, sur une surface de 42 km². Le site semble émerger d'un songe. Avant de pénétrer dans l'enceinte de ce quartier historique, on prendra le temps de contempler le temple d'Ānanda. Construit au XIIe s, il s'élève sur 5 terrasses dont le sommet culmine à 56 m. Il arbore pas moins de 1 000 fenêtres et abrite plus de 1 400 statuettes de Bouddha.

À l'intérieur de l'Old Bagan, plusieurs édifices se distinguent. Tout d'abord la pagode Mahabodhi, construite au XIIIe siècle, avec sa majestueuse pyramide d'inspiration indienne. En prenant la direction du fleuve, on rejoint ensuite le temple Gawdawpalin, édifié en 1174. Plus au sud, on remarque le temple Pahtothamya par son architecture beaucoup plus épurée. Il s'agit d'un des édifices les plus anciens, sa construction remontant au Xe s. Il abrite de magnifiques fresques bouddhiques et des sculptures polychromes. Enfin le temple Thatbyinnyu, plus à l'est, est le plus haut du site (61 m). On ressort ensuite de l'enceinte de l'ancienne ville pour rejoindre la pagode Shwesandaw, qui offre depuis son sommet des points de vue superbes pour les amoureux de photos, surtout au coucher du soleil. De là-haut, on aperçoit l'Anawratha Road, filant vers le nord-est, l'une des deux voies principales reliant Old Bagan au quartier de Nyaung Oo. La première halte en chemin se fait à hauteur de Khay-Min-Gha, un ensemble de petites pagodes et de *stūpas,* qui présente à lui seul tout l'éventail de styles architecturaux que l'on peut rencontrer sur le site. Puis vient la pagode Alo-Daw-Pyi, dite « la pagode d'un seul souhait », édifice le plus visité par les Birmans en pèlerinage. Pour voir son vœu exaucée, il faut obéir à un rituel : offrir neuf fleurs et neuf fruits différents. S'il se réalise, le pèlerin devra revenir offrir une pierre précieuse au Bouddha. À voir les nombreux diamants, rubis, émeraudes et autres saphirs dont ce dernier est paré, on ne peut qu'y croire !

Enfin, on repère de loin l'étincelante et grandiose pagode Shwezigon, du groupe des « pagodes d'or » (leur fondation remonterait à l'époque de Bouddha). Achevée autour de l'an 1090, c'est l'une des plus vénérées de Bagan, car elle abriterait un os frontal du Bouddha et la réplique d'une de ses dents (l'original se trouvant à Kandy, au Sri Lanka). Son style architectural est là encore typiquement birman : de sa base partent trois terrasses rectangulaires suivies d'une octogonale puis d'une dernière terrasse ronde.

Pagode, *stūpa* et autre *patho*

Le mot « pagode » ou « paya » (signifiant « sacré ») désigne un lieu de prières et d'offrandes. Celui-ci contient souvent plusieurs bouddhas et peut posséder différentes chapelles. Le mot « stūpa » s'applique, lui, à une structure pleine et fermée, en forme de cloche, renfermant généralement des reliques du Bouddha ou des objets sacrés. Sa forme représente l'arbre de vie et l'axe reliant le Ciel et la Terre. Enfin, le mot « patho » désigne un temple carré ou rectangulaire, généralement surmonté d'une structure décorative en forme de ruche alvéolée, ou d'épis de maïs. Elle symbolise une fleur de lotus, en référence à la naissance du Bouddha.

ÉTAPE 2

Le mont Popa, la voie du nirvana

À 60 km au sud-est de Bagan, surplombant la plaine du haut de ses 1 518 m d'altitude, le mont Popa est un ancien volcan (classé aujourd'hui parc national), lieu de pèlerinage bouddhique… et surtout un important refuge pour les *nats*. Jusqu'au XIe s, les rois ne manquaient d'ailleurs jamais de leur rendre visite avant d'entamer leur règne. Son ascension offre de splendides panoramas et permet de découvrir un immense cratère aujourd'hui noyé dans la verdure.
Au pied du mont se dresse le Taung Kalat, un piton rocheux couvert de végétation culminant à 700 m au-dessus de la plaine. Un monastère bouddhique s'est perché, depuis les années 1960, au sommet de cette ancienne cheminée volcanique. Un palais des *nats* offre une pause à mi-chemin de la montée. Arrivé au sommet, la vue embrassant la plaine envoûte le regard : d'un côté, les temples de Bagan émergent dans le lointain quand de l'autre, le mont Popa domine la région d'un air protecteur.

Les *nats*, esprits vénérés

Le culte animiste des *nats* vient d'Inde. La croyance est fondée sur le principe suivant : tout être est animé par un esprit. Il en existe deux sortes : les « nats supérieurs » sont les esprits des anciens rois, des nobles et des moines ayant fait preuve au cours de leur vie de courage et de générosité. Souvent victimes d'une mort injuste et brutale, ils n'ont pas pu se préparer à leur renaissance et sont condamnés à errer sur terre. Pour les sédentariser, les Birmans leur construisent de petits sanctuaires. Quant aux « nats inférieurs », ils habitent les terres, les forêts, les sources, les montagnes, les maisons. Certains sont mauvais, et tous alimentent des légendes transmises depuis des siècles, devenues partie intégrante de la culture populaire.

ÉTAPE 3

La lac Inle, oasis de fraîcheur

À partir de la localité de Kalaw, on peut se lancer dans une randonnée au milieu de paysages magnifiques de montagnes et de rizières. Une approche du Myanmar rural, de ses petits villages sortis d'un autre temps et des différentes ethnies qui les peuplent.
Une fois arrivé au bord du lac Inle, on découvre un décor somptueux fait de petites habitations sur pilotis, temples, jardins flottants et barques portées par les flots. Si ses rives réservent de belles balades aux férus de vélo, c'est en embarquant sur une pirogue que l'on peut vraiment découvrir la vie des Intha, le peuple du lac. Leur technique de pêche est des plus étonnantes : le pêcheur se tient debout, une jambe actionnant la rame, l'œil à la recherche du moindre poisson, agissant dans une chorégraphie de virtuose.
Au nord d'Ywama, Nga Phe Chaung est un monastère en bois habité par des dizaines de… chats ! On y trouve plus de 70 statuettes de bouddhas, offertes par les habitants du lac en guise d'ex-voto. Non loin de là, le village sur pilotis de Kela permet d'observer au mieux la vie quotidienne sur le lac Inle. Les jardins, découpés en bandes, assemblés ou séparés les uns des autres, forment de petits canaux qu'empruntent sur leurs pirogues les villageois qui les cultivent.
À environ 20 mn en pirogue, au-delà de Ywama, un autre village vaut le détour : In Dein. De part et d'autre d'un long passage couvert, abritant de nombreux étals, on peut y admirer les ruines de dizaines de *stūpas* du XVIIe s noyées dans la végétation. Et une croisière permet de rejoindre le lac Sankar, au sud du lac Inle, en traversant petits villages lacustres et paysages variés, faits de montagnes, rizières et forêts de bambous. Voguant au milieu de ces décors somptueux, on prend conscience que la fleur birmane n'a pas éclos ces dernières années. Elle s'est seulement révélée au monde, et elle n'est pas prête de fâner.

Jour de marché

Les différents marchés, qui se tiennent dans les villages disséminés autour du lac, constituent autant d'occasions de se plonger dans une étonnante effervescence et de rencontrer les tribus montagnardes descendues vendre leurs marchandises. Pour régaler les papilles, les étals proposent plusieurs spécialités telles que le *nom nyin chin* (feuilles de moutarde et carottes), le *tou huu* (pâte de haricots fermentée) ou encore le *nang tamin* (mélange de riz et de poussins).

Durée : 6-8 jours
Distance : 50 km
Point de départ : Siem Reap
Meilleure période : hiver
Vous aimerez : les monuments, les paysages, la vie lacustre

CAMBODGE

CŒUR DE PIERRE ET CŒUR D'EAU AU CAMBODGE

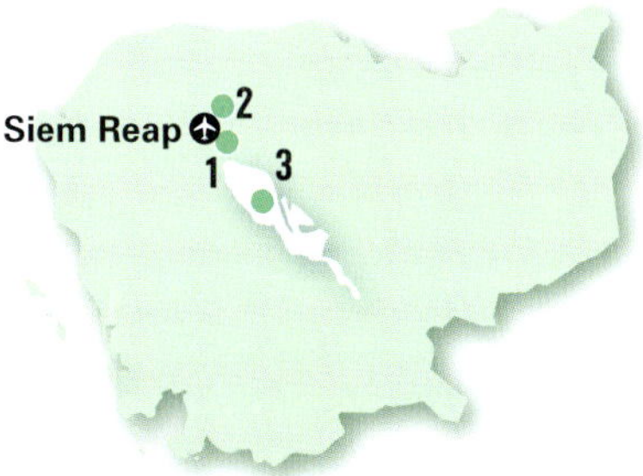

1 • Siem Reap, plus qu'une simple porte d'entrée
2 • Remonter le temps le long des pierres d'Angkor
3 • Voguer sur le plus grand lac d'Asie du sud-est, le Tonlé Sap

Les hauts lieux du nord-ouest cambodgien : Angkor, bien sûr, mais aussi le village de Siem Reap et le lac Tonlé Sap.

Le tournant du 3e millénaire a sonné au Cambodge comme une résurrection. Le pays referme enfin le chapitre le plus terrible de son histoire, quatre années marquées du sceau de la terreur semée par les Khmers rouges. Ces drames font aujourd'hui partie du passé, et les nouvelles générations sourient au monde et à un avenir meilleur. Le cœur historique du Cambodge, la majestueuse cité d'Angkor, est parvenue à traverser les siècles sans rien perdre de sa magie. Son nom suffit à évoquer un arbre imposant, dont les puissantes racines enlacent les pierres sculptées d'un temple somptueux. La région a profité de la popularité d'Angkor pour se développer, à l'image de la ville de Siem Reap. Elle abrite également un cœur aquatique, qui nourrit plus de trois millions d'habitants vivant sur ses rives : le lac Tonlé Sap.

ÉTAPE 1

Siem Reap, plus qu'une simple porte d'entrée

Située à 300 km au nord de la capitale Phnom Penh, Siem Reap sert de porte d'accès et de lieu de séjour pour visiter Angkor. Celle qui n'était qu'une bourgade, au début des années 2000, a su surfer sur la popularité de sa légendaire cité voisine pour se développer et s'affirmer. On y reste volontiers pour prendre le pouls de l'animé quartier du vieux marché ou pour goûter à l'ambiance festive des nombreux bars branchés de la délirante Pub Street.

Enfin, la visite du National Angkor Museum est devenue incontournable. Ce musée moderne et didactique s'organise autour de huit galeries offrant des parcours à la fois thématiques et chronologiques. Bouddhas, divinités et rois constituent une excellente initiation à la civilisation khmère et une introduction idéale à la découverte d'Angkor.

Jeux d'ombre et de lumière

À Siem Reap, deux institutions proposent de superbes spectacles. Au *Phare,* cirque, théâtre, danse, musique et contes traditionnels se mêlent dans des spectacles éblouissants de poésie, tradition et modernité. À l'*Apsara Theatre,* une magnifique salle toute de bois vêtue accueille, chaque soir, des représentations de danses locales retraçant la légende du *Râmâyana,* épopée mythologique hindoue. Une plaisante entrée en matière dans les mythes locaux avant de découvrir Angkor.

BE.V.I.P KHMER MASSAGE
SOLEX

ÉTAPE 2

Remonter le temps le long des pierres d'Angkor

« Une basilique fantôme, immense et imprécise, ensevelie sous la forêt tropicale », en disait Pierre Loti. Dans la splendeur dorée du soleil couchant, la statuaire exceptionnelle d'Angkor, sertie de végétation échevelée, semble sur le point de prendre vie. Pourtant, le cœur qui bat un peu plus vite au milieu de ces pierres légendaires est désormais celui du visiteur, tant Angkor parvient à exciter l'imagination et favoriser l'inspiration.

D'après une étude archéologique, le site s'étendait à l'origine sur près de 3 000 km², soit une surface trois fois plus vaste que celle qu'on lui connaît aujourd'hui.

Angkor Wat est véritablement le joyau du Cambdoge, représenté au centre du drapeau national. On considère qu'une armée de 300 000 ouvriers et 6 000 éléphants participèrent durant 37 ans à sa construction. Temple-montagne dédié à Vishnou, dieu suprême de l'hindouisme, tout y est symbolique, à commencer par ses différents murs d'enceinte, qui représentent la chaîne de montagnes sur laquelle repose le mont Meru, centre de l'Univers pour les hindous (probablement le mont Kailash, au Tibet). Le temple devient alors le centre de la capitale et du royaume. Les bas-reliefs des galeries de la seconde enceinte constituent 800 m de chefs-d'œuvre sculptés. On tombe sous le charme du sanctuaire, avec sa succession de terrasses, d'escaliers, de cours et de petits autels.

À 1 700m de la porte principale d'Angkor Wat se dresse Angkor Thom, véritable ville fortifiée comprenant plusieurs temples. Au bout d'une longue avenue bordée d'arbres, on aperçoit la célèbre porte sud, constituée d'une arche sublime de 23 m de haut surmontée d'un mystérieux bouddha, à quatre visages, coiffé d'une tiare. De chaque côté du pont permettant de franchir les douves, 54 statues de géants tiennent le *Nāga* sacré, serpent mythique de l'hindouisme, représentant du « barattage de la mer de lait », l'un des mythes essentiels de cette religion. Angkor Thom est ceinte d'une imposante muraille et dotée de cinq portes monumentales, les plus remarquables étant celle de la Victoire et celle des Morts, sur le côté est. En son centre, le temple du Bayon est baigné de mystère. Une forêt de gigantesques têtes regardent dans toutes les directions, dominées par 54 tours de pierres (il en reste encore 37) représentant les 54 provinces de l'Empire khmer de la fin du XIIe s, chacune ornée de quatre visages illustrant les quatre vertus du Bouddha : bienveillance, compassion, altruisme et équanimité (humeur égale). Le tout forme un magnifique dédale dans lequel on se perd à loisir.

À 300 m plus au nord, le Baphuon, l'un des plus grands édifices du Cambodge ancien, dévoile une pyramide vertigineuse abritant notamment, sur sa façade occidentale, un bouddha couché long de 60 m.

Le Ta Prohm complète à merveille ce périple au cœur de la cité d'Angkor. Lieu le plus romantique, mélange unique et grandiose de pierre et de bois – car resté longtemps livré à la jungle environnante –, il correspond plus que tous les autres à cette vision mythique d'arbres majestueux ayant poussé au milieu des temples anciens. Pourtant, il y a huit siècles, ce « monastère du roi » abritait 260 divinités servies par plus de 10 000 personnes, vivant toutes dans l'enceinte de cette « ville dans la ville ».

Enfin, il faut également sortir des sentiers battus et se laisser guider par son instinct, à l'image des premiers explorateurs français qui découvrirent le site au XIXe s. Vous pourrez alors vous retrouver au milieu de la splendide ville disparue de Preah Khan, en face du bassin de Neak Pean, à l'intérieur du temple du Mébon oriental ou encore au sommet de la pyramide de brique de Pre Rup.

Petite histoire angkorienne

La glorieuse capitale de l'Empire khmer fut fondée au IXe s par le roi Yasóvarman Ier, héritier du royaume de Chenla, s'étendant sur toute la péninsule indochinoise. Si la cité porte son nom, les habitants l'appelent tout simplement Angkor, « capitale ». Le site fut choisi pour sa proximité avec le lac Tonlé Sap, mais aussi pour ses collines, la rivière Siem Reap et ses plaines fertiles permettant la culture du riz. En 1113, Sûryavarman II, prince sans scrupule, s'empare du pouvoir. Conquérant insatiable, il élargit considérablement l'Empire khmer et dote sa capitale de la plus grandiose de ses construction : l'Angkor Wat. Le dernier souverain ayant profondément influencé le site sera Jayavarman VII. Si jusqu'alors Angkor était hindoue, il en fait un site bouddhique et fait construire un nombre considérable de temples et une ville royale, l'Angkor Thom. Puis la cité entame son déclin, jusqu'à être délaissée au XIVe s. Depuis, la nature a magnifiquement repris ses droits.

ÉTAPE 3

Voguer sur le plus grand lac d'Asie du sud-est, le Tonlé Sap

C'est sur les rives du lac Tonlé Sap, situé à une quinzaine de kilomètres au sud de Siem Reap, que le peuple khmer s'est installé à ses origines, dans de petits villages lacustres constitués d'habitations sur pilotis. Aujourd'hui, plus de 3 millions de personnes vivent sur ou autour du lac, se déplaçant au rythme des crues et des décrues.

Les enfants se rendent à l'école en bateau, les femmes font leurs courses en pirogue ou guettent le bateau-épicerie. Le poisson constitue la base de l'économie et de l'alimentation. On le pêche, on le fait sécher, on le pile pour en faire du *prahoc,* une pâte de poisson agrémentant la cuisine cambodgienne, ou on le transforme en farine pour alimenter les nombreux porcs… élevés directement sur l'eau ! L'ONG Osmose propose aux visiteurs d'être les témoins, sinon les acteurs, d'une nature et d'une population essayant de vivre en osmose avec le lac, à son rythme. Traversée du lac, observation des oiseaux en pleine forêt inondée, déjeuner traditionnel au restaurant communautaire, visite de villages flottants en pirogue, c'est là le meilleur moyen de comprendre le mode de vie des pêcheurs et de côtoyer une population au sourire contagieux.

Un cœur aquatique

Fonctionnant comme un véritable cœur, le lac Tonlé Sap se gonfle et se dégonfle au rythme des moussons, multipliant sa superficie par 4 et sa profondeur par 10, par un phénomène de vases communicants. En crue, le fleuve Mékong atteint un niveau supérieur à celui du lac ; il force alors le courant de la rivière Tonlé Sap à s'inverser pour aller remplir le lac en amont. La mer intérieure ainsi formée inonde les forêts et les champs alentour. Parmi les plus poissonneuses au monde, elle attire une foule d'oiseaux d'eau, dont plusieurs espèces en voie de disparition. Lorsque les rives se découvrent à la saison sèche, le sol émergé est devenu assez fertile pour permettre une activité agricole. Grâce à ce cœur aquatique, les habitants de la région peuvent réaliser jusqu'à trois récoltes de riz par an, au lieu de deux dans le reste du pays.

Durée : 4-6 jours
Point de départ : Bangkok
Meilleure période : hiver
Vous aimerez : les temples, les canaux, la modernité urbaine

39

THAÏLANDE

BANGKOK, LA VILLE AUX MULTIPLES FACETTES

1 • La cité sage et spirituelle
2 • L'authenticité thaï au fil de l'eau et dans l'assiette
3 • La Bangkok urbaine et branchée

Un périple de quelques jours dans Krung Thep, la fantastique « Cité des anges » thaïlandaise.

Capitale depuis 1782, Bangkok est une ville paradoxale. Elle suit le rythme effréné des autres mégapoles mondiales en mêlant toujours sites authentiques et quartiers branchés. On se croise sans se presser sur des trottoirs encombrés de marchands, les quartiers d'affaires succèdent aux maisons sur pilotis et de petits parcs apportent autant de tâches de verdure au milieu de l'urbain. Ainsi le *Skytrain,* métro aérien, permet de relier entre elles les pépites que recèle encore la ville : temples superbes, halles grouillantes de vie, restaurants traditionnels et petits canaux bucoliques lui ayant valu le surnom de « Venise de l'Orient ». Des gigantesques centres commerciaux aux roulottes des cuisines de rue, des marchés aux étals branlants jusqu'aux *rooftop bars,* de la porte d'un temple sacré à celle d'un *nightclub* à la mode, la « cité des anges » n'a tout simplement pas de limites.

ÉTAPE 1

La cité sage et spirituelle

Une architecture exhubérante. C'est la seule forme de folie que s'autorisent les nombreux temples que l'on trouve à Bangkok. Le National Museum constitue la meilleure des introductions à leur visite. Ce superbe musée abrite les chefs-d'œuvre de l'art thaïlandais, ainsi que d'anciens pavillons ou temples, placés ici pour leur conservation.

Le complexe de 219 ha regroupant le temple Wat Phra Kaeo et le Grand Palais est le plus majestueux d'entre eux. Le Wat Phra Kaeo a été édifié par le roi Rāma Ier au XVIIIe s pour accueillir la statuette du Bouddha d'émeraude. Ce dernier est placé au sommet d'un piédestal de 11 m et protégé par un baldaquin à 9 niveaux, symbole de la royauté universelle. Si les édifices entourant le Wat Phra Kaeo sont tous plus opulents les uns que les autres, l'un d'entre eux, le Panthéon royal, ruisselant d'or et de faïence bleue, abrite des statues représentant les dirigeants de la dynastie actuelle grandeur nature. Sur tout le pourtour de l'édifice se déroule une immense fresque de 178 panneaux retraçant la version thaïe du *Rāmāyana,* un des récits épiques fondateurs de l'hindouisme. Certaines pièces du Grand Palais, ancienne résidence royale encore surveillée par des gardes vêtus de blanc, se visitent également.

Autre grand ensemble, le Wat Pho comprend notamment le temple abritant un imposant bouddha couché (45 m de long pour 15 m de haut). Il s'agit du plus ancien temple de Bangkok et, sans doute, du plus beau, car situé dans un espace recelant coins de verdure et de détente. Le Wat Pho abrite encore des moines, une école de massage qui mérite le détour si l'on veut se relaxer, des diseurs de bonne aventure et autres espaces de méditation.

À quelques mètres des grands temples, celui du Wat Mahathat, plus secret et discret, se réveille le dimanche, jour d'une impresssionante prière collective. Ce centre de méditation, parmi les plus réputés du pays, est ouvert aux non-initiés.

Quant au Wat Arun, riverain de la Chao Phraya traversant la ville, il est l'un des symboles de Bangkok. Conçu pour être le premier a recevoir la lumière du matin, il en impose par ses dimensions. Il est surtout reconnaissable à son impressionnante tour centrale culminant à 114 m et recouverte de tessons de porcelaine.

Bouddha voyageur

L'histoire du Bouddha d'émeraude fait partie des célèbres légendes de l'Orient. Au XVe s, c'est à Chiang Rai qu'on découvrit cette statuette du Bouddha, alors couverte de stuc. Sous le stuc apparut une statue de jade resplandissante, que l'on prit pour de l'émeraude. Elle fit un séjour à Lampang, plus au sud, puis le roi de Chiang Mai décida de la récupérer. Un siècle plus tard, la voilà au Laos, ayant suivi les princes dans leur conquête. Après plusieurs voyages encore, le roi Rama Ier, à la fin du XIIIe s, la rapporta en Thaïlande. On lui érigea alors un temple définitif, le Wat Phra Kaeo, achevé en 1784.

ÉTAPE 2

L'authenticité thaïe au fil de l'eau et dans l'assiette

C'est tout près du temple du Wat Arun que l'on peut embarquer sur un bateau « longue-queue », à la forme longiligne et à sa proue relevée, pour s'enfoncer dans les *khlong,* ces canaux qui sillonnent la partie ouest de Bangkok – une promenade qui permet de plonger dans la vie locale. Loin des gratte-ciel et de la circulation, ils forment un labyrinthe aquatique ponctué de centaines de maisons en bois sur pilotis, de temples modestes, de coquettes villas, de jardins flottants et de petits commerces sur l'eau, le tout sillonné par un ballet incessant d'antiques barques. Au fil de l'eau, on saisit des scènes de vie pittoresques, éloignées de la folie de la mégapole. À la sortie des *khlong,* la croisière se poursuit sur le fleuve Chao Phraya. C'est une excellente manière de découvrir le Wat Arun, le Wat Pho et le Grand Palais sous un autre angle, tout en remontant vers le nord et le quartier de Thewet, célèbre pour son marché aux fleurs. Mais le lien le plus puissant entre tradition et modernité, c'est certainement la cuisine thaïlandaise qui l'établit. Le développement et la popularité de la *street food* a clairement transformé la tradition culinaire ancestrale en un élément inséparable du paysage urbain des grandes villes asiatiques. À Bangkok, des centaines de petites cantines ambulantes éclosent à la tombée du jour ; de vrais rendez-vous gastronomiques et des adresses originales ont émergé, où l'on déguste riz frit et nouilles épicées.

À table !

La base de la cuisine thaïlandaise est le riz. On le fait frire et on l'accommode de mille et une façons. La plupart des plats sont assez relevés pour un palais peu entraîné. Les nouilles frites sont délicieuses, tout comme certains plats de légumes locaux cuisinés dans des sauces aromatisées à la viande. Car ce qui donne toute sa saveur à la cuisine thaïe, ce sont les épices et les herbes : coriandre, curry, menthe, citronnelle, piment, safran et gingembre… Des sauces à base de poisson, de moules, d'huîtres ou de soja sont ensuite utilisées pour relever les plats. De nombreuses écoles de cuisine ont vu le jour : une véritable expérience de voyage !

Une petite touche de tradition

C'est dans le très moderne quartier de Siam Square que se trouve la maison de Jim Thompson, architecte et ex-espion de l'OSS (ancêtre de la CIA), vétéran de la guerre du Vietnam. Dans un magnifique jardin luxuriant, l'ensemble auquel elle appartient regroupe parmi les dernières maisons thaïes en teck de Bangkok. En réalité, elles furent démontées dans leur région d'origine et reconstruites en pleine ville ! Leur aménagement intérieur et les objets d'art sont de toute beauté.

ÉTAPE 3

La Bangkok urbaine et branchée

Vers l'est, loin de la tranquillité sereine des temples et des *khlong,* on plonge dans l'effervescence de quartiers socialement et architecturalement hétérogènes. On atteint d'abord le quartier de Siam Square, paradis des amoureux du shopping, aux centres commerciaux ultra-modernes. La triade constituée par le *Central World,* le *Zen* et l'*Isetan* est le symbole de cette fièvre acheteuse. Un peu plus au nord, les tours Baiyoke I et II dominent le quartier de toute leur hauteur. Baiyoke II est la plus futuriste et la plus haute tour de Thaïlande (309 m). De son sommet, une vue panoramique permet de prendre conscience de l'immensité de la ville… et de sa beauté. À admirer au coucher du soleil.
Encore plus à l'est, le quartier de Sukhumvit, branché et animé le soir, représente une halte incontournable pour s'imprégner de toutes les facettes de cette ville délirante. C'est l'endroit idéal pour prendre de la hauteur et se désaltérer en profitant de la vue depuis l'un des nombreux *rooftop bars,* qui y ont fleuri ces dernières années.
Assis sur une terrasse surplombant la ville, on a bien du mal à croire qu'il suffit de replonger dans ce monstre urbain pour croiser petits vendeurs ambulants et temples bouddhiques. Mais une pensée traverse alors l'esprit : « Je suis à Bangkok, tout est possible ! »

Durée : 8-12 jours
Distance : 200 km
Point de départ : Bangkok ou Phuket
Meilleure période : hiver (janvier-mars)
Vous aimerez : les plages paradisiques, les fonds sous-marins

THAÏLANDE

À SAUTE-POISSON DANS LE GOLFE DE THAÏLANDE

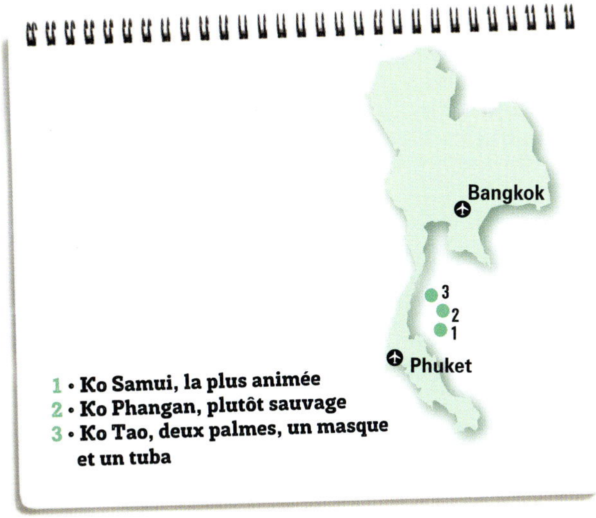

Plongée, fêtes, plages paradisiaques, eaux turquoises et paysages de rêve sont au menu de trois des plus belles îles du pays : Ko Samui, Ko Phangan et Ko Tao.

La Thaïlande, ce n'est pas que la folie de Bangkok, sa capitale hyperactive. Le sud du pays recèle un grand nombre d'îles mêlant plages de sable blanc et puissants rocs jaillis de la mer. Les trois qui se situent dans la partie sud du golfe de Thaïlande, Ko Samui, Ko Phangan et Ko Tao, n'ont rien à envier à Phuket et Ko Phi Phi, leurs célèbres voisines de la côte ouest. Elles présentent chacune une identité propre : sur Ko Samui, la 3e plus grande île de Thaïlande, après Phuket et Ko Chang, chacun trouve son compte, qu'il soit en famille, amateur de cuisine, passionné de sports nautiques ou fêtard noctambule. Ko Phangan est plus sauvage, mais dans tous les sens du terme ! Quant à Ko Tao, c'est un petit paradis pour les amoureux de plongée. Pourquoi choisir ? Allons toutes les découvrir !

ÉTAPE 1

Ko Samui, la plus animée

On arrive le plus souvent sur Ko Samui par Na Thon, la ville principale. C'est de là que l'on peut entreprendre le tour du littoral en commençant par la plage de Mae Nam. Cette jolie baie, impressionnante de par son étendue, est bordée de petits hôtels et restaurants locaux ; elle dévoile même un exubérant temple chinois.

En continuant ensuite vers l'ouest, on découvre la plage de Bo Phut et son quartier du Fisherman's Village, à l'ambiance familiale. Ses quelques maisons en bois présentent une grande variété architecturale. Au nord-est de l'île, la baie de Choeng Mon abrite une petite plage paradisiaque mêlant sable blanc et cocotiers. Le petit îlot rocheux, auquel on accède à marée basse, complète merveilleusement ce paysage de carte postale.

En reprenant la direction du sud, on rejoint la plage de Chaweng, la plus célèbre de l'île, étalant fièrement ses 3 km de sable blanc chauffé par le soleil. Festive et tumultueuse, elle explose de vie à la tombée de la nuit, lorsque les bars s'animent le long de la rue principale. Il ne faut cependant pas réduire à cette impression de folie douce l'ensemble d'une île aux multiples facettes. Les restaurants donnant sur la plage offrent le soir une ambiance romantique, contrastant avec la fièvre du dehors. Non loin de là, on peut s'initier à la cuisine thaïe au sein du Samui Institute of Thai Culinary Arts, une école réputée, enseignant tous les secrets de la cuisine locale. Lorsque l'on atteint la pointe sud-est de l'île, on découvre les jolies criques sablonneuses de Coral Cove et Thong Ta Khian, avec leurs petites roches éparses et leur atmosphère plus tranquille. Puis on débouche sur le croissant de lune de la plage de Lamai, dont émane une agréable impression de quiétude. On redescend enfin vers le sud et Hua Thanon, une belle plage bordée d'un petit village atypique, habité par des pêcheurs musulmans qui y animent, tous les matins, un populaire marché aux poissons.

Petite virée dans les terres

L'intérieur de l'île de Ko Samui est tissé d'un réseau de sentiers serpentant le long de collines recouvertes de forêts. Si ces petites randonnées offrent une alternative idéale au farniente, elles permettent également d'accéder à de somptueux points de vue donnant sur le littoral. On peut aussi profiter d'une excursion à dos d'éléphants à Na Muang, avant de rejoindre les cascades de Hin Lad.

ÉTAPE 2

Ko Phangan, plutôt sauvage

Petite île de 170 km², située à quelques kilomètres au nord de Ko Samui, Ko Phangan est bien plus sauvage que sa voisine méridionale. Si 60 % de sa surface est montagneuse, et encore largement couverte de jungle, son littoral, lui, alterne plages et criques idylliques.
Mais un jour par mois, sa partie sud emportée par le rythme endiablé des *Full Moon Parties,* soirées enflammées se tenant sur la plage de Haad Rin Nok et dans les baies alentour, n'a plus rien de sauvage.
La Ko Phangan authentique s'observe donc sur la moitié nord de l'île, en remontant depuis la ville de Thong Sala. C'est en arrivant à hauteur de la plage d'Ao Srithanu que l'on découvre des reliefs offrant de superbes panoramas. Les plages se succèdent jusqu'à celle de Haad Salad, appelée aussi « Pirate Beach », avec ses coraux et ses poissons nageant tout près du bord (club de plongée sur la plage).
En remontant vers le nord, on rejoint l'îlot de Ko Ma. Son pourtour compte parmi les sites de plongée les plus intéressants qui soient pour sa flore et sa faune sous-marines. On y accède à marée basse par une longue bande de sable pour se régaler, ensuite, de superbes coraux, d'anémones couronnées de couleurs vives et du ballet incessant de poissons-clowns, trompettes, cochers, anges et autres papillons.
En poussant vers l'est, on découvre Chaloaklam, le seul véritable village de pêcheurs animé et traditionnel de

l'île. Sable clair, cocotiers, superbe horizon au coucher du soleil et petits pontons en bois en font une halte des plus agréables. À moins d'un kilomètre de là, la plage d'Ao Haad Khom est l'une des plus reposantes. Idéale pour les familles – car bordée d'une végétation offrant de beaux espaces ombragés –, ses eaux sont paisibles grâce à l'effet protecteur d'une petite barrière de corail située au large. De là, une belle randonnée permet de redescendre vers Thong Sala, en traversant l'île. Elle passe par le Khao Rad, sommet le plus élevé de Ko Phangan culminant à 627 m, et par les belles cascades de Phaeng Waterfall.
Quant à la partie nord-est de l'île, elle abrite plusieurs sites plus secrets à l'image de la Thaansadet Beach, une crique idyllique, située dans le parc national du même nom, ou les plages d'Ao Thong Nai Pan Noi et Ao Thong Nai Pan Yai, plus vastes et plus propices à la baignade.

La fête de la pleine lune

Les fameuses *Full Moon Parties* trouvent leur origine dans les fêtes débridées organisées par les premiers voyageurs qui se rendaient sur l'île. Depuis, une fois par mois, cette célébration est toujours le rendez-vous le plus attendu des oiseaux de nuit de passage à Ko Phangan. Ils rejoignent alors, comme un seul homme, la pointe sud-est de l'île et la plage d'Haad Rin. Ces fêtes déjantées peuvent rassembler plus de 20 000 fêtards, soit plus du double de la population vivant sur l'île. Ils viennent y trinquer, les célèbres *« buckets »* (seaux) à la main, et danser dans la frénésie ambiante, accompagnés par les meilleurs DJs.

ÉTAPE 3

Ko Tao, deux palmes, un masque et un tuba

Un maillot de bain et votre passeport, c'est tout ce dont vous aurez besoin en débarquant sur « l'île de la Tortue », Ko Tao, la plus petite des trois. Véritable paradis du snorkelling, elle possède les plus beaux fonds marins du golfe de Thaïlande.
C'est au nord du débarcadère de Ban Mae Hat que l'on trouve l'un des spots les plus populaires de Ko Tao : Hat Sairee. Si cette longue langue de sable a tout pour séduire avec ses mérous, poulpes, girelles et autres poissons-perroquets, il ne faut pas hésiter à musarder dans les petites criques environnantes, parfois encore plus riches !
En descendant vers le sud, on arrive à la plage d'Ao Chalok Ban Kao, lovée au fond d'une large échancrure de la côte sud, d'où l'on peut profiter d'un superbe coucher de soleil. Sa voisine, Ao Thian Nok, a tout de la carte postale. Plantée d'arbustes maritimes et bordée de cocotiers, les coraux y sont pratiquement à fleur d'eau, à marée basse. À moins de 150 m du bord, on peut même croiser, en milieu d'après-midi, quelques requins à pointe noire, heureusement inoffensifs pour l'homme. Puis on saute dans un bateau-taxi pour remonter tout au nord de l'île jusqu'à la Mango Bay, une crique du bout du monde, qui doit son attrait à de belles roches granitiques.
On peut également rejoindre depuis Ban Mae Hat les trois îlots paradisiaques de Ko Nang Yuan, reliés entre eux par d'étroits bancs de sable, entre mer turquoise et végétation luxuriante. L'endroit rêvé pour achever ce périple en piquant une dernière tête !

Un seul mot : snorkeling

« Randonnée subaquatique », « exploration à la palme » ou « PMT » pour Palmes, Masque, Tuba, ces expressions décrivent cette activité de loisir aquatique, popularisée dans les années 1960, et consacrée à l'observation de la faune et de la flore sous-marine. Ko Tao, minuscule île de 21 km^2, recèle d'incroyables récifs coralliens et poissons multicolores. Avec ses eaux chaudes toute l'année, il n'en fallait pas plus pour qu'elle devienne une « île de la plongée » à la réputation mondiale. Pour ceux qui souhaiteraient descendre plus bas, équipés de bouteilles, Ko Tao réservent également de superbes sites tel que le Drop off Red Rock, au sud-est de l'île, avec son incroyable tunnel aux multiples raies lumineuses. Face à la Sairee Beach, les plongeurs confirmés pourront également visiter l'épave du *HTMS Sattakut,* un ancien navire de débarquement ayant appartenu à la marine US.

Durée : 8-12 jours
Distance : 500 km
Point de départ : Hanoi
Meilleure période : printemps
Vous aimerez : la culture, les paysages

VIETNAM

HANOI ET LA BAIE D'HẠ LONG, IMAGES DE L'ASIE ÉTERNELLE

1 • **Hanoi, une cité millénaire**
2 • **La baie d'Hạ Long, un des paysages les plus célèbres d'Asie**
3 • **Ninh Bình, la baie d'Hạ Long terrestre**

De Hanoi à la baie d'Hạ Long, une plongée dans un Vietnam intemporel.

Rythme lent ancestral, chapeaux coniques, charrues tirées par de placides buffles : dans le nord du Vietnam, on se promène comme à l'intérieur d'une estampe ancienne. Hanoi, ville étonnante par son authenticité asiatique, ouvre le voyage. Le summum sera atteint avec la baie d'Hạ Long, 8e merveille du monde. La campagne autour de Ninh Bình présente aussi de magnifiques pitons karstiques entourés de rivières que l'on parcourt en barque.

ÉTAPE 1

Hanoi, une cité millénaire

Hanoi est restée authentiquement vietnamienne bien qu'une partie de son histoire lui ait été imposée par l'extérieur : plus de 1 000 ans de domination chinoise et près d'un siècle de présence française. Malgré tout, c'est sans doute l'une des capitales les plus captivantes d'Asie du Sud-Est.

Il faut se diriger vers le centre pour remonter à ses origines. Le lac Hoàn Kiém, entouré de beaux flamboyants, est le cœur du vieil Hanoi. Son nom signifie « épée restituée ». Selon une légende du XVe s, un pauvre pêcheur s'était vu confier par la tortue sacrée du lac une épée magique pour défendre le royaume contre les envahisseurs Ming. Il souleva alors le peuple vietnamien, remportant de nombreuses victoires et, pendant une dizaine d'années, l'épée fut d'une efficacité exemplaire puisqu'elle sut contenir les Chinois. Cependant, un jour que le souverain se promenait sur les bords du lac, savourant ses succès militaires, la tortue vint récupérer l'épée magique, qu'elle remporta au fond de l'eau. Une façon, peut-être, de signifier que tout a une fin, qu'il convenait de revenir, tout danger écarté, à une attitude plus paisible… En tout cas, on pourra voir une carapace bien conservée de tortue géante, qui serait celle de la légende, dans le temple de la Montagne de Jade, un adorable petit temple qu'on atteint par un romantique pont en bois tout rouge, nommé « pont du Soleil-Levant », sur la rive nord du lac.

LE « QUARTIER DES 36 CORPORATIONS »

Toujours au nord du lac se dessine le quartier des marchands et des artisans. Bastion historique de la ville, il a conservé son style ancien. Constitué à partir du XVe s, c'est un ensemble de rues à l'urbanisme touffu, contrastant avec les avenues au cordeau du reste de Hanoi. Chaque rue est occupée par une spécialité professionnelle, représentant un seul métier ou corporation, souvent celle d'un village entier du delta. On imagine aisément à quoi ressemblait la ville autrefois avec ses ribambelles de marchands et de vendeurs, d'artisans et de boutiquiers ambulants : ferblantiers, joailliers, calligraphes, fabricants de coffres, de jarres, d'objets en rotin ou en cuir. C'est ici que l'on peut observer également les meilleurs exemples de l'architecture locale : demeures peu élevées, façades très étroites, souvent ornementées.

Les commerçants des différentes corporations se sont aussi installés dans le grand marché Dong Xuân, très animé, et dans les rues adjacentes, où les cours intérieures recèlent des havres de paix au charme inattendu. C'est le Hanoi éternel, immuable.
Non loin, le pont Long Biên présente l'une des cartes postales de la ville. Long de 1 682 m et construit par les Français en 1902, c'était le seul pont, jusqu'aux années 1980, permettant de traverser le fleuve Rouge. Il offre une très belle vue sur le fleuve Rouge et Hanoi.

L'ANCIEN QUARTIER COLONIAL FRANÇAIS

Il s'étend au sud du lac Hoàn Kiém. La place de l'Opéra – construit en 1911 et largement inspiré du palais Garnier – et son environnement immédiat présentent un bon aperçu des mutations en cours à Hanoi. Sur la place, des magasins de mode s'ouvrent, témoins du renouveau de la société vietnamienne.
Ce quartier abrite les plus intéressants musées de la ville, comme le musée d'Histoire, installé dans le superbe et ancien bâtiment colonial de l'École française d'Extrême-Orient, ou le musée de la Révolution. Ce dernier permet de comprendre comment le peuple vietnamien a pu vaincre deux puissances occidentales, la France et les États-Unis. Visite complémentaire et émouvante, le musée des Femmes vietnamiennes, qui propose une vision de la guerre à travers la vie des mères, épouses, filles de combattants... et combattantes.
Plus à l'ouest du lac Hoàn Kiém se trouve le temple de la Littérature, seul temple ancien de Hanoi à nous parvenir sans trop de modifications. C'est aussi l'un des plus grands. Bâti en 1070 et consacré au culte de Confucius, il accueillit la première université du Vietnam, qui reçut alors les princes et enfants des mandarins. Non loin, le musée des Beaux-Arts, aménagé dans un bel édifice de style colonial vietnamien, présente un véritable condensé de l'histoire du pays au travers de ses artistes.

L'hôtel *Metropole Hanoi*, un des palaces mythiques d'Asie

Près de l'Opéra, construit par les Français en 1901, il a traversé les guerres et les révolutions avant d'être restauré dans les années 1990. Somerset Maugham, Charlie Chaplin, Graham Greene, Johnny Hallyday, Angelina Jolie, princes et rois, la liste est longue des hôtes célèbres du *Metropole*. Devant l'hôtel, les jeunes mariés viennent se faire photographier sur fond de vieilles tractions. Les chambres sont réparties autour d'un grand patio avec une belle piscine bordée par un bar très agréable, le *Bamboo Bar*, parfait pour prendre un verre en fin de journée. Lors des bombardements incessants de Hanoi à Noël 1972, les clients se réfugièrent dans le bunker antiaérien, toujours visible près de la piscine. Parmi eux, Joan Baez, la chanteuse américaine engagée contre la guerre. Elle y enregistra une chanson émouvante : *Where are you my son ?* Le bunker est désormais sonorisé avec cette mélodie. On y entend les terribles bombardements des B52.

ÉTAPE 2

La baie d'Hạ Long, un des paysages les plus célèbres d'Asie

Classé au Patrimoine mondial de l'Unesco, c'est un des paysages les plus célèbres d'Asie, popularisé par le film *Indochine,* avec Catherine Deneuve. Environ 2 000 pains de sucre de toutes formes et de toutes tailles émergent de la mer. Selon les heures et la lumière, le paysage change sans cesse, rendant l'atmosphère à la fois étrange et magique.

Partir en jonque, bateau traditionnel à deux mats avec des voiles aux formes spécifiques, ajoute encore au charme de la balade. On sillonne la baie au milieu des pains de sucre en s'arrêtant pour visiter différentes grottes, comme la grotte des Bouts de Bois, où auraient été stockés, par les guerriers vietnamiens, les pieux qui, plantés dans la rivière Bach Dang, permirent de couler la flotte mongole en 1288, ou le rocher de la Paire de Poulets, devenu le symbole de la baie d'Hạ Long. On peut continuer aussi jusqu'à la grotte de la Surprise, remarquable pour ses concrétions rocheuses. Sans oublier la grotte du Tunnel, en réalité petit lac intérieur où l'on se promène dans des embarcations traditionnelles, entouré d'oiseaux et de singes.

Mythe et géologie

Hạ Long signifie « descente du Dragon ». D'après la légende, celui-ci serait descendu dans la baie pour y domestiquer les courants marins. Avec les violents mouvements de sa queue, il entailla profondément la montagne. Ce faisant, ayant plongé dans la mer, le niveau de l'eau monta brutalement et celle-ci s'engouffra dans les crevasses, ne laissant apparaître que les sommets les plus élevés. Cependant, il est plus que probable qu'il y a quelques millions d'années, Hạ Long devait être un immense plateau taraudé par l'eau de pluie. Ce qui explique les formes déchiquetées, les grottes, cavités et tunnels.

ÉTAPE 3

Ninh Bình, la baie d'Ha Long terrestre

Au sud de Hanoi, la baie d'Hạ Long terrestre révèle aussi un merveilleux paysage : une plaine rizicole plantée d'une forêt de pains rocheux. Le site de la ville de Hoa Lu', capitale éphémère du Tonkin autour de l'an 1000, et la campagne alentour révèlent de superbes motifs d'estampe, avec d'étranges pitons couverts d'un fouillis végétal dominant de paisibles rizières constellées de temples et de pagodes.

Le paysage aquatique est rythmé par d'immenses pains de sucre déchiquetés, taraudés, aux formes bizarres, dont les sommets sont couverts d'une dense végétation. Les balades en barque sur le dédale de rivières serpentent entre ces formations karstiques. On y croise des barques à fond plat qui glissent silencieusement, chargées de légumes et victuailles. Parfois, rivière et rizières inondées se confondent, donnant l'impression de naviguer sur une véritable mer. Les canards batifolent et les cabris gambadent au flanc des rochers sur lesquels les maisons de pêcheurs se sont installées. La rivière se faufile sous trois grottes très basses, dont la première est longue de 127 m.

Non loin, la réserve d'oiseaux de Thung Nham se niche au milieu de ces fabuleux pains karstiques. Cet agréable parc se visite aussi en barque et permet de s'aventurer dans une grotte-tunnel profonde de 500 m présentant une pléiade de stalactites et de brillances cristallines. La balade à pied ou à vélo mène jusqu'à un plan d'eau baignant un banian pluricentenaire, des vergers de litchis, goyaviers, manguiers et autres caramboliers.

Hoa Lu' fut la capitale du Vietnam indépendant de la fin du Xe s au début du XIe s. De la citadelle qui s'élevait dans ce cadre magnifique, il ne reste plus rien, à peine deux temples reconstruits au XVIIe s. Cependant, la campagne environnante mérite le déplacement ; une ligne de pitons rocheux édentés et de pains de sucre aux formes déchiquetées, des sommets incertains enveloppés dans la brume, des rizières fertiles, des femmes courbées sous leurs chapeaux coniques, des haies de bambous séparant les hameaux comme des rideaux, quelques maisonnettes coiffées de tuiles rouges usées, les toitures incurvées des temples et des pagodes... Dans le silence d'un paysage serein : voici l'Asie immuable de notre imaginaire.

Durée : 8 -12 jours
Distance : 300 km
Point de départ : Đà Nang
Meilleure période : printemps (février-mai)
Vous aimerez : les sites historiques, les villes anciennes, les plages

VIETNAM

L'ANCIEN TONKIN, ENTRE PASSÉ ET PRÉSENT

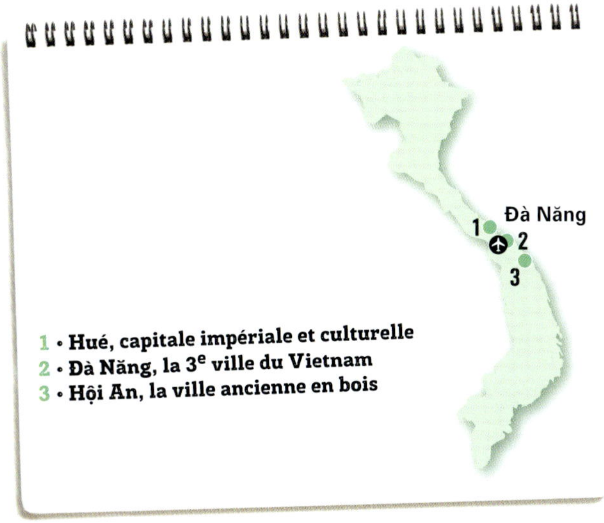

Au départ de Đà Nẵng, la ville moderne de la région, on peut se diriger vers le nord-ouest et Huế ou vers le sud et Hội An : deux destinations qui vous plongeront dans l'histoire du Vietnam.

Voici le centre du Vietnam, l'ex-empire d'Annam. Avec Huế, la ville impériale, Đà Nẵng et son musée cham, et Hội An, l'une des villes les plus délicieuses du pays, où flotte un parfum d'antan, on remonte les siècles sans sacrifier à la nostalgie. Les chronologies se croisent, les paysages et les sites valorisent leurs différences dans un splendide voisinage, et la mer finit de transformer le voyage en un agréable séjour balnéaire.

ÉTAPE 1

Hué, capitale impériale et culturelle

À moins de 20 km de la mer et du golfe du Tonkin, la ville s'étend au bord d'une large rivière née dans la cordillère. Sa citadelle, ainsi que les fastueux tombeaux royaux disséminés dans la campagne alentour, entre rizières et collines, lui ont valu d'être inscrite au Patrimoine mondial de l'humanité par l'Unesco. Situées sur chacune des berges de la rivière des Parfums, de part et d'autre d'un centre moderne et animé, ces deux oasis de tranquillité valent à Hué un charme décalé, une certaine intemporalité. L'ancienne capitale impériale est également devenue un pôle intellectuel et touristique important.

Construite de 1804 à 1833 sur l'initiative de Gia Long – fondateur de la dynastie des Nguyễn –, sur un périmètre de 10 km, la cité impériale s'inspire de l'architecture des palais impériaux chinois. La ville comprend trois enceintes concentriques autour du même axe sud-nord : celle de la ville impériale proprement dite, celle de la cité royale et, enfin, la Cité pourpre interdite.

Les murs de la première enceinte de forme convexe, pour mieux épouser le contour de la rivière des Parfums, atteignent parfois 20 m de large. Un canal de défense du rempart court tout autour. La cité royale, de forme quasiment carrée (622 m x 606 m), est aussi entourée de douves. Elle comprenait à l'origine une cinquantaine de bâtiments, organisés par quartiers selon leurs fonctions : cérémonielle, religieuse, résidentielle… Aujourd'hui, environ 55 000 personnes habitent à l'intérieur de la citadelle. C'est un coin calme, avec de petites maisons et des jardins, pas si différent des autres quartiers de la ville.

La porte du Midi, entrée principale de la cité impériale, est percée de cinq portes : la porte centrale, dont le toit est couvert de tuiles jaunes (couleur royale), était réservée à l'empereur et sa famille, les portes adjacentes aux mandarins et les portes latérales aux soldats, aux éléphants et aux chevaux. Derrière cette porte, deux grands bassins, séparés par le pont de la Voie centrale et l'esplanade des Grands Saluts, menant au palais du Trône. De chaque côté, quatre dragons surveillaient les mandarins – symbole de puissance, le dragon fait partie des quatre animaux mystiques avec le griffon (emblème du bonheur et de la protection royale), le phénix (la vertu) et la tortue (la longévité). Le palais présente un beau toit de tuiles vernissées, une charpente superbement sculptée, et abrite une grande salle soutenue par 80 colonnes en bois décorées des motifs représentants des dragons dans les nuages.

LES MAUSOLÉES IMPÉRIAUX

La mythologie vietnamienne de la vie *post mortem* veut que, dans le monde invisible de l'au-delà, les morts continuent leur chemin avec les mêmes besoins que les vivants : manger, dormir, travailler, s'amuser. Chaque tombeau impérial en tant que tel n'occupe donc qu'une petite partie du « mausolée », véritable résidence impériale à la campagne, de plusieurs hectares parfois – à l'image des palais luxueux où les empereurs vietnamiens vécurent de leur vivant. Autour s'étendent des paysages verdoyants, méticuleusement redessinés.

Les mausolées présentent en général des éléments architecturaux communs, mais chaque tombeau possède sa personnalité, sa façon propre de s'insérer dans le paysage. Le plus colossal de tous est celui de Tự Đức, mais le plus charmant et le plus bucolique reste celui de Minh Mạng.

On trouve communément une vaste esplanade avec les statues des mandarins et leurs montures (éléphants et chevaux), le pavillon de la Stèle narrant la biographie du roi, le temple qui lui est dédié et, pour finir, l'enclos du tombeau proprement dit. Ces édifices sont agrémentés de nombreuses pièces d'eau, de riches essences d'arbres et de beaux bâtiments annexes.

La visite des mausolées constitue une agréable promenade en bateau sur la rivière des Parfums. Sur les berges, nombreux villages de sampans avec leurs petits autels et les offrandes sur le toit, à l'intention des génies de l'eau.

Hué, capitale du chapeau conique

Deux quartiers de Hué sont spécialisés dans la fabrication des chapeaux coniques. Cette tradition familiale remonte à plus de quatre siècles. Chaque artisan fabrique un à deux chapeaux par jour. Certaines familles fournissent les cerceaux en bambou, d'autres les feuilles de latanier, les autres confectionnent les chapeaux. On peut insérer de courts poèmes entre les fines couches de latanier, ou des motifs découpés sur du papier. Ainsi, en dirigeant le chapeau vers le soleil, on peut découvrir des paysages ou des scènes de la vie quotidienne. Certains chapeaux sont vernis avec de la sève de sapin pour les protéger de la pluie. Quelques modèles, plus luxueux, sont brodés à l'intérieur.

ÉTAPE 2

Đà Nẵng, la 3e ville du Vietnam

Située dans une plaine littorale au pied des montagnes, au fond d'une baie protégée des vents, Đà Nẵng est une grande ville moderne, en pleine expansion économique. Stimulée par l'aménagement d'une promenade le long de la rivière Sông Hàn, la ville embellit et l'atmosphère y est plaisante. D'un côté de la rive, de beaux édifices datant de la colonisation française, de l'autre, le tableau plus traditionnel des bateaux de pêcheurs. Quantité de pagodes et de temples apportent leur note colorée au paysage urbain. Depuis le centre-ville, implanté à l'ouest de la rivière, il faut emprunter l'un des ponts modernes pour se rapprocher de la mer et des plages bordées de complexes hôteliers, en passant par des quartiers récents et animés qui attirent la jeunesse vietnamienne.

Côté culture, le remarquable Musée cham est installé dans un beau bâtiment colonial ouvert aux quatre vents et orné de motifs s'inspirant de l'architecture cham. Construit de 1915 à 1919 par l'École française d'Extrême-Orient, il abrite la plus belle collection au monde d'art cham.

Sur la route de Hội An s'élève la montagne de Marbre, un ensemble de cinq collines calcaires portant les noms des éléments primordiaux. Un très beau marbre en est extrait ; il servit entre autres à la construction du mausolée de Hồ Chí Minh à Hanoi.

Du sommet du mont de l'Eau, devenu un sanctuaire, on profite d'un joli panorama sur Đà Nẵng, les montagnes et la plage. Puis, on pénètre dans une première grotte où la populaire statue de la déesse de la Miséricorde, sculptée dans la masse, se serre dans un repli rocheux. On poursuit dans une immense cavité naturelle éclairée par de petits puits de lumière et enfumée par l'encens, baignant dans une atmosphère assez irréelle, où sont installés plusieurs autels bouddhique, confucianiste et brahmanique, ainsi qu'un petit temple consacré aux génies.

On pourra se reposer de cette expédition sur China Beach. Bordée par des dunes plantées de pins et de filaos, la grande plage régionale de sable fin s'étend à perte de vue en direction de Hội An. De quoi passer un superbe moment sous les cocotiers…

Grandeur et décadence

Aujourd'hui petite minorité ethnique, les Cham, probablement venus d'Indonésie, se sont installés sur les côtes du Vietnam dès le Ier millénaire avant notre ère et ont longuement dominé la région. Ce sont les échanges commerciaux qui leur ont permis de s'implanter dans des ports, ouvrant ainsi des routes commerciales avec la Chine et l'Inde. L'art du *Champa* prouve l'assimilation de l'héritage culturel indien, et puise son inspiration dans le bouddhisme comme dans l'hindouisme.

GIU XE
TRONG NHA

ÉTAPE 3

Hội An, la ville ancienne en bois

C'est probablement la plus charmante ville du Vietnam, étendue au bord d'une rivière qui se jette dans la mer à l'est. Sa splendide architecture en bois, avec ses maisons basses aux façades colorées et aux jolis balcons, lui a valu d'être classée au Patrimoine mondial par l'Unesco. On prendra le temps de s'y promener et même de s'y perdre avec plaisir, comme hors du temps. De magnifiques demeures ont été restaurées avec goût et décorées avec des meubles anciens dont certaines se visitent, comme la maison-chapelle de la famille Tràn. Autre symbole de la ville, le pont Japonais, charmant pont en dos d'âne de près de 20 m de long et datant de 1593. La légende locale le dit indestructible, car il a échappé à l'incendie qui détruisit le quartier japonais après une épidémie de peste. Un couple de singes garde l'une de ses extrémités, un couple de chiens l'autre : la construction aurait commencé durant l'année du singe pour se terminer lors de celle du chien.

Cette ville ancienne n'a cependant rien d'une ville-musée. Si le gros trafic portuaire a disparu, la rivière Thu Bốn n'a pas perdu toute son animation. Les longues barques de pêche arborent un œil peint sur la coque pour surveiller les requins et éloigner les mauvais esprits.

Là encore, on peut achever son voyage par un repos bien mérité sur la plage de Cửa Đại, belle plage de sable, propre, bordée de petits restos, ou sur la superbe plage d'An Bàng, moins fréquentée, longée de sapins et de jolies paillotes. Plaisir de l'esprit, détente du corps : rien ne manque dans ce Vietnam qu'on adore.

À la lumière des lampions, la fête de la vieille ville

Du 14e au 16e jour de chaque mois lunaire, la ville de Hội An retrouve son antique tradition de savoir-vivre et de sagesse. Les vilains néons sont éteints. Seules les jolies lanternes à la chinoise sont utilisées pour éclairer demeures et trottoirs. La circulation est interdite à tous les véhicules, y compris les vélos. Priorité aux piétons.

Durée : 8-12 jours
Distance : 300 km
Point de départ : Denpasar
Meilleure période : avril-octobre
Vous aimerez : les plages, la plongée, les paysages, la culture

INDONÉSIE

BALI, L'ÎLE DES DIEUX

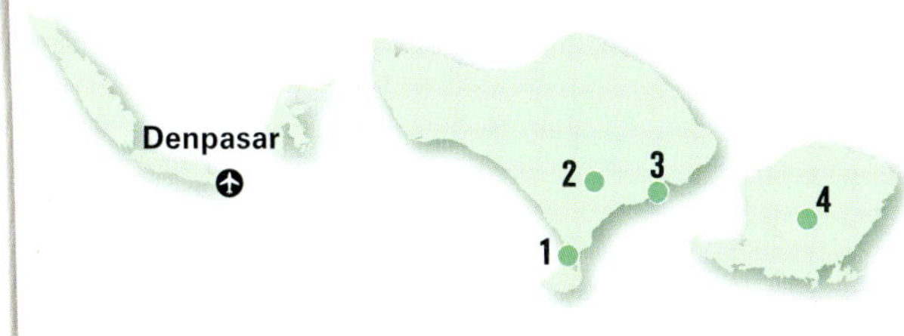

1 • **Le sud de l'île : une immense station balnéaire**
2 • **Ubud, le cœur de l'île**
3 • **À l'est, le royaume du silence**
4 • **La route côtière de l'est : Bali authentique**

Un tour de l'île la plus célèbre de l'archipel indonésien, sur ses côtes comme à l'intérieur des terres.

Cette île indonésienne distille un charme et une beauté magnétiques. Elle rassemble tous les ingrédients pour des vacances réussies : de belles plages accompagnées de superbes fonds sous-marins, des reliefs volcaniques extraordinaires, où s'étagent des rizières dont les courbes font danser la lumière, ainsi qu'une culture omniprésente, alliant en permanence l'art et la vie. Ici, « quotidien » rime avec « divin » : quel plaisir de voir sacrifier, comme si rien d'autre n'importait, au rituel des offrandes que l'on retrouve devant chaque boutique, sur les ponts, au bord des rizières ou sur les autels ornant les jardins… Une fête de l'âme et des sens.

ÉTAPE 1

Le sud de l'île : une immense station balnéaire

KUTA, LEGIAN, SEMINYAK ET CANGGU, UN SAINT-TROP' ASIATIQUE

Ces anciens villages de pêcheurs ne forment plus qu'une seule et même ville s'étendant sur plus de 7 km, du sud au nord. La route qui les relie est bordée de magasins, de restaurants et de bars. La plage, la plus vaste et la plus grandiose de l'île, s'étend sur des kilomètres et des kilomètres. Le spectacle du soleil couchant y constitue presque une cérémonie, sublime certains soirs !
C'est aussi l'une des Mecques du surf. Kuta Beach, la plus célèbre, constitue l'un des meilleurs spots pour s'y initier. On s'y adonne également au massage : un massage à l'huile de coco, quand le soleil descend, reste un grand moment et fait partie intégrante de la culture de Kuta.

LA PRESQU'ÎLE DE BUKIT

Au sud-ouest de la péninsule, on profite de la beauté sauvage de certains de ses panoramas, faits de criques au sable blanc, très propices aussi à la pratique du surf ! Ainsi, Jimbaran, dans le prolongement de la plage de Kuta, accueille une immense plage de sable blond. Quelques bateaux de pêche, un marché aux poissons sur le sable à l'arrivée des barcasses, des restos où l'on vous grille un poisson fraîchement pêché sur d'énormes barbecues, avec comme seul combustible les écorces de noix de coco... Que demander de plus ?
Temple perché face à l'infini, à flanc de falaise au-dessus des flots, le *pura* Luhur Uluwatu – dédié aux dieux de la Mer – offre un panorama extraordinaire. L'effet est à son comble au coucher du soleil, quand il coïncide avec une représentation de danse traditionnelle. Les contours du temple et les silhouettes des danseurs se dessinant devant le ciel du crépuscule composent un tableau d'une beauté quasi irréelle.
Quant au Pantai Uluwatu, c'est l'un des plus fameux sites de surf de l'île, une falaise offrant un point de vue étourdissant, bordée de petits restos ouverts aux quatre vents. Les vrais surfeurs, les pros, y affrontent les vagues immenses, perchés sur leur petit bout de résine. Combien de gamelles, combien de dizaines de brassées, combien de centaines de tasses ont-ils avalées avant de parvenir au nirvana : marcher sur l'eau, danser avec les éléments l'espace de quelques secondes... et recommencer.
Enfin, le village de Nusa Dua englobe la plage de Geger, l'une des plus belles de Bali. On peut aussi visiter ici un intéressant musée d'art contemporain.

Museum pasifika

Bali étant un carrefour tant géographique que culturel entre la sphère asiatique et les vastes étendues du monde du Pacifique, plusieurs influences s'y rencontrent. La collection permanente fait ainsi le tour de l'Indonésie vue par des grands noms de la peinture balinaise et au travers du regard d'artistes occidentaux. Puis c'est au tour du continent asiatique et du Pacifique, toujours au travers des pinceaux européens principalement, d'être mis en valeur. Belle collection de masques et totems du Vanuatu et des îles de l'Océanie. Ne pas manquer non plus le Neko Art Museum d'Ubu.

ÉTAPE 2

Ubud, le cœur de l'île

Reconnue par les Balinais comme un grand centre de médecine traditionnelle – c'est d'ailleurs le sens même de son nom –, Ubud s'affiche aujourd'hui comme la Mecque du ressourcement spirituel et physique... et le best-seller *Mange, prie, aime* n'y est pas étranger, puisque son héroïne trouve ici les clés de son épanouissement !

Pourtant, Ubud, c'est avant tout le foyer de l'art balinais et le conservatoire des traditions de l'île. Une répétition de danse y a toujours lieu. Peintres, sculpteurs et artisans y sont encore nombreux – il est vrai que les paysages de rizières et la nature exubérante des alentours sont des sources d'inspiration inépuisables. Plusieurs musées permettent de s'initier à la culture balinaise, à sa peinture, et de découvrir Bali retranscrit par des artistes occidentaux.

Engagez-vous dans la Sacred Monkey Forest. Dans un vallon encaissé, cette épaisse forêt, traversée par des chemins dallés, tient naturellement son nom de la communauté de macaques qui l'habite. Comme le singe est vénéré dans la religion hindoue, notamment à travers le dieu Hanumân, le site est sacré. Il compte d'ailleurs trois temples datant du milieu du XIVᵉ s. Les singes évoluent en toute liberté, assis nonchalamment au bord des allées ou se baladant de branche en branche.

Et puis, Ubud est l'endroit idéal pour prendre soin de son corps et de son esprit, comme l'atteste le nombre de spas et de centres de yoga. On peut aussi s'y initier à la cuisine balinaise, à la peinture traditionnelle ou à l'art du *batik*... Des spectacles de danses traditionnelles, de marionnettes en ombre chinoise s'y donnent chaque soir.

Vous pouvez également vous échapper dans les environs, à pied ou à vélo. La promenade au milieu des rizières est assez irréelle.

LES VILLAGES DES ENVIRONS

Le vélo reste le meilleur moyen de visiter les villages du coin. Parmi eux, Bedulu, qui fut la capitale d'un empire très puissant. On visite ici la grotte de l'Éléphant,

dont le nom reste une énigme puisqu'il n'y a jamais eu d'éléphants dans l'île ! Dans un bassin, six statues de femmes laissent échapper de leur vasque un mince filet d'eau censée conserver votre jeunesse. N'hésitez pas à vous mouiller le visage comme tout le monde le fait... À côté des bassins, la grotte elle-même, un ancien ermitage creusé à même la roche. À son entrée figure une monstrueuse tête sculptée représentant un démon dont la gueule ouverte est prête à avaler les visiteurs. Feuillages et têtes bizarres ornent la façade. À l'intérieur, deux autels, dont l'un abrite une sculpture de Ganesh. Ce bel exemple d'art balinais du XIe s a beaucoup influencé les artisans contemporains de l'île. En contrebas, des restes de gros rochers sculptés et effondrés abritaient autrefois des statues du Bouddha.
Sur le chemin de Kedewatan, la route surplombe la rivière Ayung. Avec une cascade de terrasses verdoyantes descendant vers le lit de la rivière, on se croirait dans une peinture balinaise.
Enfin, la petite ville tranquille de Tampaksiring abrite la source de Tirta Empul. La source sacrée, créée selon la légende par le dieu Indra, et qui serait utilisée depuis le Xe s., attire chaque jour des centaines de pèlerins qui se purifient dans ses eaux miraculeuses. Elles auraient des pouvoirs magiques de guérison et de survie. Des temples sont disséminés dans des cours agrémentées de bassins où coulent ces fameuses eaux. La source sourd par petits bouillonnements du fond du grand bassin. L'eau sortant de l'eau ! Après avoir déposé leurs offrandes sur les nombreux autels bariolés, les hommes et les femmes vont se baigner chacun de leur côté.

ÉTAPE 3

À l'est, le royaume du silence

PADANGBAI ET AMUK BAY

Le petit village de pêcheurs de Padangbai présente une baie en demi-lune où les bateaux de pêche colorés ponctuent la plage de sable blanc. Non loin s'ouvre la vaste échancrure d'Amuk Bay, au large de laquelle on trouve trois petites îles, sites de superbes plongées. Paysages sous-marins magnifiques, notamment de beaux canyons, d'intéressantes combinaisons de tombants et de petites collines de coraux. On peut y observer gros mérous, raies mantas, poissons-lunes, petits requins : à pointe blanche ou noire, requins-nourrices, requins-chats, et autres espèces des grandes profondeurs… Une faune très variée et luxuriante.

LES ÎLES DE NUSA LEMBONGAN ET NUSA PENIDA

Elles offrent de superbes spots de plongées (entre 5 et 40 m) et de *snorkelling* (masque et tuba). Les courants ont préservé les coraux du blanchiment. Toutes sortes de poissons tropicaux naviguent dans ces eaux, avec en bonus des bancs de thons, des requins, des tortues et deux « spécialités locales », les raies mantas – qui viennent se faire « déparasiter » à faible profondeur (environ 7 m), dans des stations de nettoyage riches en plancton –, ainsi que l'énigmatique (et énorme) poisson-lune.

Nusa Lembongan, de 4 km de long, a des allures de petit paradis, orné de plages de sable magnifiques, de villages typiques et d'une grande mangrove. Quant à Nusa Penida, de 20 km de long, elle présente de belles plages sur sa côte sud, découpée de falaises tombant à pic dans la mer. C'est ici qu'on voit ces très hautes échelles qui partent des falaises pour arriver tout en bas. Elles étaient destinées autrefois au transport de l'eau que les femmes venaient puiser un peu au-dessus du niveau de la mer, avant de remonter avec leur seau en équilibre sur la tête jusqu'au sommet de la falaise !

ÉTAPE 4

La route côtière de l'est : Bali authentique

À travers des villages préservés, une route étroite et sinueuse longe les côtes du détroit de Lombok. Elle traverse une succession de paysages superbes où les palmiers et les bananiers découpent leurs silhouettes sur le bleu de la mer.

Elle passe par la paisible bourgade de Tirtagangga (littéralement « eau du Gange »), réputée pour ses sources sacrées et le Water Palace, que construisit le dernier raja du coin, à la fin des années 1940. Le parc est habité par une foule de statues bordant les allées ou émergeant entre les nénuphars des superbes bassins. On peut marcher sur l'eau, ou presque, et faire trempette dans la « piscine » royale. Également un café-resto chic, d'où le panorama s'étend jusqu'à la mer, voire, par temps clair, jusqu'à Lombok.

On vient aussi y admirer ses paysages de rizières, parmi les plus beaux de Bali. Les bassins bordés de vert, dans lesquels se reflètent les nuages, couvrent plusieurs collines.

Non loin, le village d'Amed épouse le relief tourmenté de la pointe orientale de l'île. Ici et là, de spectaculaires champs de roches volcaniques semblent narguer l'homme qui s'obstine à les terrasser. Séparées par des promontoires, de superbes petites plages de sable noir, quelquefois de galets, servent de port aux élégantes pirogues à balanciers. Levez-vous avec le soleil pour en voir des dizaines rejoindre le rivage pour le retour de la pêche. Avec leurs voiles triangulaires aux couleurs d'arc-en-ciel, on dirait un vol de papillons.

La côte de la région d'Amed est aussi un endroit magnifique pour faire de la plongée. Ainsi, au large de Tumbalen se cache une petite merveille : l'épave d'un cargo américain de la Seconde Guerre mondiale est devenue le paradis de myriades de poissons multicolores, de toutes les tailles, dont on peut observer l'incessant ballet au milieu de coraux extraordinaires. Cette extrémité orientale réunit toutes les dimensions de Bali : splendeurs des profondeurs, beauté des paysages et culture du sacré.

Durée : 4-8 jours
Distance : 100 km
Point de départ : Pékin
Meilleure période : mai-juin et septembre
Vous aimerez : les monuments, la ville ancienne, la campagne

CHINE

DE LA CITÉ INTERDITE À LA GRANDE MURAILLE

1 • **Empereurs d'hier et d'aujourd'hui : la place Tian'An Men et la Cité interdite**
2 • **La cité de l'Ouest, l'esprit du vieux Pékin**
3 • **Yin et Yang au temple du Ciel**
4 • **Le jardin des Collines merveilleuses, devenu le Palais d'été**
5 • **La Grande Muraille**

Pékin, c'est bien sûr la ville des empereurs, des palais et des temples à leur gloire, des fortifications défendant leur empire. C'est aussi celle de leurs sujets, dans leurs quartiers restés traditionnels et populaires.

Concentré de la Chine, centre politique absolu, la « capitale du Nord » est une grande cité impériale, où l'histoire a laissé des empreintes profondes, de Gengis Khan à Mao. Dès 1271, Qubilaï, petit-fils de Gengis Khan, y bâtit sa capitale, à l'endroit précis du Pékin d'aujourd'hui. Elle est construite suivant la technique chinoise des emboîtements : le palais est entouré par la ville impériale avec ses bâtiments publics et propriétés de la haute noblesse. La ville extérieure englobe cet ensemble. Le plan en damier est quadrillé par un lacis de ruelles, les *hutong,* dont nombre de rues d'aujourd'hui sont originaires. Le blizzard hivernal se brise contre les longs murs, tandis que les cours arborées prodiguent ombre et fraîcheur pendant les étés caniculaires… Marco Polo, qui fut un routard précurseur au XIIIe s, la décrivit avec émerveillement. Suivons ses traces !

ÉTAPE 1

Empereurs d'hier et d'aujourd'hui : la place Tian'An Men et la Cité interdite

À tout seigneur tout honneur : la place Tian'An Men constitue le cœur de Pékin… et de la dictature communiste. Couvrant 40 ha, elle serait la plus étendue au monde. C'est de la porte de la Paix céleste – qui a donné son nom à la place –, entrée sud de la Cité interdite, que Mao proclama la République populaire de Chine. Le Grand Timonier réaménagea la place pour y manifester la puissance de son pouvoir au travers de bâtiments de style stalinien.

La place Tian'An Men s'adosse à l'entrée sud de la Cité interdite. Ancienne résidence de l'empereur, elle fut cinq siècles durant le centre politique de la Chine. Au centre de la ville, elle s'imposait, puisqu'il était prohibé de construire plus haut. Son plan correspond à celui d'une gigantesque maison traditionnelle chinoise : tout s'aligne sur un axe central nord-sud, dans une symétrie quasi parfaite. L'ensemble se divisait en deux parties : dans la cour extérieure, premier espace depuis le sud, se traitaient les affaires de la Cour et se déroulaient les grandes cérémonies. La cour intérieure (partie privée), saint des saints, abritait les bureaux et résidences de la famille impériale.

Au centre de ces cours, entourées de galeries et de pavillons, se dressent les palais juchés sur des terrasses de marbre, gardés par des animaux allégoriques, tels que le dragon pour l'empereur et le phénix pour l'impératrice, la tortue et la grue, symboles de longévité, le lion et l'éléphant, signes de puissance et de paix… Bronzes, dorures, bois précieux, tuiles vernissées et estampées – en particulier les jaunes – couleur de l'empereur – créent une élégante polychromie. Une représentation saisissante de la fameuse relation entre le vide et le plein qui fonde l'esthétique chinoise. Voici une image directe du statut de l'empereur, régnant sur l'empire du Milieu, trait d'union entre le ciel et la terre.

À proximité de la Cité interdite s'élève la Colline de charbon, censée protéger la Cité des mauvais esprits venant du nord. Seul l'empereur avait alors le droit de se promener dans cet agréable espace arboré. De son sommet, vision magique sur la Cité interdite.

ÉTAPE 2

La cité de l'Ouest, l'esprit du vieux Pékin

Au nord et à l'ouest de la Cité interdite se déploie l'un des quartiers les plus séduisants de la ville : Xicheng, l'ancienne ville tartare où se perpétue le mode de vie pékinois populaire.

L'un de ses points d'attraction est le parc Beihai, agrémenté de beaux arbres. On y voit une grande vasque, en jade noir sculpté, où Kubilaï aurait bu lors de banquets, et un superbe Bouddha de jade blanc très apprécié de la célèbre impératrice Cixi (celle du film *Le dernier empereur*). Mais aussi, des palais majestueux bâtis en bois précieux, des jardins, un superbe mur aux Neuf Dragons sculpté sur ses deux faces… Les jolies berges de ses lacs présentent des scènes familiales, pittoresques et émouvantes : vieilles échoppes, piqueniques, baignades… Sur une placette, proche du lac Qianhai, se retrouvent joueurs d'échecs, de dames ou de *mah-jong,* masseurs, danseurs, petits orchestres. De vieux messieurs plongent toujours dans les eaux opaques où se croisent des barques avec familles et amoureux.

C'est dans ce quartier que se trouvent les tours du Tambour et de la Cloche, autour d'une charmante placette bordée de petits cafés. Près de ces tours, une multitude d'allées *(hutong)* flanquées de maisons traditionnelles *(siheyuan).* Une balade dans les *hutong,* c'est un jeu de piste plein de mystères, où alternent les *siheyuan* closes et gardées, abandonnées ou restaurées. Les tambours de porte décorent les perrons, les « clous » hexagonaux ornent les linteaux, autant d'indices sur les anciens propriétaires. Les arbres révèlent parfois l'existence de cours secrètes. Des temples émergent entre les *siheyuan,* comme le temple des Anciens Monarques, très impressionnant avec ses toitures jaune et bleu, ses tablettes des ancêtres et ses immenses stèles.

ÉTAPE 3

Yin et *Yang* au temple du Ciel

Planté de 4 000 cyprès parfois pluricentenaires, le parc Tiantan, au sein duquel se dresse le temple du Ciel, est un joyau d'animation populaire : tai-chi et danses sous toutes leurs formes ; badminton et son ancêtre pratiqué au pied, le *tijianzi* ; gym sur ces fameux agrès publics qui garantissent la santé aux jeunes et moins jeunes ; jeux de cartes et de pièces…

Le temple du Ciel, chef-d'œuvre de l'architecture chinoise, transpose sur terre la cosmogonie chinoise et la hiérarchie politique sur laquelle reposait la légitimité impériale. On y retrouve l'opposition du *yin* et du *yang,* du Ciel et de la Terre, la symbolique des chiffres. Ainsi la base du parc est-elle carrée, à l'image de la Terre, tandis que le haut est arrondi comme le Ciel, qu'on pensait jadis rond. La « salle de la Prière pour de bonnes moissons », édifiée en 1420, avec sa triple toiture de tuiles bleues, au centre d'une triple terrasse de marbre blanc aux balustrades décorées de dragons-gargouilles, est un modèle d'équilibre et d'harmonie.

ÉTAPE 4

Le jardin des Collines merveilleuses, devenu le Palais d'été

Les vertus en termes de *feng shui* et le charme de ce lieu, situé à la conjonction des eaux, sont appréciés dès le XIIe s. Les Ming le baptisent *Jardin des Collines merveilleuses…* Les mesures du monument donnent le vertige : 290 ha, 3 000 édifices, 420 000 arbres, dont 1 200 plusieurs fois centenaires ! La porte est du jardin offre une vue splendide : en face, l'immense lac Kunming (220 ha), totalement glacé en hiver (on peut alors y patiner) ; sur la gauche, le fameux pont aux Dix-Sept Arches, reliant l'île du Sud. À droite se profilent les toits recourbés des bâtiments impériaux. Au nord se dresse la colline de la Longévité, coiffée d'une forêt de pins d'où émergent des temples aux tuiles vernissées. Au pied, la célèbre galerie couverte, ornée de somptueuses peintures, longe le lac sur plus de 700 m. Elle débouche en face du bateau de marbre, que l'impératrice Cixi fit construire pour prendre le thé. L'ensemble donne l'impression d'un parc conçu pour l'agrément de l'impératrice, où pas un sentier, pas un lilas ni une roche n'est le fruit du hasard. Tôt le matin, on ressent encore mieux l'âme authentique, magique et éternelle de ce palais.

L'ancien Palais d'été

Célèbre pour ses ruines « vraiment ruinées » mais fascinantes. En 1707, l'empereur Qianlong aménage un gigantesque parc en rassemblant trois jardins existants. Il affirme son pouvoir impérial et divin en composant une centaine de paysages, réels ou imaginaires, qui reproduisent le relief de l'empire, ses neuf continents mythiques, la mer de Chine et l'île légendaire des Immortels. Vers 1740, il fait bâtir des palais, jardins et bassins imités des architectures italiennes et françaises de l'époque. Magnificence extrême, décorations utilisant les plus beaux tissus, tapisseries, objets d'art et mobiliers européens, fontaines, théâtres d'eau, labyrinthes et jardins à la française vaudront à l'ensemble le surnom, justifié, de « Versailles de l'Orient ». Malheureusement, des diables étrangers l'anéantiront par deux fois : en 1860, le corps expéditionnaire franco-anglais en pleine transe pillarde, et en 1900, lors de l'intervention des huit forces alliées suite à la révolte des Boxers. La nature reprend alors le dessus, pierres et bas-reliefs sont pillés. Aujourd'hui, c'est un lieu des plus romantiques, où les Pékinois pique-niquent et se détendent au milieu des vieilles pierres.

ÉTAPE 5

La Grande Muraille

Elle ondule à perte de vue sur 6 700 km d'ouest en est, soit près d'un sixième de la circonférence de la Terre, des confins arides du désert de Gobi jusqu'au golfe de Bohai. En fait, il faudrait plutôt en parler au pluriel, car il s'agit d'un ensemble de fortifications parallèles, bâties en différents endroits par des souverains successifs. Dès le VIIe s av. J.-C., les États de la Chine antique édifient des remparts pour se protéger les uns des autres. La première « Grande » Muraille naît de l'unification de ces tronçons par le premier empereur Qin Shi Huangdi (221 av. J.-C.). Celle que l'on visite aujourd'hui est principalement l'œuvre des Ming (1368-1644). Haute de 8 m et large de 6 m en moyenne, elle égrène forteresses, portes et des milliers de tours de guet sur des lignes de crêtes. Avec sa démesure architecturale et sa beauté vertigineuse, elle symbolise la puissance chinoise… mais arrêtera rarement les envahisseurs.

Œil de faucon

Les astronautes américains initièrent la légende (durable) selon laquelle la Muraille de Chine était le seul ouvrage humain visible depuis la Lune. En fait, le long ruban qu'ils avaient observé était… le fleuve Yangzi, bien plus large.

Durée : 10-14 jours
Distance : 350 km
Point de départ : Shanghai
Meilleure période : l'automne
Vous aimerez : l'urbanisme contemporain et la Chine ancienne

CHINE

SHANGHAI ET LES VILLES ANCIENNES DES ALENTOURS

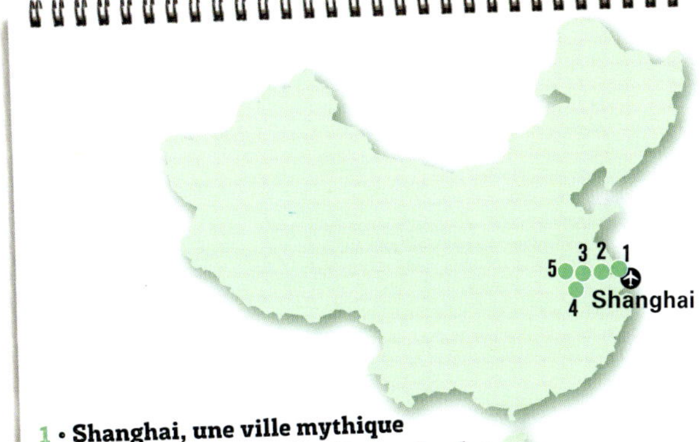

1 • **Shanghai, une ville mythique**
2 • **Zhouzhuang, l'une des Venise locales**
3 • **Tongli, dite la « Venise de l'Est »**
4 • **Hangzhou, une ville chinoise agréable à vivre**
5 • **Wuzhen, un musée à ciel ouvert**

Shanghai, la plus grande ville de l'Empire du Milieu, est aussi l'une des plus grandes mégapoles du monde dont la modernité et le dynamisme fascinent le voyageur. Située sur la rivière Huangpu, près de l'embouchure du Yangzi Jiang, la New York chinoise est une ville unique en son genre.

Shanghai, port de commerce mondialement connu, traversé par la rivière Huangpu, est une ville à la pointe de l'architecture contemporaine qui conserve néanmoins des traces importantes de son histoire coloniale. Sa modernité contraste avec les bourgades ancestrales de son arrière-pays telles que Zhouzhuang, Tongli, Hangzhou ou Wuzhen. L'omniprésence de l'eau – rivières, canaux – ajoute au charme du voyage dans cette région traversée par le Grand Canal de Chine, qui parcourt le pays du nord au sud de Pékin à Hangzhou. Sur terre ou sur l'eau, on plonge ici dans une civilisation millénaire.

ÉTAPE 1

Shanghai, une ville mythique

Née de la mer, la ville au nom prédestiné (« ville en amont de la mer ») vit beaucoup grâce à celle-ci, même si elle en est éloignée de 50 km à vol d'oiseau. La rivière Huangpu, qui traverse Shanghai, a permis le développement du commerce fluvial et maritime. Une promenade en bateau permet d'embrasser la ville du regard, dans toute sa dimension gigantesque.
Cette promenade longe le Bund, long boulevard courant sur la rive gauche de la rivière Huangpu. Les plus belles façades du Shanghai des Années folles s'y dressent, évoquant plutôt le vieux Brooklyn ou le Chicago des années 1930 que la Chine impériale. Le Bund n'avait-il pas été surnommé autrefois « l'avenue du milliard de dollars ».
Ainsi, la Shanghai Pudong Development Bank, construite en 1923 par les Anglais et considérée à l'époque comme l'une des plus grandes du monde, n'a rien perdu de sa superbe. Plus qu'une banque, c'est un temple dédié au veau d'or, au commerce, source principale de la richesse de Shanghai. De style néoclassique, le bâtiment abrite une immense salle coiffée d'une verrière, avec de hautes colonnes destinées à traverser les siècles, de vieux comptoirs en marbre patinés par le temps, d'orgueilleuses fresques colorées, des lustres, des dorures et moulures à profusion.
À la perpendiculaire du Bund, on arpente Nanjing Lu, dite « China's n° 1 Street », la rue n° 1 en Chine, rue piétonne et très animée du centre-ville. Avec la kyrielle de pubs lumineuses grand format et d'écrans vidéo qui illuminent les façades des immeubles qui l'enserrent, elle évoque Times Square à New York.
On arrive ainsi à la place du Peuple, immense esplanade, aérée et lumineuse, qui se veut aujourd'hui le cœur artistique et culturel de Shanghai. Dans sa partie nord se déploie l'élégante architecture métallique transparente de l'Opéra de Shanghai, devenu une source d'émerveillement pour les amateurs d'art contemporain. Pour les Chinois, sa forme évoque le caractère *wang,* qui signifie « roi » en mandarin et symbolise la jonction entre le Ciel et la Terre, entre le cosmos et les humains. À quelques encablures de là apparaît, superbe, la silhouette de son alter ego, le bâtiment abritant les services d'urbanisme de la municipalité. En face, au sud, s'étend un grand jardin public, au centre duquel se dresse le musée de Shanghai, un des trois plus beaux musées de Chine.
Derrière cette place commence le quartier de l'ex-concession française. Ouverte en 1901, du temps de la concession française (elle s'appelait alors l'avenue Joffre), l'avenue Huaihai, plantée en grande partie de platanes, constitue l'une des vitrines commerciales les

plus luxueuses de la ville. Le quartier abrite l'ancienne maison du docteur Sun Yat-sen, premier président de la République chinoise, qui a le charme des années 1930. Quant à l'ancienne résidence de Zhou Enlai – le Premier ministre de la Chine populaire et le deuxième personnage de l'État au début des années 1970 –, avec ses murs couverts de vigne vierge, sa toiture et ses fenêtres latines, elle semble être le rêve éveillé d'un homme simple !

Endroit somptueux, l'ancien Cercle sportif français résume à lui seul l'histoire de Shanghai. Symbole de la présence française dans la ville, il constituait alors l'épicentre de la vie mondaine de la concession. En 1940, l'armée américaine en fait son Q.G. Puis, après la révolution de 1949, les communistes le transformèrent en « palais de la Culture et du Peuple ». Aujourd'hui, à la suite d'un accord sino-japonais, la bâtisse accueille le luxueux et japonisant *Okura Garden Hotel.*

Le monde colonial révolu côtoie le quartier de Xintiandi ou quartier du « nouveau monde », le plus huppé de Shanghai. Les ruelles de ce quadrilatère construit à l'ancienne sont livrées aux restos et aux bars chics. Tout un symbole : ce quartier englobe le site de la première réunion du Parti communiste chinois, une maison gardée comme un ministère !

Xintiandi jouxte la vieille ville chinoise, un grand quartier de maisons basses, étrange survivant dans cette métropole verticale. Elle inclut le jardin Yu, de style chinois classique et considéré comme un des trois plus beaux jardins de Chine. Représentant le monde en miniature, il est censé favoriser la méditation. Les ruisseaux symbolisent les fleuves ; les rocs représentent les montagnes ; les portes circulaires évoquent la perfection et l'harmonie de l'Univers. Des fenêtres aux formes fantaisistes capturent le paysage et la perspective, créant l'illusion d'un tableau vivant. Féerique...

Face aux vieux immeubles du Bund, une ville nouvelle est sortie de terre. Des gratte-ciel aux formes futuristes, d'orgueilleuses tours de verre et d'acier, des chefs-d'œuvre d'audace et de modernité, conçus par les plus grands architectes internationaux, ont été construits à une vitesse vertigineuse. Aujourd'hui, Pudong, incroyable jungle futuriste, constitue le plus gros centre d'affaires de Chine.

Dans la forêt de tours, on remarque la tour Jinmao et ses 88 étages, au n° 88 de l'avenue (le chiffre 8 est considéré en Chine comme un symbole de perfection). Presque voisin, le *Shanghai World Financial Center,* haut de 492 m, compte 101 étages. Son architecture particulière évoque une sorte d'immense décapsuleur. La *Shanghai Tower,* nichée entre les deux précédentes, est la deuxième plus haute de Chine : elle culmine à 632 m ! Quant à la Perle de l'Orient, la tour de télévision de Shangaï (468 m), elle offre une très belle vue sur Pudong et Shanghai.

Pour les tintinophiles : le musée de Tchang

Le Zhang Chongren Memorial Museum est consacré à celui qui inspira le personnage compagnon de Tintin dans *Le Lotus bleu* et *Tintin au Tibet*. D'origine modeste, Zhang Chongren est élevé par les Jésuites dans un orphelinat. Doué, le jeune garçon quitte sa Chine natale en 1931 pour suivre des cours à l'Académie royale des beaux-arts de Bruxelles. Là, il se lie d'amitié avec Hergé, qui créera le personnage de Tchang, l'ami de Tintin, en son honneur. Il retourne au pays cinq ans plus tard, mais la guerre éclate, événement qui le séparera définitivement d'Hergé. Balayeur pendant la Révolution culturelle, il finira par être nommé directeur de l'Académie des beaux-arts de Shanghai.

ÉTAPE 2

Zhouzhuang, l'une des Venise locales

À 1h30 de route de Shanghai, au bord du lac Dianshan, le village de Zhouzhuang, tressé de rivières et de canaux, a été entièrement réhabilité. Sous les arches des ponts de pierre, on navigue dans des barques conduites par des virtuoses de la godille. Un tableau on ne peut plus romantique ! Ici, aucune maison de plus de deux étages, mais de vieilles et élégantes demeures faites de murs blancs et de toitures de tuiles noires en forme d'ailes d'oiseau.

Les temples ponctuent en contrepoint la promenade parmi les demeures, comme le temple Quanfu baigné par les eaux du lac, au centre d'un très grand jardin ombragé, ou le temple taoïste Chengxu à dominante rouge (tous deux du XIe s).

ÉTAPE 3

Tongli, dite la « Venise de l'Est »

Ce village traditionnel également traversé par des canaux, avec des maisons et des rues anciennes, est plus tranquille que Zhouzhuang. On y visite avec plaisir le jardin Tuisi du XIXe s – classé par l'Unesco –, propice à la méditation. Autour d'un bassin s'organisent différents pavillons, chacun possédant son propre effet sur le paysage composé de rochers tourmentés par l'érosion, au beau milieu desquels s'élancent micocouliers et bambous. Ils permettent de retrouver l'harmonie des quatre saisons à travers d'habiles jeux de miroirs qui évoluent en fonction des mois de l'année.

On peut également se promener dans la Pearl Tower, un regroupement de pavillons du début du XVIIe s. Mobilier d'époque, panneaux de portes sculptés, colonnes en céramique bleu et blanc représentant des scènes villageoises ou des paysages. Un endroit d'une grande sérénité.

ÉTAPE 4

Hangzhou, une ville chinoise agréable à vivre

Des collines, des forêts et un grand lac lui servent d'écrin naturel. Aujourd'hui, Hangzhou passe pour une ville verte, où piétons et bicyclettes ont encore droit de cité.

Entièrement naturel, le lac de l'Ouest, inscrit au Patrimoine de l'humanité par l'Unesco, distingue Hangzhou des autres villes. Ce lac n'est pas seulement un lac. C'est un compagnon de l'imaginaire qui incarne une Chine éternelle, fière de son histoire, abritant ses fantômes sous le clapotis des eaux. Il évoque la quintessence même du jardin chinois. Certains y retrouvent Xishi, l'une des quatre beautés chinoises, découvrant ses atours derrière un voile de brume. D'autres préfèrent les jeux de lumière du pont Brisé quand la neige, l'hiver, envahit le parapet, créant des brisures ou des vides illusoires.

Au nord du lac, le parc national de Xixi est le paradis des photographes animaliers ou de paysages. Cette vaste zone humide forme un réseau de canaux et de cours d'eau où l'on peut se promener à pied ou en bateau pour admirer les villages de pêcheurs, les rivages peuplés d'aigrettes sur fond de roseaux embrumés (de l'estampe chinoise en direct, en somme !), les cormorans en train de pêcher et, chaque année, pour la fête du Double 5, une formidable régate opposant plusieurs centaines de bateaux-dragons. Et le parc Feilaifeng abrite en tout six temples, le plus important étant celui de Lingyinsi, l'un des dix plus grands temples bouddhiques zen en Chine.

À Hangzhou, on cultive le *longjing cha,* un thé vert légèrement parfumé qui faisait partie du tribut concédé chaque année à l'empire. C'est le thé le plus célèbre et le plus cher de Chine. À la ferme de thé vert *Dragon Well,* on peut se promener dans les plantations et observer les cueilleuses récolter les feuilles. Mais, pour déguster un excellent thé, encore faut-il posséder une eau digne de ce nom. La fontaine de Hupaomeng, « source creusée par le tigre », a justement la réputation de posséder l'eau la plus pure de la région.

Un thé en or

Le *longjing* a obtenu le statut de thé impérial sous les Qing. La légende raconte que l'empereur Kangxi aurait visité le lac de l'Ouest et qu'à l'occasion d'une prière au temple Hu Gong, on lui aurait offert une tasse de thé. Devant ce temple, il y avait 18 pieds de longjing, pas un de plus, pas un de moins. Pieds de thé que l'empereur s'empressa d'élever au rang impérial. Ces théiers existent toujours et, chaque année, leurs feuilles sont mises aux enchères. Leur prix dépasse alors celui de l'or !

ÉTAPE 5

Wuzhen, un musée à ciel ouvert

Dans une plaine rizicole plate et très fertile, Wuzhen fut fondée au IXe s. Située sur le Grand Canal, la ville en a pleinement profité pour développer une économie prospère. Sa vieille ville, aujourd'hui entièrement restaurée, mérite qu'on s'y arrête. Ses canaux, qu'enjambent une centaine de ponts, sont bordés de belles bâtisses traditionnelles. Le soir, à la lueur des réverbères, l'atmosphère est féerique.

Durée : 12-16 jours
Distance : 1 000 km
Point de départ : Xi'an
Meilleure période : printemps et automne
Vous aimerez : les monuments historiques, la culture bouddhique, les villes anciennes

CHINE

LES TRÉSORS DES FILS DU CIEL ET DES BIENHEUREUX

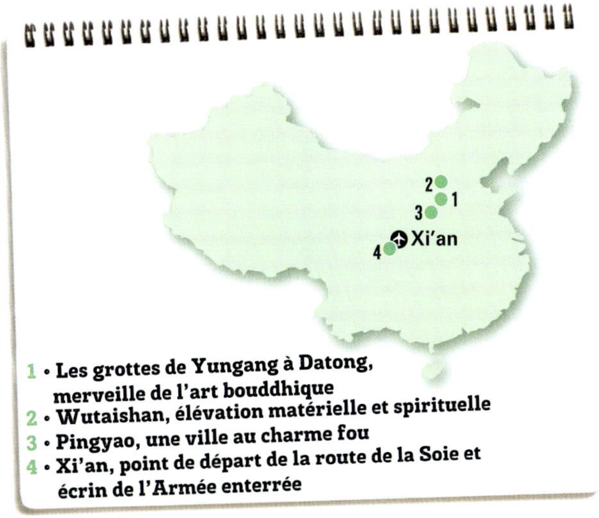

1 • **Les grottes de Yungang à Datong, merveille de l'art bouddhique**
2 • **Wutaishan, élévation matérielle et spirituelle**
3 • **Pingyao, une ville au charme fou**
4 • **Xi'an, point de départ de la route de la Soie et écrin de l'Armée enterrée**

Au centre de la Chine, l'Armée enterrée de Xi'an voisine avec les grottes de Yungang, les temples de Wutaishan et le village traditionnel de Pingyao. Une plongée dans le cœur géographique et historique de l'empire du Milieu.

Dans le Shanxi et le Shaanxi (ne pas confondre), c'est une Chine rêvée qui se révèle aux yeux émerveillés du voyageur : grottes sculptées, résidences sorties d'un décor de film historique, temples traditionnels et petits métiers encore vivaces. Dès 2 000 ans av. J.-C., les premiers royaumes se sont installés le long du fleuve Jaune et de la rivière Wei. Jusqu'au XIIe s, toutes les dynasties ancrent leurs capitales dans ce berceau de la civilisation chinoise, un espace grand comme la France largement recouvert de lœss, limon très fertile. L'homme vit ici en symbiose avec ce sol nourricier : il y creusa des nécropoles, des habitations troglodytiques, et y sculpta les champs avec obstination.

ÉTAPE 1

Les grottes de Yungang à Datong, merveille de l'art bouddhique

251 grottes et 51 000 statues sculptées en 60 ans (460-525) ! Le site – classé au Patrimoine mondial de l'humanité – se développe à flanc de falaise. Chefs-d'œuvre de Yungang : les grottes 5 et 6. Derrière deux statues se faisant face, le bouddha assis en position de méditation, au fond de la grotte 5, est le plus impressionnant du site par son volume. La grotte 6 semble plus marquée par le délire que par une foi méditative ! Le pilier central est entièrement sculpté de bas-reliefs et creusé de niches. Traces de peinture, hauteur (15 m), c'est presque effrayant tant c'est impressionnant.

Les grottes 16 à 20 sont appelées « groupe de Tanyao », du nom du bonze qui convainquit l'empereur d'en ordonner les travaux. D'impressionnants bouddhas du passé, présent et futur, reprennent les traits des premiers empereurs Wei.

La paroi extérieure de la grotte 20 s'étant effondrée, voici son bouddha exposé à l'air libre, et devenu ainsi le symbole de Yungang.

L'alliance du sabre et du goupillon, à la sauce soja

Le bouddhisme pénètre en Chine par la route de la Soie dès le Ier s. Ses moines-apôtres viennent d'Asie centrale. À la fin du IVe s, la dynastie des Wei du Nord installe sa capitale à Datong. Selon l'habitude de l'époque, ils procèdent à de vastes déplacements de population. Par la route de la Soie, des milliers de personnes sont emmenées au centre de la Chine. Parmi eux, des artisans rompus à l'art religieux, et des moines qui ne demandent qu'à reconnaître l'autorité d'un souverain en échange de son patronage. Ainsi, un bonze captif, privilégié par le pouvoir, instaure une nouvelle règle autorisant les moines à participer à des cérémonies laïques et à rendre hommage à l'empereur. Ce dernier devient alors un bouddha vivant ! C'est pourquoi les traits des premiers souverains Wei inspirent ceux des bouddhas des premières grottes. Ce mariage de raison permet au bouddhisme de devenir une des religions d'État (avec le taoïsme et le confucianisme).

ÉTAPE 2

Wutaishan, élévation matérielle et spirituelle

Inscrite sur la liste du patrimoine mondial de l'Unesco, Wutaishan est l'une des quatre montagnes sacrées bouddhiques de Chine. Le premier temple de la « montagne aux cinq terrasses » est bâti dès le Ier s apr. J.-C., quand des maîtres indiens, introduisant le bouddhisme en Chine, désignent le lieu comme la résidence de Manjusri - le Bodhisattva de la sagesse, souvent représenté sur un lion bleu, muni d'un livre et d'une épée pour combattre l'ignorance.

À son apogée, le site, devenu un foyer de diffusion du bouddhisme, rassemble plus de 350 temples. Aujourd'hui, il n'en compte plus que 48, mais remarquables. Ainsi, Tayuan Si, avec son imposant *dagoba* blanc haut de 50 m, sert de point de repère à toute la vallée. Certains pèlerins se prosternent devant lui, à la manière lamaïque, des patins de bois aux mains pour mieux glisser sur le sol. Rituel plus ludique, d'autres font tourner les moulins à prières au son des clochettes du *dagoba,* pour peu que le vent se lève un peu. Nanshan Si, habité par une dizaine de moines, a conservé beaucoup de cachet. De magnifiques sculptures de pierre ornent ses rambardes, ses murs, ses faux éléments de toiture. Chacune de ses trois terrasses offre une superbe vue sur la plaine.

Un haut lieu de pèlerinage

Les nombreux Tibétains et Mongols, qui viennent célébrer ici Manjusri, donnent au site son atmosphère si particulière. Entre les différents temples, les pèlerins cheminent en se prosternant. La mesure des routes de pèlerinage était autrefois la longueur du corps, pas le kilomètre ! Le mélange de religiosité profonde et de kermesse atteint son paroxysme à la fête de Wutaishan, entre fin juin et mi-juillet.

ÉTAPE 3

Pingyao, une ville au charme fou

Pingyao est « pareille au moineau qui bien que minuscule est un être complet », comme le disent ses habitants. À l'abri de ses célèbres murailles, cette ville (classée par l'Unesco) témoigne de l'histoire et des traditions chinoises des six derniers siècles : de nobles demeures s'y pressent au coude à coude, des quartiers authentiques y survivent, avec petits artisans, vendeurs ambulants et bruyantes parties de *mah-jong* au milieu de vieilles bâtisses. D'ailleurs, le film *Épouses et Concubines* fut tourné par ici.

Symbole de la ville, la muraille de Pingyao, longue de 6 km, entourée de douves et percée de sept portes, constitue une véritable voie surélevée. Les 72 tours de guet et 3 000 créneaux font écho aux 72 sages et 3 000 disciples de Confucius. De mini-marches d'escalier permettaient de grimper en haut de la muraille : avec leur lourde armure, les soldats devaient frôler à chaque fois l'exploit !

Quant aux demeures anciennes, plus de 400 d'entre elles sont restées intactes. Les décorations sont très riches, avec des rampes ciselées, des poutres peintes et sculptées de saynètes, des treillages sophistiqués aux fenêtres. Mobilier à l'unisson : miroirs en bois sculpté, paravents et mobilier peints, bouliers, porcelaines... et superbes *kangs* ciselés. La Chine telle qu'on veut l'imaginer.

Le *kang*, un pittoresque « couchage dur »

Cette grande plate-forme de brique était autrefois le centre névralgique des foyers chinois pendant les hivers glacials. On y installait commodes et tables basses pour y travailler la journée, puis, la nuit venue, toute la famille s'y pelotonnait, bien au chaud grâce à un système de tuyauterie où circulait l'eau chauffée par un poêle adjacent.

ÉTAPE 4

Xi'an, point de départ de la route de la Soie et écrin de l'Armée enterrée

L'antique route de la Soie démarrait à Xi'an. En témoigne encore le quartier *hui,* du nom d'une ethnie chinoise musulmane de grands marchands installés dans tout l'empire du Milieu. Sa rue principale, joliment reconstruite à l'ancienne, prend le soir une allure de caravansérail contemporain : les braseros et le mouton fument, des tables et des chaises envahissent les trottoirs, et des centaines d'ampoules et de néons s'allument. On se noie dans les rires et le brouhaha, les cris des livreurs en triporteurs, leurs remorques pleines de fruits et de sucreries...

Autre trace de cette présence musulmane, la Grande Mosquée de Xi'an, édifiée en l'an 742, est la plus ancienne de la Chine après celle de Canton. Elle témoigne de la tolérance et des mélanges culturels de l'époque dorée des Tang : le plan et l'architecture y sont d'inspiration chinoise. Le portique d'entrée aux magnifiques poutres sculptées ouvre sur un ensemble harmonieux et soigneusement jardiné de cours et de pavillons.

L'ARMÉE ENTERRÉE DU PREMIER EMPEREUR QIN

Il était une fois Yin Zeng, roi de Qin (prononcé « Tchin », c'est peut-être l'origine du mot « Chine »). En 231 av. J.-C., il décida de conquérir la demi-douzaine de royaumes qui jouxtent le sien. Ayant atteint son but, il s'autoproclama en 221 av. J.-C., premier empereur de Chine. Logiquement, il souhaita passer l'éternité au milieu d'une armée reflétant sa puissance. Des tranchées, rayonnant autour du tumulus funéraire, furent donc creusées pour y disposer une armée en ordre de bataille.

Aujourd'hui, plus d'un millier de soldats d'argile – sur un nombre total estimé à 8 000 – ont émergé d'un des chantiers archéologiques les plus fous de la planète ! Leur corps est un assemblage de pièces moulées et cuites séparément. Les artisans disposaient d'une collection de mentons et moustaches qu'ils combinaient pour créer une multitude de visages. Certains soldats seraient même de véritables portraits d'après nature. Le choix des coiffes dépendait du statut attribué à chaque figurine. Enfin, soldats et chevaux étaient recouverts d'une riche polychromie, dont on a retrouvé quelques traces.

L'aile gauche de l'Armée enterrée est formée de quatre unités : archers, chars, cavalerie et infanterie. Détail qui tue : les semelles antidérapantes de l'archer à genoux ! C'est un avant-goût de l'aile droite, en ordre de bataille. Les colonnes de soldats, ordonnés par rangs de quatre, regardent avec détermination l'Est barbare. De part et d'autre, deux rangées de voltigeurs et d'éclaireurs les protègent. Les chevaux sont particulièrement bien exécutés : muscles tendus, oreilles dressées en alerte, larges naseaux révélant leur endurance. Une scène saisissante de réalisme, une troublante image de la foi en l'éternité.

Le musée « enterré » Han Yangling, pareil mais différent

On entre ici dans la dernière demeure de Jingdi (ou Liu Qi), quatrième empereur de la dynastie Han (157-141 av. J.-C.). Il y a autant de différences de style entre Han Yangling et l'Armée enterrée qu'il y en eut entre la nouvelle dynastie d'inspiration taoïste, désireuse d'apaiser et de stabiliser le pays, et les frasques guerrières et réglementaires des prédécesseurs. Ici, pas de représentations de soldats armés mais celles des corps pacifiques de l'administration impériale. À chaque tranchée correspond une région et toutes ses composantes sociales, comme ces meuniers et bergers, dotés de leurs ustensiles corporatifs et entourés de leurs troupeaux. Dans une douce pénombre, une approche plus intime avec toutes ces scènes assez extraordinaires !

Durée : 8-12 jours
Distance : 300 km
Point de départ : Tokyo
Meilleure période : printemps et automne
Vous aimerez : l'atmosphère urbaine, les paysages, les temples, les sources chaudes, les montagnes

JAPON

TOKYO ET SES ENVIRONS : UNE VILLE DU FUTUR DANS UN ENVIRONNEMENT HORS DU TEMPS

La capitale de l'archipel et son arrière-pays offrent un éventail de paysages resserrés sur un espace limité, entre mer et montagne, et un étonnant cocktail de sensations.

Un tourbillon d'images, de lumières assassines, de publicités géantes, un chaos urbain : voilà l'impression que donne Tokyo au premier abord. C'est aussi un extraordinaire laboratoire de l'architecture moderne, la plus folle, la plus libre. En moins de 100 m, on peut changer totalement de siècle, d'atmosphère… Cette ville à l'énergie puissante promet une déferlante de sensations contradictoires. Un sentiment accru lorsqu'on visite ses alentours, où les Tokyoïtes viennent se reposer, se recueillir et admirer l'emblématique mont Fuji.

ÉTAPE 1

Tokyo, le calme au cœur du tourbillon

Le cœur même de la capitale japonaise s'inscrit en creux : les jardins du palais impérial, entourés de larges douves, occupent le centre de la ville. Belles essences et riche collection de bambous le long des sentiers, jardin de l'Est très fréquenté au printemps pour ses iris. Parmi les différents monuments sis dans ces espaces bucoliques, le musée des Collections impériales abrite de merveilleux objets d'art, bijoux, sabres d'apparat, estampes, paravents appartenant à la famille impériale. Les quartiers voisins, très récents, accueillent, eux, les vitrines des plus grandes marques et des architectures des plus imposantes. Dans le quartier de Marunouchi, à l'ouest, les gratte-ciel poussent comme champignons de rosée, toujours plus hauts, toujours plus luxueux. Au rez-de-chaussée s'installent les marques internationales les plus prestigieuses : *Tiffany, Baccarat, Armani, La Maison du Chocolat...*

À l'est s'étend le quartier de Nihonbashi, véritable centre du pouvoir économique et financier. On y fera ses courses au grand magasin *Mitsukoshi,* construit en 1908 sur le modèle de *Harrod's* à Londres. À l'intérieur, rencontre insolite et colorée avec Magokoro, déesse de la Sincérité haute de 3 étages ; derrière elle, d'admirables orgues, vestige de l'époque où les clients faisaient leurs courses en musique !

En traversant la rue, on se retrouve dans le quartier du luxe : Ginza. Quartier cher, brillant, où l'on va surtout faire du lèche-vitrines – une promenade si ancrée dans la vie tokyoïte qu'elle a son propre nom : le *gin-bura,* littéralement le « vagabondage à Ginza ». C'est aussi une superbe balade au sein même de l'architecture contemporaine. L'élégance, l'innovation, voire l'audace des lignes des magasins sont à la hauteur du prestige des marques : Ricardo Bofil a œuvré pour *Shiseido,* Renzo Piano a conçu la « cathédrale de verre » qui abrite *Hermès* et s'illumine la nuit... Les mélomanes se rendront au magasin *Yamaha,* dont la façade en damier de verre change de tons entre le jour et la nuit sur ses 15 étages dédiés à la musique – salle de concert comprise ! Quant à l'immeuble *Sony,* summum du raffinement high-tech, tout y est équilibre et pureté des lignes. C'est l'un des sites les plus visités de Ginza : les gamins adorent tester les ultimes *PlayStation,* et les adultes rêvent des technologies qui annoncent le XXIIe s...

Au nord, le parc d'Ueno, encadré par les quartiers traditionnels de Yanaka et Nezu connaît sa plus forte fréquentation au moment des cerisiers en fleur. La balade autour du lac Shinobazu, couvert de lotus et de nénuphars géants, vous entraîne à mille lieues de Tokyo...

Des musées exceptionnels y sont rassemblés, comme le Musée national de Tokyo qui abrite, dans son bâtiment dit de style « impérial », le meilleur de l'art japonais dans tous les domaines. Au sud, sur les berges de l'étang, le délicieux petit musée de Shitamachi (« quartier d'artisans et de marchands ») retrace, de façon intime et poétique, la vie d'une rue du temps d'Edo – nom de Tokyo dans des temps anciens.

On vient aussi ici pour les nombreux temples et sanctuaires, comme le Toshogu Shrine, éclatant de couleurs et l'un des rares temples de style chinois à Tokyo. Il fut construit en 1627 en l'honneur du premier shogun Tokugawa Ieyasu, créateur du parc et fondateur de la dynastie qui régna sur le Japon pendant 250 ans, jusqu'en 1868.

Le parc d'Ueno constitue aussi la porte d'entrée du quartier de Yanaka, remarquable vestige du Tokyo de jadis : un quartier horizontal, composé de demeures en bois, entrecoupé de minicimetières de voisinage et de temples. On se promène parmi les jardins paisibles, les magasins désuets, les vieux cafés, sans oublier de jeter un œil à la galerie d'art installée dans d'anciens bains publics et devenue un lieu phare de l'art contemporain. Une atmosphère hors du temps qu'on retrouvera à Nikko et à Hanoke.

Manger dans le plus grand marché aux poissons du monde

Au marché aux poissons de Tokyo, bien sûr, où transitent près de 3 000 tonnes de marée par jour ! Dans les grandes halles abritant mareyeurs, mandataires, grossistes, ce qui frappe d'abord, c'est le va-et-vient diabolique des camions et des *Fenwick* : un vrai tourbillon humains-poissons. Le marché est aussi célèbre pour ses restaurants de sushis et de sashimis (les plus frais du monde, ça va de soi !) et pour l'animation qui les entoure. Avec notamment les boutiques vendant du matériel de découpage, crochets à thons, tranchets et autres balances…

ÉTAPE 2

Nikko, la beauté et le sacré réunis

Le parc national de Nikko est un autre monde, fondé sur les éléments naturels. Heureuses montagnes couvertes de forêts, à la majesté intemporelle, calmes lacs entourés de volcans endormis, sublimes paysages préservés et peu habités… De véritables motifs d'estampe japonaise. À 600-700 m d'altitude, étalée le long d'une rivière de montagne, la ville de Nikko est une station à la température clémente, fréquentée par les randonneurs et les pêcheurs en été, par les skieurs et les patineurs en hiver.

On y visite le sanctuaire Toshogu, d'inspiration chinoise de la dynastie Ming, où repose pour l'éternité le shogun Tokugawa Ieyasu. La décoration extérieure et intérieure des pavillons affiche ici une exubérance presque baroque dans les formes, une richesse de couleurs que l'on ne retrouve pas dans le style japonais classique, fait de sobriété et de dépouillement zen. Car rien n'était trop beau pour honorer ce shogun, assimilé à une divinité humaine.

Une faune symbolique

L'*écurie sacrée* – le seul bâtiment dont les murs ne sont pas laqués – abrite… un cheval blanc offert au Japon par la Nouvelle-Zélande ! Il représente le cheval du shogun. Sur un auvent au-dessus de sa porte d'entrée, on peut voir un insolite trio de singes sculptés : l'un met ses mains devant ses yeux, l'autre devant sa bouche et le dernier les pose sur ses oreilles. Cette attitude, venue de l'hindouisme et entrée dans le bouddhisme, illustre un précepte moral : « Ne pas voir le mal, ne pas dire le mal et ne pas écouter le mal. »

ÉTAPE 3

Hakone et ses sources chaudes

Un grand portail rouge vermillon semble planté pour l'éternité dans les eaux du grand lac Ashinoko, au pied de sombres forêts et des versants majestueux des volcans. Au loin, le mont Fuji, emblème du Japon et son plus haut sommet, dessine son élégante silhouette conique au sommet enneigé, souvent estompé par les brumes et les nuages.
Hakone constitue l'une des trois portes d'accès qui mènent par la route au pied du mont Fuji. Mais c'est aussi le « bol d'air frais » le plus économique pour les Tokyoïtes, avec ses montagnes boisées et ses vallées parcourues par des rivières aux eaux glougloutant. On y trouve aussi des sources d'eau chaude *(onsen)* parmi les plus réputées du Japon.
Pour distraire les touristes entre deux bains, Hakone et les villages environnants ont créé une trentaine de musées, jardins, parcs, centres culturels et d'exposition. On parcourt avec bonheur le Hakone Open Air Museum, un splendide musée en plein air où se dressent, sur 70 ha, une centaine de sculptures de Maillol, Rodin, Bourdelle, Niki de Saint Phalle…
Mais c'est encore la nature qui offre le plus beau des spectacles. Le mont Kami se dresse au-dessus du lac Ashi, que l'on peut traverser en bateau. Sur ses flancs s'élèvent les fumerolles d'Owakudani, des fumées et des vapeurs de soufre provenant des entrailles de la terre. Une vision spectaculaire, une véritable traversée du miroir à travers une estampe d'Hiroshige.

Se baigner dans un *onsen*

Les eaux volcaniques naturellement sulfureuses, aux vertus thérapeutiques médicalement reconnues, sont canalisées pour se jeter dans de grands bassins collectifs installés dans des salles spéciales – abritées, semi-abritées, ou encore en plein air : les *onsen*. On en trouve aussi dans des centres publics, fonctionnant comme des bains thermaux. Les *onsen* les plus agréables se trouvent en plein air près des rivières et des cours d'eau, entourés de rochers, de plantes et d'arbres. Le meilleur moment pour s'y glisser reste la nuit, sous les étoiles…

Durée : 8-12 jours
Distance : 150 km
Point de départ : Osaka
Meilleure période : printemps (floraison des cerisiers : fin mars-début avril) et automne
Vous aimerez : les paysages, les temples, l'histoire et l'esthétique japonaises

JAPON

KYOTO AND CO : REMONTER À LA SOURCE DU BOUDDHISME NIPPON

De jardins en pavillons, de statues en pagodes, de forêts en collines, une aventure sous le signe de l'harmonie entre l'homme et la nature.

Un adage dit que le Japon est comme un être humain dont la tête serait à Tokyo, l'estomac à Osaka… et le cœur à Kyoto ! Le patrimoine artistique et culturel de cette ville n'a pas d'équivalent au Japon. Nombre de ses sites et monuments sont inscrits au Patrimoine mondial de l'humanité par l'Unesco. La cité des geishas et des bonzes, des temples et des jardins, perpétue le savoir-vivre japonais à travers les traditions culturelles et religieuses, ainsi que d'étonnantes fêtes et manifestations. C'est la ville des arts, du thé, du kabuki, de l'ikebana, la ville de cœur des Japonais. Entourée par des collines et des monts boisés, traversée par la rivière Kamo, elle occupe un site exceptionnel. Malgré son étendue, elle se découvre facilement à pied ou à vélo, le long des ruelles et des canaux bordés de vieilles maisons en bois, de magasins ornés de lampions calligraphiés. Avec sa kyrielle de temples, de sanctuaires, de monastères et de jardins, Kyoto ressemble à une grande dame aristocratique et écologique, inspirée par la grandeur de son passé et tournée vers une modernité à visage humain.

ÉTAPE 1

Kyoto, le cœur historique et culturel de l'archipel

À l'origine, la ville s'appelait Yamashiro (« château de la montagne »). Enrichie dans le commerce de la soie, elle érige en 711 l'un des plus anciens temples shintoïstes. Le bouddhisme viendra plus tard...

Au VIIIe s, pour se détacher de l'influence bouddhique spécifique à Nara, l'empereur Kammu déplace la capitale à quelque 100 km au nord. Il choisit le site de l'actuelle Kyoto, puis il ordonne la construction de la nouvelle capitale, qu'il nomme Heian-kyo, « capitale de la paix », selon un plan en quadrillage. La ville s'agrandit jusqu'au pied des collines, espace sacré habité par les dieux. Le piémont de Kyoto sera réservé aux sanctuaires, aux temples, aux monastères bouddhistes et aux jardins. Ainsi Kyoto peut-elle s'épanouir en paix dans un berceau de verdure et de bienveillance. Du IXe au XIIe s (794-1192), une brillante civilisation s'y développe. L'empereur y réside, entouré de sa cour, de la noblesse, des familles de samouraïs et des religieux (shinto et bouddhistes). Les artisans et commerçants donnent à la ville son essor économique. Stabilité politique, dynamisme commercial, essor spirituel et moral : tous les facteurs du progrès sont réunis. Le zen, branche ascétique du bouddhisme, s'y implante.

Mais au XVe s, le nouveau maître du Japon, le shogun Tokugawa Ieyasu, décide de transférer la capitale à près de 500 km au nord, à Edo (actuel Tokyo). Certes, en tant que chef religieux, l'empereur réside toujours à Kyoto avec sa cour. La ville bourdonne toujours d'activité : y travaillent artisans, fabricants de brocarts de soie, tisserands, céramistes, potiers. Les pèlerins affluent dans les innombrables temples et sanctuaires. C'est dans le palais impérial de Kyoto qu'ont lieu l'abolition du shogunat et la restauration du pouvoir impérial en 1868. En 1869 pourtant, le nouvel empereur, Mutsuhito, part résider à Tokyo après avoir été intronisé à Kyoto.

Une histoire et une civilisation que racontent une multitude de temples plus esthétiques les uns que les autres, des ruelles bordées de maisons basses en bois, des jardins de pierres et de mousses… On croise geishas et *maiko* (apprenties geishas), on erre dans l'immense parc impérial et sur le charmant chemin de la Philosophie, dans une nature omniprésente sans être étouffante. Se promener dans Kyoto, c'est vivre une expérience intérieure autant que procéder à une exploration culturelle.

Un site *feng shui* par excellence

Sur le plan géographique, la ville est à la fois protégée des typhons sur trois côtés par sa ceinture de collines, et des tremblements de terre, qui frappent plutôt le littoral. Lorsque l'empereur Kammu, en 788, décide d'y déplacer la capitale impériale, les astrologues trouvent également le site favorable.
Le principe du *feng shui* est que tout ce qui nous entoure relève d'une énergie universelle. Une substance subtile, sans mesure ni limite, compose le cosmos tout entier, circule dans le monde qui nous entoure, mais aussi dans notre corps et notre esprit. Les lieux de vie sont donc choisis selon ce principe.

ÉTAPE 2

Nara, l'âme du vieux Japon

À 42 km au sud de Kyoto, au cœur du bassin de Yamato, voilà l'arrière-pays, le vrai, ondulé par de douces collines, un paysage verdoyant et boisé qui hésite entre la campagne et la ville avec une ambiance de vie provinciale paisible. La ville fut le berceau de la civilisation de l'empire du Soleil-Levant. À l'époque (711-788) où elle fut capitale – avant Kyoto –, les arts fleurissent et la religion bouddhiste, venue de Chine, s'implante définitivement au Japon et devient religion d'État. Pendant qu'artistes et artisans créent des chefs-d'œuvre, comme le Grand Bouddha *(Daibutsu)* en bronze du temple Todai-ji, monastères et familles nobles luttent pour avoir la haute main sur le gouvernement. Six courants bouddhiques prennent alors une grande importance spirituelle, mais aussi politique et intellectuelle. De ce premier âge d'or du pays, la ville a gardé une ribambelle de temples et de précieux trésors, un patrimoine (en partie classé par l'Unesco) qui marque son antériorité historique sur les autres villes. Elle se découvre facilement à pied, au fil des allées ombragées qui traversent le grand parc (528 ha) où les daims évoluent en liberté.

Messagers des dieux

Cerfs, daims et biches sont vénérés dans le bouddhisme. Le *cerf d'or* est un animal sacré qui sauve les hommes du désespoir et apaise leurs passions. D'où les innombrables daims (il y en aurait environ 1 200) qui vivent en liberté dans les parcs et les enceintes des temples de Nara. Ils rappellent l'époque où hommes et bêtes vivaient en parfaite harmonie.

ÉTAPE 3

Le mont Koya, ascenseur pour l'éveil spirituel

Voici la deuxième « montagne sacrée » du Japon, après le mont Fuji. Entouré de huit sommets dépassant les 1 000 m, le mont Koya semble appartenir plus au ciel qu'à la terre, plus aux dieux qu'aux hommes, tant la spiritualité et la mystique bouddhistes ont marqué ce site de leur empreinte millénaire. Aujourd'hui, sur ses quelque 3 000 habitants, on compte près de 700 moines qui vivent dans 123 temples répartis dans le creux d'un petit plateau d'altitude de 12 km^2, dominé par la masse sombre des forêts de cèdres, de cyprès et de pins.

Vers 816, Kukai, un moine japonais formé en Chine, vint s'installer ici dans un ermitage au cœur de la solitude des montagnes, loin de l'agitation de la plaine. Il y développa la secte Shingon, qui repose sur une doctrine simplifiée du bouddhisme. Il proclame qu'un croyant ayant « une bonne pensée et une bonne pratique » peut atteindre la révélation au cours de sa vie, et non après celle-ci. Dans ce cas, l'accès des hommes au salut est plus facile. Résultat : cette doctrine connaît un franc succès au Japon et attire les pèlerins, tandis que le bouddhisme traditionnel se maintient autour de son berceau, la ville de Nara. Aujourd'hui, le Shingon compte près de 12 millions d'adeptes au Japon.

Le mausolée de Kukai se trouve au cœur du vaste cimetière Okunoi, un des plus beaux du Japon. L'immense nécropole s'étend sur le versant des montagnes, protégée par une somptueuse forêt de pins et de cèdres multicentenaires. Ces arbres remarquables, certains très hauts et majestueux, montent vers le ciel comme les piliers d'un temple défiant les mortels. Les plantes grimpantes, les buissons et les taillis, les fleurs, les branches et les troncs recouverts de mousse végétale envahissent tout, y compris les tombes, ce qui donne à ce vaste cimetière une aura de mystère unique, comme une enveloppe d'immortalité. Une impression de beauté et de sérénité liée à la nature et au cycle de la vie, une poésie entre ciel et terre : voici un concentré de sagesse bouddhique et d'esthétique japonaise.

Loger dans les temples

Les chambres, souvent dans des pavillons attenants au pavillon principal, sont simples et propres, toujours de style traditionnel japonais (portes coulissantes à treillis de papier de riz, tatamis, futons pour dormir...). Certaines comportent une décoration plus sophistiquée avec des *fusuma* (panneaux coulissants peints), voire avec une terrasse donnant sur un jardin zen. On revêt le *yukata,* veste de coton qui sert de robe de chambre dans tout le périmètre du temple. Les hôtes suivent le rythme monacal : ils peuvent assister à la prière du matin et ils doivent être de retour au temple avant 18h, heure du dîner. La cuisine des moines, exclusivement végétarienne, exquise, est présentée dans la grande tradition de la gastronomie japonaise.

Durée : au moins 3 semaines
Distance : impressionnantes. Vous devrez emprunter le bateau mais certainement aussi l'avion à défaut de tout parcourir en voiture
Point de départ : Sydney
Vous aimerez : les grands espaces, les plages, les paysages, le mode de vie

AUSTRALIE
L'ÎLE CONTINENT

1 • **Sydney, une capitale décontractée**
2 • **Le parc national d'Uluru-Kata Tjuta**
3 • **L'archipel des Whitsunday Islands**
4 • **La Great Ocean Road**

C'est la plus grande île du monde, mais aussi le plus petit continent, bordé par les océans Indien et Pacifique.

À plus de 20h de vol de la vieille Europe, l'Australie, grande comme 14 fois la France, dégage un fort pouvoir d'attraction, et apparaît comme un paradis – lointain –, par sa qualité de vie dans un cadre grandiose où la nature a encore tous les droits. Ceux qui en reviennent (notamment les étudiants munis du Permis Vacances Travail) chantent tous les mêmes louanges : état d'esprit positif, mode de vie cool et rythme équilibré, cadre enchanteur, rapport à la nature très puissant et sincère, population ouverte, souriante, sportive et partageuse... Bref, une authentique qualité de vie ! Tels sont les fondamentaux de l'*Australian way of life*. On s'y fait vite !

BONDI

ÉTAPE 1

Sydney, une capitale décontractée

Un opéra comme figure de proue, une baie devenue mythique, un dynamisme à faire pâlir bien des capitales européennes, des habitants à l'incroyable décontraction, des quartiers-villages à la forte identité... et une histoire sortie de la poche d'une poignée de bagnards. Qui aurait pu imaginer qu'un peu plus de deux siècles après l'arrivée des premiers navires pleins de *convicts,* qui n'avaient pas choisi de s'embarquer pour ces hostiles contrées, s'élèverait ici l'une des cités les plus cool, les plus modernes, les plus cosmopolites de la planète ? Mélange de style anglais et d'*easy going* californien, les habitants de Sydney aiment travailler certes, mais ils adorent prendre du bon temps entre amis. Après le boulot, on desserre la cravate, on troque le tailleur pour un short en jean, on quitte le costard pour un maillot de bain à fleurs et la mallette en cuir pour une planche de surf, et l'on partage une bière bien fraîche sur les quais de l'Opéra. Quelle autre grande cité propose une telle harmonie entre urbanisme et nature, doublée d'une ouverture d'esprit aussi vaste que l'océan ? Plus qu'une capitale à visiter, Sydney offre avant tout un style de vie. Il suffit, un dimanche, de prendre un peu de hauteur et d'observer la baie constellée de milliers de petites voiles blanches qui dansent au soleil. Et quand on zoome, quartier par quartier, la ville distille des notes variées, des sonorités complémentaires, que l'on se plaît à découvrir et à additionner par petites touches. On bosse dans le CBD *(Central Business District),* on explore le vieux quartier de The Rocks en quête d'une histoire encore toute fraîche, on « jogge » aux Royal Botanical Gardens, on chine le samedi sur le marché de Paddington, on teste un nouveau resto *vegan* dans le quartier tendance de Newtown, ou on va bronzer sur la remarquable plage de Bondi Beach... Au fil des balades, à pied ou à vélo (très prisé à Sydney), apparaissent toute la complexité et la richesse de cette vaste cité qui propose une étonnante palette d'ambiances, toujours liées entre elles par un style de vie funky, hissé au niveau d'un art, en douceur et en couleurs.

À L'EAU !

Bien que partie intégrante de Sydney, Bondi Beach peut être considérée comme une station balnéaire à part entière, presque indépendante de la ville. Face à l'océan, elle offre une anse absolument magnifique, bordée de sable blanc et protégée par de jolies collines verdoyantes qui ondulent, le tout gentiment urbanisé. Dans la partie sud de la baie, une large pelouse surélevée sépare la plage de la route, offrant une vue superbe sur celle-ci. Et tout le long, une généreuse promenade fréquentée par les familles et les joggeurs.
La qualité des vagues, la régularité de leur déroulé et le caractère relativement protégé de la baie en font un des meilleurs spots de surf de la côte, extra pour les débutants comme pour les initiés. Fun, jeune, fêtarde, Bondi est un passage obligé pour tout voyageur qui séjourne à Sydney afin de goûter à l'une des facettes de *l'australian way of life.*

Harbour Bridge

Seul pont à enjamber la baie en son cœur, ce grand pont d'acier jette son armature entre The Rocks et Milsons Point. Inauguré en 1932, il constitua pour l'époque une prouesse d'ingénierie. Il est soutenu par deux gros piliers de pierre qui maintiennent d'épais câbles d'acier. Des peintres se relaient en permanence pour l'entretenir. Malgré les dizaines de milliers de voitures qui l'empruntent chaque jour, il est possible de le traverser à pied (trottoir dédié). Il offre en fin d'après-midi une vue remarquable sur l'Opéra.

ÉTAPE 2

Le parc national d'Uluru-Kata Tjuta

Au centre du pays, il s'étend sur près de 1 325 km^2 au cœur de l'*outback* et abrite une des formations naturelles les plus iconiques de la planète : Uluru, ou Ayers Rock. Ce dôme rocheux *(inselberg),* constitué d'un seul bloc de grès, s'élève au milieu d'une plaine de sable rouge à 348 m d'altitude. Il dépasse d'une vingtaine de mètres la tour Eiffel (!) et fait de l'ombre aux non moins spectaculaires dômes de Kata Tjuta, appelés aussi monts Olga, situés 50 km plus loin. En 1987, le parc a été inscrit sur la liste des sites naturels du Patrimoine mondial de l'Unesco, puis sur celle du Patrimoine culturel en 1994. Un lieu empreint d'une grande sérénité, qui apparaît comme un mirage au milieu de ce désert aride.
Ce site naturel spectaculaire est aussi un lieu sacré pour les Aborigènes, qui y pratiquent depuis plus de 30 000 ans rituels et peintures. Sous une apparence assez homogène, Uluru recèle des grottes aux murs ornés d'art rupestre, de multiples cavités et de petits bassins remplis d'eau. Pour les Aborigènes, la localisation des sources d'eau est d'ailleurs une composante essentielle de leur capacité à survivre sur ces terres. La source de Mutitjulu, à la base d'Uluru, est considérée comme la seule source permanente du parc. Après les pluies, l'eau reste présente dans les mares ou petits bassins, au niveau de la partie supérieure du rocher, puis s'écoule en formant des ravines, avant de s'infiltrer dans le sol et de remplir les nappes souterraines. Une singularité géologique et hydrologique qui en fait un lieu d'autant plus vénéré par les habitants du territoire.

Source de vies

Le parc national d'Uluru-Kata Tjuta abrite une faune et une flore riches qui se sont adaptées à cet environnement semi-désertique. Plus de 400 variétés de plantes – beaucoup sont utilisées par les Aborigènes en guise de nourriture ou de remède –, une vingtaine de mammifères dont le fameux kangourou roux, 73 reptiles différents (le lézard *Thorny devil,* qui arbore un camouflage très artistique, est l'un des symboles du parc), et près de 180 espèces d'oiseaux !

ÉTAPE 3

L'archipel des Whitsunday Islands

En avion ou en bateau, elles apparaissent comme des paradis terrestres au milieu de la mer de Corail. Les 74 îles de l'archipel étendent leurs plages de sable blanc le long des eaux limpides et turquoise avec, en arrière-plan, une végétation luxuriante de palmiers et plantes tropicales. Ce décor idyllique attire chaque année de nombreux visiteurs. Seules huit îles sont occupées par des hôtels. Le meilleur moyen de s'offrir le paradis à petit prix est d'embarquer sa tente et de dormir sur une île inhabitée, en tête à tête avec les étoiles.

Hamilton Island est l'île la plus développée de l'archipel. Splendide, elle offre une belle escapade à la journée pour qui voudrait goûter des eaux limpides et arpenter des chemins de randonnées vallonnés, au cœur d'une végétation humide. N'hésitez pas à grimper jusqu'à Passage Peak pour un panorama époustouflant sur l'île.

Whitehaven Beach s'apparente pour certains à la plus belle plage du monde, c'est pourquoi Whitsunday Island est devenue une escale quasi obligatoire pour tous les voyageurs qui naviguent sur la mer de Corail. L'île est aussi la plus grande de l'archipel. Ici, les eaux turquoise se mêlent aux bancs de sable immaculés, créant un décor de carte postale idyllique. La plupart des circuits vous feront grimper jusqu'à Hill Inlet, où le panorama sur la plage vaut toutes les cartes postales.

Hook Island est la deuxième île de l'archipel par sa taille et offre de magnifiques spots de plongée et de snorkelling comme à Mantaray Bay, Langford Reef et Butterfly Bay.

Avec à peine 10 km de long et moins de 500 m de large, Long Island, tout en longueur, est sillonnée de sentiers pédestres où les marcheurs se régaleront dans la forêt tropicale. Côté mer, l'île possède des plages immaculées aux eaux turquoise et un récif corallien où l'on découvre la vie sous-marine avec enthousiasme. Long Island combine plages paradisiaques, snorkelling et randonnées sauvages sur un petit territoire, c'est une bonne option pour les voyageurs à l'emploi du temps serré.

ÉTAPE 4

La Great Ocean Road

Incontestablement, l'une des plus belles routes d'Australie (et du monde, dit-on !), l'un des musts de l'État du Victoria. De Torquay à Port Fairy, sur près de 250 km, c'est une succession de paysages variant quasiment à chaque virage alternant impressionnantes formations rocheuses et plages de rêve pour les surfeurs. Parfois, longeant des côtes déchiquetées, la route se révèle tellement escarpée qu'on ne s'étonne guère du nombre de navires qui sombrèrent ici ou se fracassèrent sur les falaises. À un endroit donné, elle a même acquis le nom de « Côte des naufrages ».

Lorsque la route se révèle infidèle à la mer et s'enfonce dans les terres, c'est pour traverser de merveilleuses forêts où les koalas ne vous aideront pas vraiment à respecter les temps de route... Et lorsque les falaises prennent des teintes d'incendie dans les brumes de chaleur crépusculaire, la voiture s'arrête parfois d'elle-même... S'il y a du vent de face, c'est pour vous forcer aussi à ralentir et à admirer le travail des hommes, à déguster tout doucement une nature miraculeusement préservée. Eh oui, il faut rendre hommage aux milliers de soldats démobilisés après la guerre 1914-1918 qui, au pic et à la pelle, creusèrent, taraudèrent, ciselèrent pendant 15 ans la roche pour rendre toutes ces merveilles accessibles...

À mi-chemin, non loin de Port Cambell, se dresse l'une des plus iconiques images du Victoria State : *the Twelve Apostles.* Ces 12 Apôtres sont des aiguilles, des pitons échappés de la falaise, isolés dans la mer, attaqués par le sable, les vagues et les embruns, taraudés et usés, parfois carrément effondrés.... Au crépuscule, ils apparaissent dans un sublime contre-jour, et pour peu qu'il y ait des brumes de chaleur, l'image prend une dimension biblique ! Le matin, au contraire, les premiers rayons du soleil viennent les dorer et les roches jouent à cache-cache avec la lumière et les ombres. Un paysage qui ramène à l'aube des temps, une nature puissante et vierge, voilà où vous invite un voyage en Australie.

ESPACE

Durée : compter environ 2 h
Point de départ : la Floride
Meilleure période : pas de soucis, ce voyage se joue des saisons
Vous aimerez : être en apesanteur, embrasser notre bonne vielle Terre dans sa totalité, sa beauté mais aussi sa fragilité

ESPACE

CLAIR DE TERRE

Plus besoin de réfléchir à la meilleure destination, puisque ce programme alléchant vous les promet toutes !

La Terre vue du ciel… spectacle impressionnant, qui n'est plus réservé aux seuls spationautes professionnels depuis que d'audacieux tour-opérateurs ont décidé d'en faire une de leurs destinations. L'espace-temps s'est écoulé depuis que le premier touriste spatial, l'Américain Dennis Tito, a embarqué à grands frais sur un vol Soyouz de plus de 7 h, en 2001. Plusieurs entrepreneurs (au choix, visionnaires ou mégalos) ont ensuite emprunté la voix d'un vol « low cost », tout relatif quand même, pour proposer des vols beaucoup plus courts, à des altitudes d'environ 100 km (soit 10 fois plus haut qu'en avion), et comprenant quelques minutes en apesanteur.

L'attente

Il vous aura fallu de la patience, car la liste d'attente était longue, certes casser plusieurs tirelires, et mettre temporairement vos convictions écolos de côté, car il vaudra mieux taire le bilan carbone de cette petite escapade. Mais l'attrait de l'expérience aura été trop fort. Cette Terre qui nous héberge, nous nourrit, nous retient (avec la gravité qu'on lui connait, aurait dit Newton), vous allez vous en extraire, l'observer, la tenir presque dans votre main. Atteindrez-vous, comme d'autres l'ont décrit, cet état mi-poète mi-philosophe où, submergé par les images, votre regard sur notre vieille planète commence à changer ? Les frontières artificielles des hommes disparaissent, la Terre apparaît dans son unité, sa beauté, mais aussi sa fragilité. Vous mesurez à quel point les quelques dizaines de kilomètres d'épaisseur de l'atmosphère qui nous entoure et protège tout ce qui vit sur Terre, ne forment qu'une très fine couche à l'échelle de la planète...

La préparation

Le voyage laisse peu de place à l'improvisation. Vous avez participé à un programme de préparation physique à côté duquel le grand-huit, qui vous terrifiait jusque-là, devient une partie de plaisir. La garde-robe est limitée, et pour les vols longs, les menus proposés (et imposés) n'exciteront pas votre palais, malgré les promesses d'une cuisine intergalactique en gestation, et le confort sera... basique, puisque le maître-mot est d'alléger. Mais qu'importe, car vous l'espérez, seules vont compter les images qui peupleront vos rétines et irrigueront un cerveau suspendu à l'instant présent. Vous avez ressorti la vieille mappemonde poussiéreuse du grenier, l'avez étudiée pour mieux reconnaître les œuvres de la nature et de l'homme qui vont s'offrir à votre regard.

C'est parti !

Vous en avez rêvé souvent, mais l'excitation ne cesse de croître lorsque vous avancez, votre guide préféré dépassant de votre poche, avec une fierté mêlée d'inquiétude, sur la passerelle d'accès du vaisseau. Le silence promis du vide est d'abord précédé par le fracas des moteurs de la navette qui vous fait prendre de la hauteur. Cette bonne vieille Terre ne se sépare pas de ses enfants sans effort ; peut-être fait-elle payer ainsi le prix du superbe spectacle qu'elle va dévoiler ? Vous restez scotché au hublot, à mesure que vous montez, que la base de départ s'estompe, que les reliefs s'adoucissent et que la côte apparaît moins découpée. Dans votre casque, une voix douce égraine les hauteurs atteintes en mètres, puis rapidement en kilomètres. Mais très vite, dès que votre trajectoire change, elle se concentre sur la description des régions survolées.

Vous remontez plein nord en longeant la côte est-américaine, le Canada, le Groenland. Moins blanc qu'avant sur son pourtour, réchauffement oblige… À peine le temps d'apercevoir l'Islande et ses glaciers que vous filez droit vers la vieille Europe ! La côte découpée de l'Écosse, le survol de la Grande-Bretagne, finalement pas si grande, et notre bon vieil hexagone avec la cicatrice blanche des Alpes, puis la botte italienne. Vous quittez la verte Europe, la Méditerrannée à peine survolée que déjà franchie, avec au loin la myriade d'îles grecques, plus au sud la clarté des paysages désertiques – à l'exception notable du majestueux delta du Nil –, et toujours l'alternance jaune et bleue entre déserts et mers chaudes. Si l'itinéraire choisi survole à peine l'Afrique (un prochain voyage, couplé à l'Amérique latine ?), il traverse largement l'Asie. C'est d'abord le grand triangle indien, bordé au nord par l'impressionnante chaîne himalayenne – qui relègue les Alpes au rang de petite sœur –, puis le survol du Tibet, et la remontée au nord vers la Chine puis le Japon. La grande bleue, c'est maintenant, avec la traversée du Pacifique, d'où seul émerge l'archipel d'Hawaï, avant qu'au loin la Californie ne se dessine. À rebours des pionniers, c'est par une conquête vers l'est que s'achève ce voyage avec le paysage tourmenté des Rocheuses, les parcs naturels, le Grand Canyon, une remontée pour apercevoir au loin les plaines, bordées au nord par les grands lacs, pour enfin fondre à nouveau vers la Floride.

Lamartine improvisé de l'espace, vous auriez sans doute aimé que ce soit le vol qui suspende ici le temps. Mais pas de repos pour l'étonnement durant ce court voyage. Et des réalisations humaines, si les pyramides sont restées invisibles à l'œil, la Grande Muraille, vous l'attendiez, ne s'est pas dérobée. De cette aventure unique, quels souvenirs, quelles images, resteront les plus forts ? La ligne de l'horizon qui n'est plus droite mais courbe, et les aurores boréales qui parfois s'en détachent ? Les lumières des hommes qui, la nuit, éclairent îles et continents ? L'embrasement du ciel quand, fonçant vers l'est, vous quittez la nuit ? Les tourbillons nuageux qui annoncent les cyclones ? Les quelques minutes étranges où, un peu dans la confusion, détachés de votre siège, vous avez flotté en apesanteur ? Probablement un peu de tout ça, dans un album que vous aurez sans doute plus de mal à remplir que celui des autres voyages, tant il semble bien que l'avoir vécu est ici essentiel.

LES ROUTARDS SUR L'ÉTRANGER 2017-2018
(dates de parution sur • routard.com •)

EUROPE

Pays européens
- Allemagne
- Andalousie
- Angleterre, Pays de Galles
- Autriche
- Baléares
- Belgique
- Budapest, Hongrie
- Canaries
- Capitales baltes
- Catalogne (+ Valence et Andorre)
- Crète
- Croatie
- Danemark, Suède
- Écosse
- Espagne du Nord-Ouest
- Finlande
- Grèce continentale
- Îles grecques et Athènes
- Irlande
- Islande
- Italie du Nord
- Italie du Sud
- Lacs italiens
- Madrid, Castille (Aragon et Estrémadure)
- Madère
- Malte
- Norvège
- Pologne
- Portugal
- République tchèque, Slovaquie
- Roumanie, Bulgarie
- Sardaigne
- Sicile
- Suisse
- Toscane, Ombrie

Villes européennes
- Amsterdam et ses environs
- Barcelone
- Berlin
- Bruxelles
- Copenhague
- Dublin
- Florence
- Lisbonne
- Londres
- Madrid
- Milan
- Moscou
- Prague
- Rome
- Saint-Pétersbourg
- Séville
- Stockholm
- Venise
- Vienne

AMÉRIQUES
- Argentine
- Brésil
- Californie
- Canada Ouest
- Chili et île de Pâques
- Costa Rica
- Équateur et les îles Galápagos
- États-Unis Nord-Est
- Floride
- Guatemala, Yucatán et Chiapas
- Los Angeles
- Louisiane et les villes du Sud
- Mexique
- Miami
- Montréal
- New York
- Parcs nationaux de l'Ouest américain et Las Vegas
- Pérou, Bolivie
- Québec, Ontario et Provinces maritimes
- San Francisco

ASIE
- Australie Côte Est + Red Centre
- Bali, Lombok
- Bangkok
- Birmanie (Myanmar)
- Cambodge, Laos
- Chine
- Hong-Kong, Macao, Canton
- Inde du Nord
- Inde du Sud
- Israël, Palestine
- Istanbul
- Jordanie
- Malaisie, Singapour
- Népal
- Shanghai
- Sri Lanka (Ceylan)
- Thaïlande
- Tokyo, Kyoto et environs
- Turquie
- Vietnam

AFRIQUE
- Afrique du Sud
- Égypte
- Kenya, Tanzanie et Zanzibar
- Maroc
- Marrakech
- Sénégal
- Tunisie

ÎLES CARAÏBES ET OCÉAN INDIEN
- Cuba
- Guadeloupe, Saint-Martin, Saint-Barth
- Île Maurice, Rodrigues
- Madagascar
- Martinique
- République Dominicaine (Saint-Domingue)
- Réunion

GUIDES DE CONVERSATION
- Allemand
- Anglais
- Arabe du Maghreb
- Arabe du Proche-Orient
- Chinois
- Croate
- Espagnol
- Grec
- Italien
- Japonais
- Portugais
- Russe
- G'palémo (conversation par l'image)

ROUTARD EXPRESS
- Amsterdam
- Barcelone
- Berlin
- Bruxelles
- Budapest
- Dublin
- Florence
- Istanbul
- Lisbonne
- Londres
- Madrid
- Marrakech
- New York
- Paris
- Prague
- Rome
- Venise

NOS 1200 COUPS DE CŒUR
- France
- Monde
- 52 week-ends en Europe

LES ROUTARDS SUR LA FRANCE 2017-2018
(dates de parution sur • routard.com •)

- Alsace
- Ardèche, Drôme
- Auvergne
- Bordelais, Landes, Lot-et-Garonne
- Bourgogne
- Bretagne Nord
- Bretagne Sud
- Champagne-Ardenne
- Charentes
- Châteaux de la Loire
- Corse
- Côte d'Azur
- Franche-Comté
- Isère, Alpes du Sud
- Jura franco-suisse
- Languedoc-Roussillon
- Limousin
- Lorraine
- Lot, Aveyron, Tarn
- Lyon
- Marseille
- Midi toulousain (Pyrénées, Gascogne)
- Montpellier métropole
- Nantes et ses environs
- Nice
- Nord, Pas-de-Calais
- Normandie
- Paris
- Pays Basque, Béarn
- Pays de la Loire
- Périgord - Dordogne
- Picardie
- Poitou
- Provence
- Rennes Métropole
- Savoie Mont Blanc
- Toulouse Métropole
- Week-ends autour de Paris

AUTRES GUIDES NATIONAUX
- Hébergements insolites en France
- La Loire à vélo
- La Vélodyssée (Roscoff – Hendaye)
- Nos meilleurs campings en France
- Nos meilleures chambres d'hôtes en France
- Nos meilleurs restos en France

AUTRES GUIDES SUR PARIS
- Paris
- Paris balades
- Restos et bistrots de Paris
- Le Routard des amoureux à Paris
- Week-ends autour de Paris

CRÉDITS PHOTOGRAPHIQUES

Légende : p=page, h=haut, b=bas, v=vignette

Hemis.fr **Aflo :** p77, p394, p400 ; **Alamy :** p376, p406 ; **All Canada Photo :** p74 ; **Jean-Claude Amiel :** p393b ; **Jon Arnold Images :** p17, p18, p20, p48, p57h, p97, p134, p135, p136, p137, p154, p200, p202, p203, p206h, p207b, p219b, p227, p264, p265, p266, p273, p281, p282, p290, p309, p318, p331, p334, p340, p343, p348, p351, p353, p370, p390, p396 ; **Aurora :** p62 ; **Jean-Paul Azam :** p150 ; **Bruno Barbier :** p323 ; **Emmanuel Berthier :** p304 ; **Blend Images :** p90 ; **Philippe Body :** p219h, p315, p346 ; **Christophe Boisvieux :** p211, p242, p284, p295, p316, p355 ; **Richard Bradley / Alamy :** p191 ; **Aurélien Brusini :** p183 ; **Franck Chaput :** p305 ; **Chris Cheadle / Alamy :** p79 ; **Romain Cintract :** p199, p210, p338h, p359, p364 ; **Corbis :** p223 ; **Sylvain Cordier :** p312 ; **Jean-Pierre Degas :** p140 ; **Dominique Delfino :** p38 ; **Marc Dozier :** p320, p356 ; **Pascal Ducept :** p46, p52 ; **Patrick Escudero :** p114, p116, p120 ; **Stéphane Frances :** p95, p224b ; **Patrick Frilet :** p23, p82, p186, p395b ; **John Frumm :** p55, p207h, p215, p238, p371 ; **Julien Garcia :** p270 ; **Bertrand Gardel :** p129b, p172, p182, p258, p300, p301, p325, p354 ; **Jacques Gillardi :** p108, p112b ; **David Giral / Alamy :** p177 ; **Gil Giuglio :** p185, p201 ; **Franck Guiziou :** p108, p128, p153, p174, p180, p196, p220, p224h, p225, p226, p229h, p230, p237, p268, p271, p293, p326, p327 ; **Christian Guy :** p151, p166, p169 ; **Kim Hammar / Alamy :** p58 ; **Robert Harding :** p42, p54, p65, p105, p161, p162, p194, p253, p291, p352, p385 ; **Christian Heeb :** p6, p34, p41, p94, p132, p156, p339, p402, p408 ; **Jean Heintz :** p283 ; **Per-Andre Hoffmann :** p344 ; **Hervé Hugues :** p102, p124, p127, p129h, p130 ; **imageBROKER :** p45, p121h, p246 ; **Stéphane Lemaire :** p212, p322 ; **Ludovic Maisant :** p21, p30, p149, p206b, p380h, p405 ; **Alession Mamo :** p276 ; **Realy Easy Star / Giuseppe Masci / Alamy :** p37 ; **Tery Mathews/ Alamy :** p13 ; **René Mattes :** p14, p237b, p247, p249, p278, p372, p381, p382 ; **Lionel Montico :** p192 ; **Tuul et Bruno Morandi :** p178, p240, p248, p296, p298, p311, p317, p389 ; **National Geographic Creative / Alamy :** p16 ; **Nature in stock :** p229b ; **Pacific_Stock :** p57 ; **Denis Palanque :** p85 ; **Philip Pound / Alamy :** p192b ; **Jean-Baptiste Rabouan :** p380b ; **Michel Renaudeau :** p112h, p113 ; **Philippe Renault :** p8, p12, p61, p86, p88, p89 ; **Bertrand Rieger :** p43, p138, p139 ; **Rieger-Renault :** p338b ; **Philip Scalia / Alamy :** p109 ; **Alain Schroeder :** p307 ; **Anna Serrano :** p244b ; **Paule Seux :** p51, p92h, p98, p294, p387 ; **Richard Soberka :** p159, p176, p184, p263 ; **Kumar Sriskandan / Alamy :** p10 ; **Jean-Daniel Sudres :** p259 ; **Emilio Suetone :** p208, p366 ; **Tao Images :** p384 ; **Tetra Images :** p44, p47, p50 ; **David Wall / Alamy :** p32, p65b ; **John Warburton Lee :** p404 ; **Westend 61 :** p78, p80, p122 ; **Dave Wilson / Alamy :** p22 ; **De Winter - Van Rossem :** p314 ; **Didier Zylberyng :** p393h.

Agefotostock.com **Gonzalo Azumendi :** p332, p333 ; **Tono Balaguer :** p33 ; **Tibor Bognár :** p119 ; **Fabrice Cateloy :** p215 ; **Charles O. Cecil :** p234 ; **Emanuele Ciccomartino :** p369 ; **CSP_trubavin :** p363 ; **Mickael David :** p27 ; **Dinodia Photo/LBRF :** p299 ; **Dosfotos :** p72b ; **Christian Goupi :** p84, p170, p401 ; **Sylvain Grandadam :** p66 ; **Jeff Greenberg :** p73 ; **Laurent Guerinaud :** p165 ; **Hoffmann Photography :** p81 ; **Karl Johaentges :** p386 ; **JTB Photo Communication :** p101 ; **Christian Kober :** p96 ; **Christopher Leggett :** p361 ; **Alvaro Leiva :** p72h ; **Melba :** p199 ; **Colin Monteath :** p399 ; **Guillermo Montesinos :** p92 ; **Juan Carlos Muñoz :** p24 ; **Michael Nolan :** p171 ; **Michael S. Nolan :** p122b ; **Patstock :** p158 ; **PBNJ Productions :** p100 ; **Jose Fuste Raga :** p93, p110, p146 ; **Dirscherl Reinhard /Prisma :** p87 ; **russellkord.com :** p257 ; **Vittorio Sciosia/Marka :** p145 ; **Pietro Scozzari :** p358 ; **Andre Seale/ Fotosearch RM :** p144 ; **Shigeki Tanaka :** p379 ; **Therin-Weise/Arco Images :** p286 ; **Lucas Vallecillos :** p160 ; **World Pictures :** p103.

Photononstop.com **Biscaro Alberto/Sime** : p260 ; **Jordan Banks/4Corners/Sime :** p342 ; **Antonino Bartuccio/Sime :** p142, p143 ; **Guido Cozzi/Sime :** p245 ; **Damm Fridmar/Sime :** p168, p337 ; **Roland Gerth/Sime :** p411 ; **Gavin Gough/4Corners/Sime :** p277 ; **Günter Gräfenhain/Sime :** p292, p345 ; **HP Huber/Sime :** p407 ; **Kaos/SIME-4Corners Images/Simeone :** p360 ; **Kaos01/Sime :** p250 ; **Susanne Kremer/Sime :** p28 ; p29b ; **Ripani Massimo/Sime** : p308 ; **Nick Purser/Ikon Images :** p414 ; **Schmid Reinhard/Sime :** p29, p106, p148, p190, p11, p63, p69, p121b, p189, p204, p216, p228, p233, p254, p287, p302, p392, p395h ; **Richard Taylor/4Corners/Sime :** p377 ; **Luigi Vaccarella/Sime :** p330, p368.

Gettyimages.fr **AdStock/Universal Images Group :** p416 ; **Judy Bellah :** p70 ; **Nick Gibson :** p417 ; **Ron Howard :** p272 ; **JTB Photo :** p275 ; **Detlef van Ravenswaay :** p412 ; **Zorazhuang :** p374.

Pascal mannaerts / parcheminsdailleurs.com p218, p288.

Onlyfrance.fr **Heaton :** p328 ; **Jean-Michel Mille :** p179.

Couverture / hemis.fr **Première de couverture :** v1 Paule Seux, v2 Christian Heeb, v3 Hervé Hugues, v4 imageBROKER, v5 Eric Lafforgue.

Rabat première de couverture : v1 christian Heeb, v2 Paule Seux, v3 Franck Guiziou.

Quatrième de couverture : v1 Hervé Hugues, v2 Jon Arnold Images, v3 Christophe Boisvieux, v4 Patrick Frilet.

Rabat quatrième de couverture : v1 Tuul et Bruno Morandi, v2 Jon Arnold Images, v3 Michel Renaudeau.

Photo d'équipe : R. Delalande et E. Dessons.

POUR LE ROUTARD

Directeur de collection et auteur : Philippe Gloaguen

Rédaction : Pierre Josse, Amanda Keravel, Benoît Lucchini, Florence Charmetant, Bénédicte Gloaguen, Isabelle Al Subaihi, Mathilde de Boisgrollier, Thierry Brouard, Marie Burin des Roziers, Véronique de Chardon, Gavin's Clemente Ruïz, Fiona Debrabander, Anne-Caroline Dumas, Géraldine Lemauf-Beauvois, Olivier Page, Alain Pallier, Anne Poinsot, André Poncelet, Carole Bordes, Éléonore Friess, Emmanuelle Bauquis, Rémy Mosseri et Roman Fossurier

POUR HACHETTE

Direction : Nathalie Bloch-Pujo

Contrôle de gestion : Jérôme Boulingre et Adeline Cazabat-Barrère

Secrétariat : Catherine Maîtrepierre

Direction éditoriale : Catherine Julhe

Édition : Matthieu Devaux

Lecture-correction : Arianne Fort

Cartographie : Frédéric Clémençon et Aurélie Huot

Fabrication : Nathalie Lautout et Audrey Detournay

Relations presse France : COM'PROD, Fred Papet. – 01 70 69 04 69 – info@comprod.fr

Direction marketing : Adrien de Bizemont, Clémence de Boisfleury et Charlotte Brou

Conception graphique couverture et maquette : Le bureau des affaires graphiques et Thibault Reumaux

Maquette : Caroline Joubert • www.atelier-du-livre.fr •

Logo : Clément Gloaguen

Contacts partenariats : André Magniez (EMD). • andremagniez@gmail.com •

Relations presse : Martine Levens (Belgique) et Maureen Browne (Suisse)

REMERCIEMENTS

Aurélie Gaillot, Sophie Berger et Morgane Maschi pour leur aide précieuse

LES ROUTARDS PARLENT AUX ROUTARDS

Faites nous part de vos expériences, de vos découvertes, de vos tuyaux :
Les Routards parlent aux Routards : 122, rue du Moulin-des-Prés, 75013 Paris – e-mail : guide@routard.com
site internet : **routard.com**

CONSEILS AUX VOYAGEURS

Chers lecteurs, la situation d'un pays pouvant évoluer à tout moment, nous vous invitons vivement, avant tout voyage, à consulter la rubrique « conseils aux voyageurs » sur le site du ministère des Affaires étrangères : **diplomatie.gouv.fr/fr/conseils-aux-voyageurs/**

Cet ouvrage est imprimé sur un papier issu de forêts gérées

I.S.B.N. 978-2-01-279946-2

Édité par Hachette Livre (58, Rue Jean Bleuzen, CS 70007, 92178 Vanves Cedex, France)
Photogravure par Reproscan
Imprimé par Macrolibros (C/Vasquez de Menchaca,9 Poligono Ind Argales 47003 Valladolid Espagne)
Achevé d'imprimer : 6 octobre 2016
Collection n° 22 - Édition n° 01
84/8094/4
I.S.B.N. 978-2-279946-2
Dépôt légal : Octobre 2016